O que as pessoas estão falando sobre
Transformação Di̶g̶i̶t̶a̶l̶

"Transformação digital é um assunto que está na pauta de praticamente todos os executivos atualmente. Já faz tempo que esse tema deixou de ser uma questão de modernização. Hoje, a transformação digital é a escolha de uma empresa entre sobreviver ou não."

Juliano Braz – Sócio e Diretor Comercial, Take

"O livro apresenta uma abordagem eloquente sobre a necessidade de compreender e agir frente à revolução digital, enfatizando as estratégias para a mudança e mostrando que empresas tradicionais também podem inovar e se transformar."

Ariano Cavalcanti de Paula – Presidente,
Netimóveis Brasil e Sicoob Secovicred MG

"Uma leitura obrigatória, com vários métodos práticos, que ajudará empresas mais consolidadas – que não podem mais se dar ao luxo de se sentarem sobre os louros do passado – a lidar com a revolução digital e as rápidas transformações, desenvolvendo um *mindset* para alcançarem a agilidade organizacional e a criação de valor contínuo."

Paulo Freitas – Director of Technology,
Securefact Transaction Services Inc.

"Se você já entendeu que *transformação digital* não tem a ver com tecnologia, mas sim com cultura organizacional, David L. Rogers apresenta um excelente guia de execução. Mas se você ainda não entendeu, ao final do livro saberá o porquê! Boa leitura."

Roberto Oliveira – Cofundador
e sócio, Grupo ADMR

"Na era das grandes plataformas, se reinventar se tornou essencial para se manter na mente e no bolso dos clientes. Muitas vezes, apontar o navio em uma nova direção pode parecer desafiador. No livro *Transformação digital*, David compartilha uma estratégia estruturada para empresas que buscam se transformar e inovar para se manterem competitivas. Essencial!"

Diego Gomes – CMO, Rock Content

"Não importa se sua empresa é grande ou pequena. É hora de levar a *transformação digital* a sério e aproveitar suas possibilidades."

Gedeon Antunes – Empreendedor, Agência Apps

"No início da década de 2000 eu apostei todas as fichas no desenvolvimento de um mercado que prometia uma revolução no mundo. Assisti ao estouro da bolha – e com ele um monte de empresas fecharem as portas do dia pra noite. Hoje, dezoito anos depois, vejo um cenário parecido em otimismo. Mas, diferente daquela época, temos um contexto extremamente favorável. A *transformação digital* é a única maneira de percorrer um caminho sem volta, só que agora com todos os meios necessários e o vento soprando a favor."

Alexandre Estanislau – CEO e Fundador, Bolt Brasil

TRANSFORMAÇÃO
DIGITAL

Esta edição brasileira é a tradução na íntegra da edição americana, especialmente autorizada pela Columbia University Press, a editora original.

Título original: *The digital transformation playbook: rethink your business for the digital age*

Todos os direitos reservados pela Autêntica Editora Ltda. Nenhuma parte desta publicação poderá ser reproduzida, seja por meios mecânicos, eletrônicos, seja cópia xerográfica, sem autorização prévia da Editora.

EDITOR
Marcelo Amaral de Moraes

CAPA
Diogo Droschi (sobre imagem de GeoArt/Shutterstock)

REVISÃO TÉCNICA
Marcelo Amaral de Moraes

REVISÃO
Lúcia Assumpção

DIAGRAMAÇÃO
Larissa Carvalho Mazzoni

Dados Internacionais de Catalogação na Publicação (CIP)
(Câmara Brasileira do Livro, SP, Brasil)

Rogers, David L.

Transformação digital : repensando o seu negócio para a era digital / David L. Rogers ; tradução Afonso Celso da Cunha Serra. -- 1. ed.; 5 reimp. -- São Paulo : Autêntica Business, 2023.

Título original: *The digital transformation playbook : rethink your business for the digital age*

ISBN 978-85-513-0272-9

1. Transformação Digital 2. Estratégia 3. Gestão 4. Gestão da Mudança 5. Tecnologia 6. Era Digital I. Título.

17-06769   CDD-658.4062

Índices para catálogo sistemático:
1. Transformação digital : Sistemas de informação empresarial : Administração 658.4062

A **AUTÊNTICA BUSINESS** É UMA EDITORA DO **GRUPO AUTÊNTICA**

Belo Horizonte
Rua Carlos Turner, 420
Silveira . 31140-520
Belo Horizonte . MG
Tel.: (55 31) 3465 4500

São Paulo
Av. Paulista, 2.073 . Conjunto Nacional
Horsa I . Sala 309 . Bela Vista
01311-940 . São Paulo . SP
Tel.: (55 11) 3034 4468

www.grupoautentica.com.br
SAC: atendimentoleitor@grupoautentica.com.br

DAVID L. ROGERS

TRANSFORMAÇÃO DIGITAL

REPENSANDO O SEU NEGÓCIO PARA A ERA DIGITAL

5ª reimpressão

TRADUÇÃO Afonso Celso da Cunha Serra

autêntica
BUSINESS

A meus pais, dois escritores que me tornaram escritor

Sumário

Prefácio

As regras de negócios mudaram. Em todos os setores de atividade, a difusão de novas tecnologias digitais e o surgimento de novas ameaças disruptivas estão transformando modelos e processos de negócios. A revolução digital está virando de cabeça para baixo o velho guia de negócios.

Em meu próprio trabalho, que consiste em ensinar e aconselhar líderes de negócios em empresas de todo o mundo, sempre ouço a mesma pergunta urgente: como nos adaptarmos e nos transformarmos para a era digital?

Empresas constituídas antes do surgimento da internet enfrentam um grande desafio: muitas das regras e pressupostos fundamentais que governavam e orientavam a atuação e o progresso dos negócios na era pré-digital não mais se aplicam. A boa notícia é que a mudança é possível. As empresas pré-digitais não são dinossauros condenados à extinção. A ruptura não é inevitável. As empresas podem transformar-se e florescer na era digital.

Neste livro, exploro o fenômeno da transformação digital: o que distingue as empresas que conseguem adaptar-se e progredir no mundo digital em comparação com aquelas que fracassam?

Em busca de respostas, tive o privilégio de aproveitar as ideias, as perspectivas e as questões de grande variedade de executivos e empreendedores, tanto no exercício de minhas atividades de consultor e palestrante quanto em meus programas de educação executiva na Columbia Business School, sobre marketing digital e estratégia de negócios digitais. Tenho conduzido estudos e pesquisas sobre *big data* e métricas de marketing, comportamentos de compras em dispositivos móveis, Internet das Coisas, e o futuro do compartilhamento de dados.

Há nove anos, como fundador da BRITE Conference, tenho reunido executivos-chefes de marcas globais, de empresas de tecnologia, de empresas de mídia e de startups em crescimento acelerado para discutir o panorama em evolução dos negócios digitais.

Daí emergiu uma ideia central que formatou o desenvolvimento de todo este livro: *A transformação digital não tem a ver com tecnologia – tem a ver com estratégia e novas maneiras de pensar.* Transformar-se para a era digital exige que o negócio atualize sua mentalidade estratégica, muito mais que sua infraestrutura de TI. Essa verdade fica evidente na mudança de papéis do líder de tecnologia nas empresas. A função tradicional do executivo-chefe de informação era usar a tecnologia para otimizar processos, para reduzir riscos e para melhorar a gestão dos negócios existentes. A função emergente do executivo-chefe de atividades digitais é muito mais estratégica, focada no uso da tecnologia para reimaginar e reinventar o *core business* (negócio principal) em si.

A transformação digital exige uma visão holística da estratégia de negócios. Em meu livro anterior, *The Network is Your Customer*, concentrei-me no impacto das tecnologias digitais sobre os clientes – seus comportamentos, suas interações e suas relações com empresas e com organizações de todos os tipos. Neste livro, adoto uma visão mais ampla, olhando para cinco domínios da estratégia de negócios: clientes, competição, dados, inovação e valor.

Como meus outros livros, o *Transformação Digital* foca em ferramentas e em referenciais práticos que os leitores podem aplicar na tomada de decisões e na formulação de estratégias nas próprias empresas, não importando o tamanho e o setor. Recheei o texto com estudos de casos que ilustram os conceitos e iluminam a estratégia. Minha esperança é que você, leitor, ponha o livro em ação, aplicando suas sugestões e descobrindo o próximo estágio da criação de valor e da aceleração do crescimento de sua própria empresa.

Agradecimentos

Nenhum livro é possível sem a ajuda de muitos colaboradores generosos.

Agradeço a todos os líderes e escritores de negócios cujo trabalho é citado neste livro, principalmente àqueles que compartilharam comigo suas experiências, detalhadamente, em sala de aula, durante palestras e seminários, ou em entrevistas.

Este livro não teria acontecido sem meu agente, Jim Levine, e meu editor, Myles Thompson, como campeões do projeto, em todos os estágios, desde o início. Ambos merecem minha gratidão eterna. Minha editora, Bridget Flannery-McCoy, ofereceu valioso *feedback* na definição do tom e da estrutura do livro. Rita Gunther McGrath, colega e cúmplice no corpo docente da Columbia Business School, ofereceu-me inspiração intelectual fecunda para muitas ideias e *feedback* crítico ao final do processo de elaboração do livro, ajudando-me a aguçar o foco e a mensagem central do livro. Karen Vrotsos foi a editora perfeita da versão final, afinando cada frase, encadeando a prosa, e empenhando-se para que todas as ideias fossem claras para os leitores que com elas deparassem pela primeira vez.

A Columbia Business School é um celeiro de meu trabalho há mais de 15 anos. Mike Malefakis tem atuado como grande campeão dos meus ensinamentos, como membro do corpo docente de Educação Executiva. Bernd Schmitt e Matthew Quint apoiaram minha pesquisa no Centro de Liderança de Marcas Globais durante muitos anos. Schmitt e meu agente de palestras, Tom Neilssen, deram-me excelentes conselhos durante o planejamento inicial do livro. Alisa Ahmadian contribuiu com pesquisa especializada de apoio, e Oded Naaman desenhou os cinco ícones elegantes do guia. Stephen Wesley, da Columbia University Press, e Ben Kolstad, da Cenveo, responderam a todas as minhas perguntas e trabalharam arduamente para manter o livro nos trilhos em todas as curvas perigosas do percurso.

Finalmente, agradeço à minha esposa, Karen, e a meu filho, George. Eles me impulsionaram na jornada, inspiraram minha criatividade e preencheram as lacunas durante as semanas em que me dediquei a este livro. Por trás deste livro, encontra-se em lugar de destaque o amor e a inspiração deles.

David Rogers,
Montclair, New Jersey

CAPÍTULO 1

Os cinco domínios da transformação digital:
clientes, competição, dados, inovação, valor

Você talvez se lembre da *Enciclopédia Britânica*. Publicada pela primeira vez em 1768, ela foi a fonte de referência definitiva, em inglês, durante centenas de anos, antes do aparecimento da internet. As pessoas já com certa idade provavelmente se recordam de quando folheavam as páginas de seus 32 volumes, com capa de couro – se não em casa, quem sabe na biblioteca da escola –, enquanto preparavam um trabalho de pesquisa. Nos primeiros debates sobre a Wikipédia, e nas histórias mais recentes sobre sua ascensão espantosa, essa vasta enciclopédia on-line, de criação coletiva e acesso gratuito, sempre foi comparada à Britannica, a ex-titular, agora desafiada.

Quando, depois de 244 anos, a Encyclopædia Britannica, Inc. anunciou que havia imprimido sua última edição, a mensagem era clara. Mais uma empresa tradicional, nascida antes da chegada da internet, tinha sofrido *ruptura* ou *disrupção* – levada de roldão pela lógica esmagadora da revolução digital. Só que não era verdade.

Nos vinte anos anteriores, a Britannica tinha passado por violento processo de transformação. A Wikipédia não foi, de fato, seu primeiro desafiante digital. Na aurora da era da computação pessoal, a Britannica tinha tentado deslocar-se da edição impressa para a edição em CD-ROM, só que, de repente, defrontou-se com a Microsoft, empresa que, embora atuasse em setor de atividade totalmente diferente, impôs-lhe um rival inesperado, a enciclopédia *Encarta*, da Microsoft, em CD-ROM, que passou a ser oferecida de graça nas compras do software Windows, como parte de uma estratégia mais ampla de posicionar os computadores pessoais como investimento básico em educação pelas famílias de classe média. À medida que o CD-ROM era substituído pela World Wide Web, a Britannica ainda deparou com a concorrência de uma explosão de alternativas on-line, como a *Nupedia*, e, depois, a Wikipédia, financiada e produzida por *crowdsourcing*, ou seja, de maneira colaborativa e coletiva, pela comunidade on-line.

A Britannica concluiu, então, que o comportamento dos clientes estava passando por transformações drásticas, com a adoção de novas tecnologias. Em vez de tentar defender o velho modelo de negócios, os líderes da empresa procuraram compreender as necessidades de seus principais clientes − usuários domésticos e instituições educacionais, principalmente no âmbito do ensino fundamental e do ensino médio, até a universidade. A Britannica experimentou, portanto, diferentes veículos de entrega, políticas de preços e canais de vendas para seus produtos, mas manteve o foco em sua missão central: qualidade editorial e serviços educacionais. Dessa maneira, foi capaz não só de deslocar a enciclopédia para um modelo puro de assinatura on-line, mas também de desenvolver novas ofertas de produtos correlatos, para atender às necessidades em evolução dos currículos e do aprendizado em sala de aula.

"Quando extinguimos a edição impressa, as vendas da enciclopédia no papel representavam apenas 1% de nosso negócio", explicou Jorge Cauz, presidente da Encyclopædia Britannica, Inc., no aniversário da decisão. "Somos tão lucrativos agora como sempre fomos."[1]

A história da Britannica talvez pareça surpreendente, exatamente por ser o contexto tão familiar: novas tecnologias digitais poderosas impulsionam mudanças drásticas no comportamento dos consumidores. Uma vez desencadeada, a digitalização de um produto, de uma interação ou de um veículo torna-se irrefreável e irresistível. O velho modelo de negócios é invalidado. O negócio "jurássico", rígido e incapaz de adaptar-se, é apagado. O futuro pertence aos novos pioneiros e às startups digitais.

Assim não foi, contudo, com a Britannica, e não é assim que terá de ser com o seu negócio.

Não há razão, absolutamente alguma, para que empresas digitais novatas superem as empresas tradicionais. As empresas tradicionais, como a Britannica, ainda podem ditar as regras. O problema é que, em muitos casos, a administração simplesmente não tem um guia, ou seja, um método, para compreender e, então, para enfrentar os desafios competitivos da digitalização. Este livro é esse guia, para ajudá-lo a compreender, a definir a estratégia e a competir no campo do jogo digital.

---

[1] CAUZ, Jorge. How I Did It . . . Encyclopædia Britannica's President on Killing Off a 244-Year-Old Product. *Harvard Business Review*, v. 91, p. 39-42, mar. 2013.

Superando seus pontos cegos digitais

Uma analogia talvez seja útil aqui. Durante a primeira onda da Revolução Industrial, as fábricas dependiam de fontes fixas de energia – primeiro, da energia hidráulica produzida pelas rodas d'água localizadas ao longo dos rios e, mais tarde, da energia a vapor, oriunda de máquinas que queimavam carvão. Embora essas fontes de energia tenham possibilitado o surgimento da produção em massa, elas também enfrentavam graves limitações. De início, impunham a localização das instalações e limitavam a capacidade de produção. Além disso, como as rodas d'água e as máquinas a vapor exigiam que todos os equipamentos da fábrica fossem ligados a um eixo de transmissão central – um único motor extenso que impulsionava todas as máquinas – essas fontes de energia também ditavam o projeto das fábricas e os métodos de trabalho.

Com a eletrificação das fábricas em fins do século XIX, tudo isso mudou. A energia elétrica eliminou todas as limitações que até então haviam definido as características das fábricas. Agora, as máquinas podiam ser arrumadas na ordem do fluxo de trabalho ótimo. As linhas de produção podiam alimentar umas as outras, como os afluentes de um rio, em vez de todas se encaixarem num eixo central. O tamanho das fábricas não mais se limitava ao comprimento máximo de eixos e correias. As possibilidades de *layouts* de fábricas totalmente revolucionários eram surpreendentes. Os donos das fábricas, no entanto, ignoravam em grande parte essas oportunidades. Estavam tão acostumados às premissas e às restrições de centenas de anos que se impunham aos projetos das fábricas, que simplesmente não conseguiam ver as possibilidades diante de seus olhos.

Coube às novas empresas geradoras de energia elétrica, as "startups" da era da eletrificação, pregar a inovação na manufatura. Essas novas empresas emprestavam motores elétricos, de graça, às fábricas, apenas para que experimentassem a nova tecnologia. Além disso, despachavam engenheiros e treinadores, também gratuitamente, para que demonstrassem aos proprietários e gestores das fábricas como a energia elétrica poderia transformar o negócio e para que instruíssem os supervisores e trabalhadores a explorar e a operar as máquinas e equipamentos elétricos. De início, o progresso foi lento; mas logo constatou-se que as geradoras de energia elétrica eram capazes de ensinar novos truques a macacos velhos. Já na década de 1920, um novo ecossistema de fábricas, trabalhadores, engenheiros, produtos e negócios já tinha tomado forma, tudo em torno da energia elétrica.[2]

Hoje, nossas nativas digitais (como Google ou Amazon) são como as geradoras de energia elétrica no começo da era da eletrificação. E nossas imigrantes digitais bem-sucedidas (como a Britannica) são como as fábricas que se reconfiguraram e emigraram para a nova era digital. Ambos os tipos de empresas reconhecem as possibilidades criadas pelas tecnologias digitais. Tanto as nativas quanto as imigrantes sabem que as limitações da era pré-digital foram superadas, não mais existem, tornando os novos modelos de negócio, os novos fluxos de receita e as novas fontes de vantagem competitiva não só possíveis, mas também menos onerosos, mais rápidos e mais centrados nos clientes, como nunca antes.

Observemos mais de perto esse novo mundo.

Cinco domínios estratégicos em mutação na era digital

Se a eletrificação foi transformadora, ao mudar restrições fundamentais na manufatura, o impacto da era digital é ainda maior, por alterar as restrições sob as quais operam praticamente todos os componentes da estratégia de negócios.

As tecnologias digitais mudaram a maneira como nos conectamos com os clientes e lhes oferecemos valor. Muitos de nós crescemos em um mundo em que as empresas transmitiam mensagens e forneciam produtos aos clientes. Hoje, porém, a relação é muito mais interativa, de mão dupla. As mensagens e as avaliações dos clientes os tornam muito mais influentes que a propaganda e as celebridades, transformando a participação dinâmica dos clientes em indutor crítico do sucesso das empresas.

As tecnologias digitais transformam a maneira como encaramos a competição. Cada vez mais, competimos não só com empresas rivais

---

[2] Sou grato à autora pela analogia com a eletrificação das fábricas, cujo impacto estratégico ela descreve em: MACGRATH, Rita. How 3-D Printing Will Change Everything About Manufacturing. *Wall Street Journal*, 4 jun. 2015. (Disponível em: <http://blogs.wsj.com/experts/2015/06/04/how-3-d-printing-will-change-everything-about-manufacturing/>. Acesso em: 2 jul. 2017). Um relato mais completo e a história da doutrinação na Detroit Edison Company para a adoção de motores elétricos pode ser encontrado em: DEVINE JR., Warren D. From Shafts to Wires: Historical Perspective on Electrification. *Journal of Economic History*, v. 43, n. 2, p. 347-372, jun. 1983.

de nossos próprios setores de atividade, mas também com negócios de outros setores de atividade, que roubam nossos clientes com suas novas ofertas digitais. Também é muito provável que passemos a competir ferozmente com um adversário tradicional em uma área do negócio, e que, ao mesmo tempo, estejamos explorando as capacidades desse mesmo concorrente, cooperando com ele em outra área do negócio. Cada vez mais, nossos recursos competitivos não mais se situam em nossa organização, mas sim numa rede de parceiros que reunimos em relações de negócios mais difusas.

Talvez as tecnologias digitais tenham mudado ainda mais o nosso mundo, pela maneira como passamos a considerar os dados. Nos negócios tradicionais, os dados eram caros de obter, difíceis de armazenar e usados em departamentos organizacionais. O gerenciamento desses dados exigia a compra e a manutenção de grandes sistemas de TI (lembre-se dos enormes sistemas Enterprise Resource Planning [ERP]), necessários apenas para rastrear o percurso dos estoques de uma fábrica na Tailândia para um shopping em Nova York). Hoje, os dados são gerados em quantidades sem precedentes, não só por empresas e organizações, mas por pessoas comuns, a toda hora e em todos os lugares. Além disso, o armazenamento de dados na nuvem é cada vez mais barato, acessível e amigável. O maior desafio hoje é converter a enorme quantidade de dados em informações valiosas.

As tecnologias digitais também estão transformando a maneira como as empresas inovam. Tradicionalmente, as inovações eram dispendiosas, arriscadas e insulares. Uma vez que testar novas ideias era difícil e dispendioso, as empresas dependiam dos palpites de seus gestores quanto às características dos produtos a serem lançados no mercado. Hoje, as tecnologias digitais possibilitam a verificação e a experimentação contínuas, algo inconcebível no passado. A construção de protótipos é barata e o teste de ideias é rápido em comunidades de usuários. O aprendizado contínuo e a iteração (repetição) rápida de produtos, antes e depois do lançamento, são o novo padrão.

Finalmente, as tecnologias digitais nos forçam a pensar de maneira diferente sobre como compreendemos e criamos valor para os clientes. O que os clientes valorizam pode mudar com muita rapidez, e nossos concorrentes estão a toda hora descobrindo novas oportunidades que talvez sejam valorizadas pelos clientes. Com muita frequência, quando uma empresa alcança o sucesso no mercado, estabelece-se uma complacência perigosa. Como advertiu

Andy Grove, anos atrás, "apenas os paranoicos sobrevivem". Ir aos extremos e superar os limites em busca da próxima fonte de valor para os clientes é cada vez mais imperativo.

Em face de tudo isso, vê-se como as forças digitais estão reformulando cinco domínios fundamentais da estratégia: clientes, competição, dados, inovação e valor (ver Figura 1.1). Esses cinco domínios descrevem o panorama da transformação digital para as empresas de hoje. (Como simples recurso mnemônico, você pode lembrar-se dos cinco domínios como CCDIV).

Ao longo desses cinco domínios, as tecnologias digitais estão redefinindo muitos dos princípios básicos da estratégia e mudando as regras de como as empresas devem operar no mercado para serem bem-sucedidas. Muitas das velhas restrições foram superadas e novas possibilidades agora estão disponíveis. As empresas que se constituíram antes da internet precisam conscientizar-se de que muitos de seus pressupostos fundamentais devem ser atualizados.

Figura 1.1: Cinco domínios da transformação digital

Aprofundemo-nos um pouco mais em como as tecnologias digitais estão desafiando os pressupostos estratégicos em cada um desses domínios.

Clientes

O primeiro domínio da transformação digital é o dos clientes. Pela teoria convencional, os clientes eram considerados um agregado de atores, ao qual se dirigiam o marketing e a propaganda. O modelo predominante do mercado de massa focava em conquistar economias de escala, por meio da produção em massa (faça um produto que sirva a tantos clientes quanto possível) e da comunicação de massa (use mídias e mensagens abrangentes que atinjam e convençam tantos clientes quanto possível, ao mesmo tempo).

Na era digital, estamos avançando para um mundo mais bem descrito não pelos mercados de massa, mas pelas redes de clientes. Nesse paradigma, os clientes se conectam e interagem dinamicamente, por meios e modos que estão mudando suas relações entre si e com as empresas. Hoje, os clientes estão o tempo todo influenciando-se reciprocamente e construindo a reputação das empresas e das marcas. O uso de ferramentas digitais está mudando a maneira como descobrem, avaliam, compram e usam os produtos, e como compartilham, interagem e mantêm-se conectados com as marcas.

Isso está forçando as empresas a repensar seus funis de marketing tradicionais e a reexaminar os caminhos dos clientes para as compras, que podem saltar do uso de redes sociais, de mecanismos de busca, de laptops ou de telas de dispositivos móveis para a entrada numa loja física ou para um pedido de serviço aos clientes num chat on-line, ao vivo. Em vez de ver os clientes apenas como alvos de vendas, as empresas precisam reconhecer que os clientes em rede podem ser o melhor grupo de foco, o melhor campeão da marca ou o melhor parceiro de inovação que jamais encontrarão.

A Tabela 1.1 identifica as mudanças nessas premissas básicas, à medida que as empresas avançam da era analógica para a era digital.

Competição

O segundo domínio da transformação digital é a competição. Tradicionalmente, competição e cooperação eram vistas como opostos binários: as empresas competiam com empresas rivais muito parecidas com elas mesmas e cooperavam com parceiros da cadeia de fornecimento que distribuíam seus bens ou forneciam os inputs necessários para a sua produção.

Hoje, estamos caminhando para um mundo de fronteiras setoriais fluidas, em que nossos maiores desafiadores podem ser concorrentes assimétricos – empresas estranhas ao setor, em nada parecidas com a nossa, mas que oferecem aos nossos clientes valores concorrentes. A "desintermediação digital" está virando de ponta cabeça parcerias e cadeias de fornecimento – nossos parceiros de negócios de longa data podem tornar-se nossos maiores concorrentes, se nossos aliados tradicionais começarem a servir diretamente a nossos clientes.

Ao mesmo tempo, talvez precisemos cooperar com um rival direto, devido a modelos de negócio interdependentes ou a desafios externos mútuos, oriundos de outros setores. Mais importante, as tecnologias digitais estão turbinando o poder de modelos de negócios de plataforma, permitindo que uma empresa crie e capte enorme valor ao facilitar as interações envolvendo outras empresas ou clientes.

O resultado final dessas mudanças é um grande deslocamento no lócus da competição. Em vez de uma batalha de soma zero entre rivais semelhantes, a competição é, cada vez mais, uma disputa por influência entre empresas, com modelos de negócio muito diferentes, cada uma buscando conquistar mais alavancagem junto ao consumidor final.

Dados

O domínio seguinte da transformação digital são os dados: como as empresas produzem, gerenciam e usam a informação. Até algum tempo atrás, os dados eram produtos de ações deliberadas a pesquisas de clientes e de inventários físicos, que eram parte dos próprios processos de negócios – fabricação, operações, vendas, marketing. Os dados resultantes eram usados principalmente para previsões, avaliações e tomada de decisões.

Em contraste, hoje nos deparamos com um dilúvio de dados. A maioria dos dados que hoje inunda as empresas não é gerada por qualquer planejamento sistemático, como pesquisa de mercado; em vez disso, é produto de quantidade sem precedentes de conversas, interações ou processos, dentro ou fora das empresas. Com as mídias sociais, os dispositivos móveis e os sensores em todos os objetos da cadeia de fornecimento de uma empresa, todos os negócios hoje têm acesso a uma enxurrada de dados não estruturados, que é gerada sem planejamento e que pode ser usada, cada vez mais, para alimentar novas ferramentas analíticas.

Essas ferramentas de "*big data*" criam condições para que as empresas façam novos tipos de previsões, descubram padrões inesperados nas atividades de negócios e liberem novas fontes de valor. Em vez de se confinarem no âmbito de unidades de inteligência de negócios, os dados estão se transformando em força vital de todas as unidades organizacionais e em ativos estratégicos a serem desenvolvidos e explorados ao longo do tempo. Os dados são componentes fundamentais de como todas as empresas funcionam, se diferenciam nos mercados e geram novo valor.

Inovação

O quarto domínio da transformação digital é a inovação: o processo pelo qual novas ideias são desenvolvidas, testadas e lançadas no mercado. Tradicionalmente, a inovação era gerenciada com foco exclusivo no produto acabado. Como os testes de mercado eram difíceis e custosos, a maioria das decisões sobre inovações se baseava no tirocínio e na intuição dos gestores. Como o custo do fracasso era alto, evitar o fracasso era fundamental.

As startups de hoje demonstraram que as tecnologias digitais possibilitam que se encare a inovação de maneira muito diferente, com base no aprendizado contínuo, por experimentação rápida. À medida que facilitam e aceleram mais do que nunca o teste de ideias, é possível receber *feedback* do mercado desde o início do processo de inovação, mantendo-o constante até o lançamento, e mesmo depois.

Essa nova abordagem à inovação se concentra em experimentos cuidadosos e em protótipos de viabilidade mínima, que maximizam o aprendizado ao mesmo tempo que minimizam os custos. As premissas são testadas sucessivas vezes e as decisões sobre o projeto são tomadas com base em validação pelos clientes reais. Dessa maneira, os produtos são desenvolvidos através de repetições sucessivas, mediante um processo que economiza tempo, reduz o custo do fracasso e melhora o aprendizado organizacional.

Valor

Do domínio final da transformação digital é o valor que o negócio entrega aos clientes – a proposta de valor. Tradicionalmente, a proposta de valor da empresa era considerada duradoura ou quase constante. Os produtos podiam ser atualizados; as campanhas de marketing, revigoradas; ou as operações, melhoradas; mas supunha-se que o valor básico oferecido pelo negócio aos clientes era constante, definido pelo setor de atividade (por exemplo, as empresas automobilísticas ofereciam transporte, segurança, conforto e *status*, em diferentes graus). O negócio de sucesso era aquele que tinha uma proposta de valor clara, que estabelecia alguma diferenciação no mercado (por exemplo, preço ou marca), e que focava na execução e na entrega na melhor versão da mesma proposta de valor aos clientes, durante vários anos.

Na era digital, confiar em proposta de valor imutável é semear desafios e colher rupturas infligidas pelos novos concorrentes, com propostas de valor mais atraentes. Embora os setores difiram entre si quanto ao momento e à natureza de suas transformações impostas pelas novas tecnologias, quem presumir que a sua hora e vez ainda está longe será, provavelmente, o primeiro a ser atropelado. A única prevenção segura em um contexto de negócios em mutação é escolher o caminho da evolução constante, considerando todas as tecnologias como maneira de estender e melhorar a nossa proposta de valor aos clientes. Em vez de esperar para adaptar-se quando a mudança se tornar questão de vida ou morte, as empresas devem concentrar-se em aproveitar as oportunidades emergentes, descartando as fontes de vantagem competitiva decadentes e adaptando-se desde logo para manter-se na dianteira da curva de mudança.

TABELA 1.1:

Mudanças nos pressupostos estratégicos, da era analógica para a era digital

	De	Para
Clientes (Capítulo 2)	Clientes como mercado de massa	Clientes como rede dinâmica
	Comunicações são transmitidas aos clientes	Comunicações fluem em mão dupla.
	A empresa é o principal influenciador	Os clientes são o principal influenciador
	Marketing para induzir à compra	Marketing para inspirar a compra, a lealdade e a defesa da marca
	Fluxos de valor em mão única	
	Economias de escala (empresa)	Fluxos de valor recíprocos Economias de valor (clientes)
Competição (Capítulo 3)	Competição em setores delimitados	Competição entre setores fluidos
	Distinções nítidas entre parceiros e rivais	Distinções nebulosas entre parceiros e rivais
	Competição é jogo de soma zero	Concorrentes cooperam em áreas-chave
	Os principais ativos são mantidos na empresa	Os principais ativos situam-se em redes externas
	Produtos com características e benefícios únicos	Plataformas com parceiros que trocam valor
	Poucos concorrentes dominantes por categoria	O vencedor leva tudo, devido aos efeitos de rede

	De	Para
Dados (Capítulo 4)	Dados são dispendiosos para serem gerados nas empresas	Dados são gerados continuamente em todos os lugares
	O desafio dos dados é armazená-los e gerenciá-los	O desafio dos dados é convertê-los em informações valiosas
	As empresas usam apenas dados estruturados	Os dados não estruturados são cada vez mais úteis e valiosos
	Os dados são gerenciados em departamentos operacionais	O valor dos dados é conectá-los entre os departamentos
	Os dados são ferramentas para gerenciar processos	Os dados são ativo intangível importante para criar valor
Inovação (Capítulo 5)	As decisões são tomadas com base na intuição e na autoridade	As decisões são tomadas com base em testes e validações
	O teste de ideias é caro, lento e difícil	O teste de ideias é barato, rápido e fácil
	Os experimentos são raros e conduzidos por especialistas	Os experimentos são contínuos e conduzidos por todos
	O desafio da inovação é encontrar a solução certa	O desafio da inovação é resolver o problema certo
	O fracasso é evitado a todo custo	Os fracassos são fontes precursoras e baratas de aprendizado
	O foco se concentra no produto "acabado"	O foco se concentra em produtos de viabilidade mínima e em iterações pós-lançamento.
	Otimize o modelo de negócios por tanto tempo quanto possível	Evolua antes de ser necessário, para manter-se à frente da disrupção
	Julgue a mudança pela intensidade do impacto sobre o negócio vigente	Julgue a mudança pela maneira como cria oportunidade para o próximo negócio
	O sucesso no mercado dá lugar à complacência	"Só os paranoicos sobrevivem"
Valor (Capítulo 6)	Proposta de valor definida pelo setor	Proposta de valor definida pela evolução das necessidades dos clientes
	Execute a sua atual proposta de valor	Descubra a próxima oportunidade de criar valor para o cliente

Guia da transformação digital

Assediadas pela transformação em cada um desses domínios, as empresas, hoje, por certo precisam de novos referenciais para formular suas próprias estratégias, a fim de adaptar-se e crescer na era digital.

Cada um desses domínios tem um tema estratégico central que pode fornecer-lhe um ponto de partida para a sua estratégia digital. Como os engenheiros que treinaram os gerentes das fábricas tradicionais na fase da eletrificação, esses cinco temas podem orientá-lo, revelando como as limitações de sua estratégia convencional estão desaparecendo e como oportunidades até então inexistentes estão surgindo, para que você desenvolva o seu negócio de novas maneiras. Eu chamo esse conjunto de temas estratégicos de guia da transformação digital.

A Figura 1.2 resume esse guia em uma página, junto com muitos dos conceitos-chave que exploraremos neste livro, à medida que examinamos cada tema detalhadamente. Vejamos cada um dos cinco temas, para compreendê-los um pouco melhor.

Domínios	Temas Estratégicos	Conceitos-Chave
CLIENTES	Explore as redes de clientes	• reinvenção do funil de marketing • jornada de compra • principais comportamentos das redes de clientes
COMPETIÇÃO	Construa plataformas, não apenas produtos	• modelos de negócio de plataforma • efeitos de rede (in)diretos • (des)intermediação • Trens de Valor Competitivos
DADOS	Converta dados em ativos	• padrões de valor dos dados • drivers para o *big data* • tomada de decisão baseada em dados
INOVAÇÃO	Inove por experimentação rápida	• experimentação divergente • experimentação convergente • MVP (produto mínimo viável) • caminhos para escalar
VALOR	Adapte a sua proposta de valor	• conceitos de valor de mercado • caminhos de saída de um mercado em declínio • passos para a evolução da proposta de valor

Figura 1.2: Guia da transformação digital

Explore as redes de clientes

À medida que os clientes se comportam menos como indivíduos isolados e mais como redes conectadas coesas, todos os negócios devem aprender a explorar o poder e o potencial dessas redes de clientes. Isso significa engajar-se, empoderar e cocriar com os clientes além do momento da primeira compra. Implica alavancar os meios e modos pelos quais os clientes felizes influenciam outros clientes e impulsionam novas oportunidades de negócios.

Explorar as redes de clientes talvez envolva colaborar diretamente com os clientes, como os fãs dos salgadinhos Doritos, que criam suas propagandas premiadas, ou os motoristas que usam o Waze, e oferecem os inputs que aprimoram seu sistema exclusivo de mapas. Também é possível que envolva aprender a pensar como empresas de mídia, como a gigante de cosméticos L'Oréal, ou como a fabricante de vidros Corning, cujos conteúdos foram espalhados por ampla área e para todos os lados pelos clientes em rede. Outras organizações, como a Life Church e o Walmart, procuram conectar-se com os clientes, descobrindo o momento certo na vida digital deles, em que o valor por elas oferecido se torna mais relevante. Empresas com vasta tradição, como Coca-Cola e Maersk Line, estão disseminando conversas em redes sociais, com clientes internos e externos, em setores tão diversos quanto bebidas não alcóolicas e serviços de contêineres.

Hoje, o desenvolvimento de uma estratégia eficaz para clientes exige que se compreendam conceitos-chave, do tipo clientes como ativos estratégicos, reinvenção do funil de marketing, caminho digital para a compra e os cinco comportamentos centrais das redes de clientes (acesso, engajamento, customização, conexão e colaboração).

Construa plataformas, não apenas produtos

Para dominar a competição na era digital, os negócios precisam aprender a enfrentar desafiantes assimétricos, que estão embaralhando os papéis da competição e da cooperação em todos os setores de atividade. Também devem compreender a importância crescente das estratégias paras construir plataformas, não apenas produtos.

A construção de modelos de negócios de plataforma eficazes pode implicar tornar-se intermediário de confiança que reúne negócios concorrentes, da mesma maneira como a Wink juntou Phillips,

Honeywell, Lutron e Schlage. Para tanto, talvez seja necessário abrir seu produto exclusivo para ser usado por outras empresas, que sobre ele desenvolverão seus próprios produtos, como a Nike fez com os seus dispositivos *fitness* que podem ser vestidos, e a Apple fez com o iPhone. Ou, como no caso do Uber e do Airbnb, pode exigir a construção de um negócio cujo valor se situe em grande parte nos parceiros, no qual a plataforma atua como ponto de conexão crítico. Em alguns casos, significa combinar os modelos de negócios tradicionais e de plataforma, como foi o caso da Best Buy e da Amazon. As empresas talvez tenham de formar novas parcerias para alavancar plataformas de distribuição, como a The New York Times Company fez com o Facebook. Outras empresas talvez tenham de aprender a renegociar suas relações com os parceiros de canal em que já confiam há muito tempo, como fizeram a HBO e a Allstate Insurance. Também é possível que outras empresas tenham de aprender quando e onde cooperar com seus mais ferozes concorrentes, como ocorreu com a Samsung e a Apple.

Para desenvolver estratégias competitivas da era digital, é necessário compreender os seguintes conceitos: modelos de negócios de plataforma, efeitos de rede diretos e indiretos, "coopetição" entre empresas, dinâmica da intermediação e da desintermediação, e Trens de Valor Competitivos.

Converta dados em ativos

Numa era de superoferta de dados, geralmente gratuitos, o mandamento para as empresas é aprender a convertê-los em ativos realmente estratégicos. Isso exige reunir os dados certos e aplicá-los na geração de valor duradouro para o negócio.

A construção de uma base de dados poderosa como ativo pode erguer-se sobre a colaboração eficaz com parceiros de dados, como a Caterpillar faz com seus distribuidores de vendas e a The Weather Company faz com seus clientes mais ávidos. O ativo de dados pode gerar valor na forma de novos *insights* de mercado. Conversas não estruturadas entre compradores de automóveis revelaram a trajetória da marca Cadillac; as mídias sociais mostraram à Gaylord Hotels o que motivava as recomendações dos clientes. Os dados podem agregar valor, ajudando a identificar os clientes que precisam de mais atenção, como ocorreu com os hóspedes prioritários da InterContinental

Hotels e com os pacientes de alta necessidade da Camden Coalition of Healthcare Providers. Em outras situações, os dados podem ser usados para ajudar os negócios a personalizar suas comunicações com os clientes, seja a Kimberly-Clark conversando com a família certa sobre o produto certo, seja a British Airlines identificando seus clientes mais valiosos de classe executiva, mesmo quando estão na classe econômica com a família. Às vezes, o valor dos dados pode ser encontrado na identificação de padrões contextuais, como quando a Opower mostra aos clientes de serviços de utilidade pública a maneira como usam a eletricidade ou quando a Naviance ajuda alunos do ensino médio a avaliar suas chances de aprovação ao se inscreverem em diferentes faculdades.

Para desenvolver uma boa estratégia de dados, é importante compreender os quatro paradigmas da criação de valor com os dados, as novas fontes e as capacidades analíticas do *big data*, o papel da causalidade na tomada de decisão movida a dados e os riscos referentes a segurança e privacidade.

Inove por experimentação rápida

Como as tecnologias digitais tornam tão rápido, tão fácil e tão barato testar ideias, as empresas hoje precisam dominar a arte da experimentação rápida. Para tanto, é necessário encarar a inovação de maneira totalmente diferente, com base na validação de novas ideias por meio do aprendizado rápido e iterativo (ou por repetição).

A experimentação rápida pode envolver a aplicação contínua de testes A/B e de análise multivariada, como as ferramentas usadas pela Capital One para refinar seu marketing e as usadas pela Amazon e pelo Google para melhorar seus serviços on-line. Outros experimentos podem usar protótipos de viabilidade mínima, os MVPs, para explorar novos produtos: a Intuit testou o conceito num aplicativo de finanças para dispositivos móveis, com um gerente que segurava pilhas de papéis e um telefone convencional. Os experimentos devem envolver testes rigorosos das premissas de uma inovação, como fez a Rent The Runway, antes de lançar o seu serviço de modas on-line e como não fez a JCPenney, antes de lançar o catastrófico redesenho das lojas. Depois que a ideia é validada pelo experimento, é preciso ser muito cuidadoso no planejamento e no lançamento, como fez a Starbucks, com as novas funcionalidades das lojas, e a Settlement Music House, com seus programas de música comunitária. E qualquer negócio que se empenhe na experimentação rápida deve aprender a encorajar fracassos inteligentes, como foi o caso da Tata, com a sua iniciativa Ouse Tentar (*Dare to Try*).

Para inovar na era digital é preciso executar com realismo tanto experimentos convergentes (com amostras válidas, grupos de teste e controles) quanto experimentos divergentes (concebidos para pesquisas abertas). Para levar os resultados ao mercado, também é necessário explorar protótipos e produtos de viabilidade mínima e dominar os quatro caminhos para escalar uma inovação.

Adapte a sua proposta de valor

Para dominar a criação de valor na era digital, as empresas precisam adaptar continuamente sua proposta de valor. Isso significa deslocar o foco para além do modelo de negócios atual e mirar em como oferecer mais valor aos clientes, à medida que as novas tecnologias reformulam as oportunidades e as necessidades.

A reconfiguração contínua de um negócio envolve em geral a descoberta de novos clientes e a identificação de novas aplicações para os produtos atuais, como quando a Mohawk Fine Papers encontrou novos usos digitais para os seus produtos e o editor da *The Deseret News* descobriu novos públicos on-line para o seu conteúdo, além dos tradicionais mercados locais. Talvez consista em desenvolver uma nova oferta, enquanto o velho modelo de negócios está sob grave ameaça: a Encyclopædia Britannica, Inc. revisualizou-se como recurso educacional; a The New York Times Company reimaginou o que era ser uma fonte de notícia. A adaptação talvez implique desenvolver agressivamente um novo conjunto de produtos, antecipando-se a mudanças drásticas nos clientes. Como fez o Facebook durante seu deslocamento para plataformas móveis. Ou talvez signifique a experimentação de novas maneiras de engajar os clientes, enquanto ainda são leais ao negócio, a exemplo de como agiu o Metropolitan Museum of Art, construindo um aparato de pontos de contato digitais para aprofundar as experiências culturais de clientes próximos e distantes.

Para tomar a iniciativa de adaptar a sua proposta de valor, é necessário compreender estes elementos: os diferentes conceitos-chave de valor de mercado, os três caminhos de saída possíveis de um mercado decadente e os passos essenciais para analisar com eficácia a atual proposta de valor, identificar as ameaças e oportunidades emergentes e sintetizar o próximo passo eficaz em sua evolução.

Dê a partida em sua própria transformação digital

Onde começar em sua transformação digital, se você for uma empresa tradicional?

Muitos livros sobre inovação e estratégia na era digital concentram foco muito estreito em startups. Os desafios, entretanto, de lançar a partir do zero um negócio já digital são muito diferentes dos desafios de tornar digital uma empresa estabelecida, que já tenha infraestrutura, canais de vendas, empregados e cultura organizacional com DNA analógico.

Com base em minha própria experiência – de aconselhar executivos de multinacionais seculares, assim como de gigantes digitais de hoje ou de startups novas ainda na incubadora, constituídas com capital semente dos próprios fundadores –, concluí que esses líderes enfrentam desafios muito diferentes. Os mesmos princípios estratégicos – envolvendo clientes, competição, dados, inovação e valor – se aplicam a todos os casos. Os caminhos, porém, para *implantar* esses princípios são diferentes, dependendo do ponto de partida. Por isso é que este livro foca basicamente nas empresas que foram constituídas antes do nascimento da internet e analisa como elas estão se transformando com sucesso para operar sob os princípios da era digital.

O livro inclui exemplos de casos de dezenas de empresas, para mostrar como cada uma das estratégias analisadas atua em ampla variedade de setores e contextos. Examinaremos exemplos relevantes de gigantes digitais (como Amazon, Apple e Google) e de emergentes digitais (como Airbnb, Uber e Warby Parker). Mas, acima de tudo, analisaremos empresas tradicionais, fundadas antes do advento da internet, para verificar como tem sido seu processo de adaptação. Essas empresas variam quanto ao tamanho e pertencem a amplo espectro de setores: automobilístico, vestuário, cosméticos, livros, educação, entretenimento, finanças, modas, saúde, hotelaria, cinema, manufatura, imóveis, varejo, religião e outros.

Além dos referenciais, das análises e dos estudos de casos, o livro inclui um conjunto de nove ferramentas de planejamento estratégico:

- Gerador de Estratégia de Redes de Clientes (Capítulo 2)
- Mapa do Modelo de Negócios de Plataforma (Capítulo 3)
- Trem de Valor Competitivo (Capítulo 3)
- Gerador de Valor dos Dados (Capítulo 4)
- Método Experimental Convergente (Capítulo 5)
- Método Experimental Divergente (Capítulo 5)
- Roteiro da Proposta de Valor (Capítulo 6)
- Mapa do Modelo de Negócios Disruptivo (Capítulo 7)
- Planejador de Resposta Disruptiva (Capítulo 7)

Essas ferramentas podem ser categorizadas da seguinte maneira:

- *Ferramentas de ideação ou concepção estratégica*: ferramentas para gerar uma nova solução para determinado desafio, explorando diferentes facetas do fenômeno estratégico (Gerador de Estratégia de Redes de Clientes e Gerador de Valor dos Dados).
- *Mapas estratégicos*: ferramentas visuais que podem ser usadas para analisar uma estratégia ou um modelo de negócios existente ou para avaliar e explorar nova estratégia ou novo modelo de negócios (Mapa de Modelo de Negócios de Plataforma, Trem de Valor Competitivo, Mapa de Modelo de Negócios Disruptivo).
- *Ferramentas de decisão estratégica*: ferramentas com critérios para avaliação e escolha entre um conjunto de opções genéricas disponíveis para uma decisão estratégica importante (Planejador de Resposta Disruptiva).
- *Ferramentas de planejamento estratégico*: processos ou métodos de planejamento passo a passo a serem usados para desenvolver um plano estratégico sob medida para um contexto ou desafio de negócios específico (Método Experimental Convergente, Método Experimental Divergente, Roteiro da Proposta de Valor).

Essas ferramentas foram desenvolvidas com base no *feedback* de workshops sobre estratégia que conduzi em centenas de empresas em todo o mundo. São ferramentas práticas com o intuito de ajudá-lo a aplicar os conceitos deste livro em seu próprio trabalho, qualquer que seja o seu setor de atividade ou o seu negócio.

Cada ferramenta é apresentada de maneira sucinta, ao longo do livro, em conexão com análises e casos que mostram como e onde elas podem ser úteis. Uma explicação mais detalhada de algumas ferramentas, com orientação passo a passo para aplicá-las em seu negócio, pode ser encontrada na seção Ferramentas de meu site na internet (http://www.davidrogers.biz).

Evidentemente, você terá de ir além da simples adoção das ideias estratégicas certas, dos referenciais de planejamento e das ferramentas para ação. A busca da transformação digital em empresas tradicionais também o levará a enfrentar questões importantes de mudança organizacional.

Em todo o livro, terminei cada capítulo com uma seção que analisa essas questões e os obstáculos organizacionais. Isso porque a transformação digital não se limita a elaborar a estratégia certa; também consiste em fazer a estratégia acontecer. Minha análise envolve questões de liderança; cultura organizacional; mudanças nas estruturas, processos ou competências internas; e mudanças nas relações externas. Para tanto, aproveitei as perspectivas de líderes de negócios específicos que enfrentaram esses temas. A abordagem certa para você depende da história e da natureza de sua organização. Meu objetivo é, principalmente, lançar luz sobre alguns dos obstáculos mais traiçoeiros que podem impedir a mudança, pois a experiência demonstra que a transformação digital não resulta apenas de seu próprio impulso, mesmo que a empresa tenha desenvolvido a estratégia certa.

Um guia para o restante deste livro

Os próximos cinco capítulos do livro se destinam a focar sua equipe em como as tecnologias digitais estão mudando as regras tradicionais de cada um dos domínios estratégicos que apresentei aqui. Esses capítulos também mostram à sua equipe o que fazer em relação a tais mudanças. Você aprenderá a aplicar cada um dos temas estratégicos centrais e verá exemplos de todos os tipos de negócios que estão aplicando-os para repensar seus rumos na era digital. Como vimos no caso da Encyclopædia Britannica, e veremos em muitos outros casos, o futuro não é sobre startups comprando empresas há muito estabelecidas. É sobre novas estratégias de crescimento e sobre novos modelos de negócios que substituem seus antecessores, à medida que as empresas tradicionais aprendem novas maneiras de operar.

No entanto, mesmo que você adote todas essas estratégias e ferramentas, não há bola de cristal em negócios. Ainda assim é possível que seu modelo de negócios sofra alguma ameaça repentina, de um novo desafiante imprevisto e inesperado: disrupção (ou ruptura)!

O último capítulo do livro trata da disrupção – fenômeno muito discutido, mas nem sempre compreendido – e seus desdobramentos na era digital. O capítulo fornece uma ferramenta para avaliar se o desafiante emergente é de fato uma ameaça disruptiva para o seu negócio. Também inclui outra ferramenta para avaliar as suas opções caso você se defronte com um verdadeiro desafiante disruptivo: é melhor encarar e lutar ou recuar e debandar? Dominar a disrupção exige alguma reconsideração e atualização da teoria clássica de Clayton Christensen sobre o assunto. Examinaremos, assim, uma teoria revisada que reflete algumas mudanças básicas na disrupção da era digital. E veremos como a disrupção se enraíza nos cinco domínios da transformação digital, que examinaremos ao longo do livro.

A conclusão do livro trata dos obstáculos remanescentes a serem eliminados pelas organizações, para realmente adotarem a nova mentalidade estratégica que constitui o âmago deste guia sobre transformação digital. Para toda Britannica existe uma Kodak ou uma Blockbuster – um negócio que não reconheceu as mudanças nas regras do jogo e não conseguiu mudar a estratégia para compatibilizá-la com a realidade digital. Examinaremos aqui por que e como algumas instituições ficaram para trás. Finalmente, o livro oferece uma ferramenta de autoavaliação para ajudá-lo a julgar a prontidão de seu negócio para a transformação digital.

■ ▇ ■

Vivemos no que geralmente se denomina era digital. Um ecossistema de sobreposições ou imbricações de tecnologias digitais – cada uma delas erguendo-se sobre as antecessoras e impulsionando as sucessoras – está transformando não só a nossa vida pessoal e comunitária, mas também a dinâmica de negócios para organizações de todos os tamanhos e setores de atividade.

As tecnologias não se limitam a transformar somente um aspecto da gestão de negócios, mas praticamente todos os aspectos. Elas estão reescrevendo as regras referentes a clientes, competição, dados, inovação e valor. A resposta a essas mudanças exige mais que uma abordagem de varejo ou fragmentária; requer um esforço integrado total – um processo de transformação digital holística em todo o âmbito da organização. Felizmente, esse processo é absolutamente factível. A esta altura, já estamos cercados de exemplos de empresas cujas próprias lições, aprendidas à medida que se adaptavam para enfrentar seus desafios específicos, lançam luz sobre os princípios universais que se aplicam aos negócios em geral. Ao dominar essas lições – e ao aprender a aplicar esse guia de transformação digital – qualquer empresa pode ajustar-se e prosperar na era digital.

CAPÍTULO 2

Explore as redes de clientes

Clientes

Quando ele se juntou à Life Church, em Oklahoma, como pastor, Bobby Gruenewald tinha apenas dois anos de formado na faculdade, mas já havia constituído e vendido dois negócios de internet, inclusive duas comunidades on-line de fãs de luta profissional. Na Life Church, ele focou num tipo diferente de comunidade. Ele havia sido convocado como Líder de Inovação para ajudar a igreja evangélica, fundada havia três anos, a descobrir novas maneiras de atrair um público contemporâneo e engajá-lo no Cristianismo.

Muitas igrejas hoje usam *podcasts* ou transmissões em *streaming* dos sermões semanais, para oferecê-los aos paroquianos, no percurso de ida e volta entre casa e trabalho, em casa, ou em qualquer outro lugar. A Life Church foi muito mais longe, desenvolvendo uma "missão digital" que inclui serviços de vídeo on-demand (sob demanda) e em *streaming* ao vivo na LifeChurch.tv e uma plataforma de ferramentas tecnológicas disponíveis para outras igrejas. No apogeu da comunidade on-line Second Life, Gruenewald construiu uma igreja virtual para alcançar crentes, na forma de avatar 3D. Também comprou anúncios no Google para aliciar pessoas em busca de pornografia, desviando-as para experiências místicas. Como ele tuitou: "Faremos tudo, menos pecar, para alcançar pessoas que não conhecem Cristo. Para atrair pessoas que ninguém está atraindo, faremos coisas que ninguém está fazendo".[3]

---

[3] GRUENEWALD, Bobby. Postagem no Twitter, 24 jan. 2015. Disponível em: <https://twitter.com/bobbygwald/status/559133099540234241>. Acesso em: 2 jul. 2017.

O maior impacto de Gruenewald, porém, talvez tenha sido a criação do YouVersion, o aplicativo de Bíblia mais popular do mundo para smartphones. Com mais de 168 milhões de downloads, o aplicativo rivaliza com alguns dos maiores aplicativos de jogos e de redes sociais para dispositivos móveis. O YouVersion torna a Bíblia acessível em mais de 700 idiomas, desde o inuktitut, do Ártico Oriental, até o inglês crioulo; é o único para dispositivos móveis que inclui línguas tão obscuras quanto o guarani boliviano. Para cada língua, há numerosas traduções, incluindo 30 versões em inglês – desde a Bíblia do Rei Jaime, passando pela Nova Versão Internacional, até a ultramoderna "The Message: The Bible in Contemporary Language" (A Mensagem: A Bíblia em Linguagem Contemporânea). Os leitores podem escolher uma tradução, buscar qualquer passagem ou frase, além de destacar, marcar e compartilhar o que estão lendo com os outros, inclusive mais de cem mil versículos por dia, diretamente do aplicativo. A usuária Jen Sears, gerente de Recursos Humanos na cidade de Oklahoma, não hesita em afirmar que, agora, quando quer orar, pega o telefone celular. Desde que instalou o YouVersion, diz ela, "tenho minha bíblia impressa sobre minha cômoda, em casa, mas ela não sai do lugar".[4]

Todos os domingos, as telas brilham nas mãos dos paroquianos em quase 2.000 igrejas que usam o YouVersion para conduzir seus serviços religiosos. Durante a pregação, os servidores da LifeChurch. tv rastreiam 600.000 pedidos por minuto e registram os versículos mais populares em diferentes comunidades. Isso ajuda a Life Church a escolher os versículos que são enviados todos os dias aos 168 milhões de usuários do aplicativo. Outros pregadores, como Rick Warren, fundador da megaigreja Saddleback Church, e o reverendo Billy Graham, usam o YouVersion para distribuir aos fiéis os próprios planos de leitura personalizados, em qualquer lugar do mundo. Geoff Dennis, um dos editores cuja tradução aparece no YouVersion, diz: "Eles definiram o que significa acessar a palavra de Deus em dispositivos móveis".[5]

---

[4] O'LEARY, Amy. In the Beginning Was the Word; Now the Word Is on an App. *New York Times*, 26 jul. 2013. Disponível em: <http://www.nytimes.com/2013/07/27/technology/the-faithful-embrace-youversion-a-bible-app.html>. Acesso em: 2 jul. 2017.

[5] O'LEARY, 2013.

Repensando os clientes

Sob demanda, customizado ou personalizado, conectado, compartilhado – as mesmas qualidades que a LifeChurch.tv oferece aos paroquianos da era digital são os atributos que os clientes exigem hoje de todos os negócios.

Quando começamos a desenvolver nosso roteiro para a transformação digital, o primeiro domínio da estratégia a ser repensado são os clientes. Os clientes sempre foram essenciais para todos os negócios, na condição de compradores de bens e serviços. Para crescer, as empresas os miravam através de ferramentas de mercado de massa, destinadas a atraí-los, informá-los, motivá-los e convencê-los a comprar. Na era digital, contudo, o relacionamento dos clientes com as empresas está mudando drasticamente (ver Tabela 2.1).

TABELA 2.1:

Mudanças nas premissas estratégicas, da era analógica para a era digital

De	Para
Clientes como mercado de massa	Clientes como rede dinâmica
Comunicações são transmitidas aos clientes	Comunicações são em mão dupla
A empresa é o principal influenciador	Os clientes são o principal influenciador
Marketing para induzir à compra	Marketing para inspirar a compra, a lealdade e a defesa da marca
Fluxos de valor em mão única	Fluxos de valor recíprocos
Economias de escala (empresa)	Economias de valor (clientes)

Outro setor de atividade em que é nítida essa mudança de relacionamento é o da música. Não muito tempo atrás, a participação do comprador se resumia em adquirir uma cópia do produto mais recente (CD ou LP). Para vender seus produtos, as gravadoras confiavam em uns poucos canais de massa para promoção (emissoras de rádio, MTV) e distribuição (cadeias de lojas de discos, Walmart). Hoje, os clientes querem ouvir qualquer música, a qualquer hora, recebidas por *streaming*, de vários serviços para vários dispositivos. Os clientes descobrem a música por meio de mecanismos de busca, de mídias sociais e de recomendações de amigos e de algoritmos. Os músicos podem dispensar as gravadoras e procurar diretamente os clientes, inclusive pedindo-lhes ajuda para levantar os recursos necessários à produção de um álbum, antes mesmo da gravação; para compartilhar o álbum em suas *playlists* (listas de músicas); e para conectar suas bandas favoritas aos amigos, em suas redes sociais.

Os clientes na era digital não são consumidores passivos; são como nós ou pontos em redes dinâmicas, interagindo e construindo marcas, mercados, e uns aos outros. As empresas precisam conscientizar-se dessa nova realidade e tratar os clientes de maneira compatível. Também devem compreender como as redes de clientes estão redefinindo o funil de mercado, reformulando o caminho dos clientes para a compra e abrindo novas maneiras de cocriar valor, envolvendo negócios e clientes. Igualmente importante é conhecer os cinco comportamentos centrais – acesso, engajamento, customização, conexão e colaboração – que impulsionam os clientes em suas experiências e interações digitais. Além disso, é necessário alavancar esses comportamentos para inventar novas comunicações, produtos e experiências que agreguem valor em ambos os lados do relacionamento negócio–cliente.

Este capítulo explora como e por que o relacionamento com os clientes está mudando em todos os setores e quais são os desafios para as empresas que se desenvolveram na era de mercados de massa. Também apresenta um referencial para compreender os comportamentos e as motivações dos clientes em rede. E introduz o Gerador de Estratégia de Redes de Clientes, uma ferramenta de ideação, ou concepção, para o desenvolvimento de estratégias revolucionárias, capazes de engajar os clientes em rede e de alcançar objetivos específicos.

Vamos começar examinando mais de perto como e por que o relacionamento dos clientes com as empresas está mudando tão profundamente.

O paradigma da rede de clientes

Hoje, o comportamento dos clientes – como eles encontram, acessam, usam, compartilham e influenciam os produtos, serviços e marcas – é radicalmente diferente de como era na época em que surgiram as práticas de negócios modernas.

No século XX, as empresas de todos os tipos se baseavam no modelo de mercado de massa (ver Figura 2.1). Nesse paradigma, os clientes eram passivos e eram vistos como parte de um conjunto. O único papel importante dos clientes era comprar ou não comprar, e as empresas procuravam identificar os produtos ou serviços que atendiam às necessidades de tantos clientes potenciais quanto possível. Recorria-se à mídia de massa e à produção em massa para promover e entregar as ofertas das empresas para tantos clientes quanto possível. O sucesso no modelo de mercado de massa dependia das eficiências de escala. E, durante décadas, funcionou! Durante todo o século XX, esses métodos construíram as maiores e mais bem-sucedidas empresas do mundo.

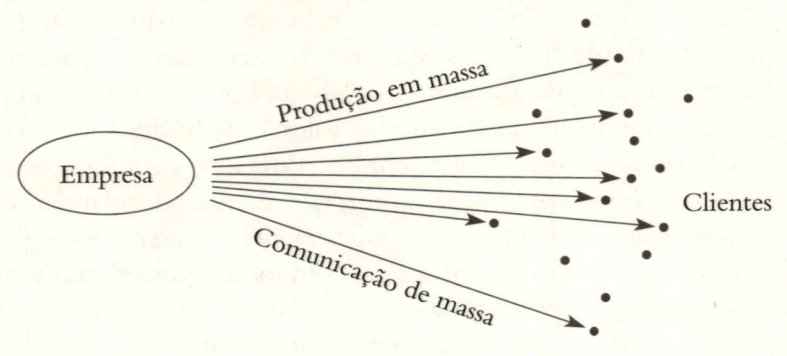

Figura 2.1: Modelo do mercado de massa

Hoje, contudo, estamos em plena mudança profunda para um novo paradigma, que eu denomino modelo de rede de clientes (ver Figura 2.2).[6] Neste novo modelo, a empresa é ainda o protagonista, ou ator principal, na criação e na promoção de bens e serviços. Os novos papéis dos clientes, porém, geram relacionamentos mais complexos. Não mais estão os clientes relegados à função binária "comprar" ou "não comprar". No modelo de rede de clientes, os clientes atuais e potenciais têm acesso a ampla variedade de plataformas digitais, que lhes permitem interagir, publicar, divulgar, e inovar − e, portanto, construir marcas, reputações e mercados. É tão alta a probabilidade de os clientes se conectarem entre si e influenciarem uns aos outros quanto a de os clientes serem influenciados pelas comunicações diretas da empresa. Recorrendo às teorias fecundas da ciência de redes (que remonta aos matemáticos do século XVIII e foram aplicadas para modelar a propagação de dialetos e de epidemias e pandemias, assim como as estruturas de ferrovias e de sistemas nervosos), podemos ver os clientes como nós ou pontos de uma rede, interligados digitalmente por várias ferramentas e plataformas, em processo de interação dinâmica.

---

[6] ROGERS, David L. *The Network Is Your Customer: Five Strategies to Thrive in a Digital Age*. New Haven, Conn.: Yale University Press, 2012. p. 3-50.

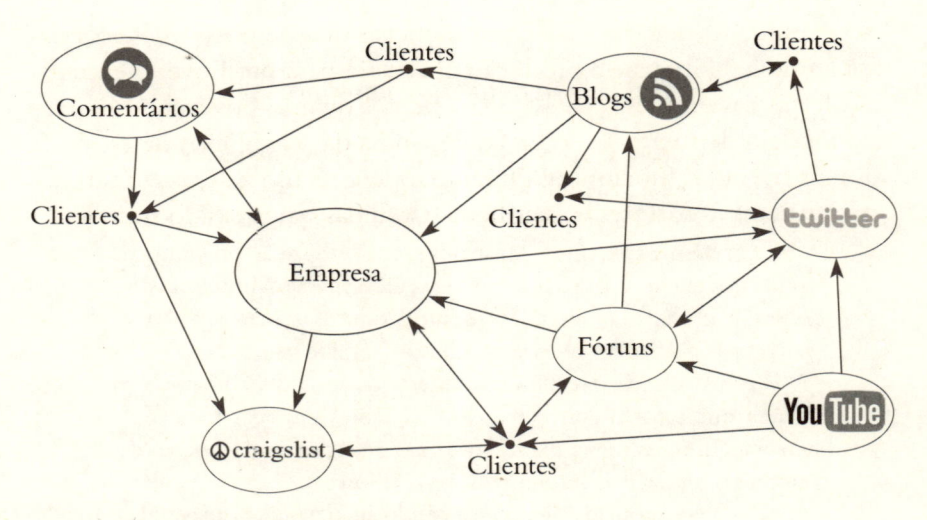

Figura 2.2: Modelo de rede de clientes

Em um mercado definido pelas redes de clientes, o papel das empresas também é drasticamente diferente. A empresa continua sendo, entretanto, o principal motor de inovação de produtos e serviços, e ainda a guardiã de sua marca e reputação. No entanto, ao mesmo tempo que entrega valor para os clientes e se comunica com eles, a empresa também precisa engajar-se com as redes de clientes. Precisa ouvir, observar as interações dos clientes em rede, e compreender suas percepções, respostas e necessidades insatisfeitas. Precisa identificar e estimular os clientes que podem tornar-se campeões da marca, apóstolos, parceiros de marketing, ou cocriadores de valor com a empresa.

Um dos principais pontos do modelo de rede de clientes é que o "cliente" pode ser *qualquer grupo importante* ao qual a organização sirva e no qual confie. Clientes podem ser consumidores finais, comprando produtos e serviços ou profissionais de compras de empresas, adquirindo suprimentos, matérias-primas e itens de ativo fixo. Para organizações sem fins lucrativos, podem ser doadores ou voluntários das comunidades. Em muitos casos, é importante olhar para a variedade de grupos interconectados que se situam todos dentro da rede de clientes da organização: consumidores finais, parceiros de negócios, investidores, imprensa, reguladores governamentais, e até empregados. Todos esses tipos de clientes são fundamentais para os negócios da empresa e, agora, todos eles exibem comportamentos de rede dinâmicos em relação à empresa e uns aos outros.

Uma visão diferente das marcas

A grande mudança no equilíbrio de poder entre empresas e clientes em rede é a redefinição das relações de marca. Marca não é mais algo que só a empresa cria, define e projeta para fora; é algo que também os clientes constroem, e as empresas precisam da ajuda dos clientes para a criação integral da marca. Muitos clientes querem ir além de apenas comprar produtos e marcas; querem participar do processo criativo, como cocriadores.

A PepsiCo é uma das muitas empresas tradicionais com foco na marca que reformulou o papel dos clientes em suas marcas. As mensagens referentes à marca costumavam ser oriundas apenas das empresas; agora, porém, algumas das melhores mensagens são produzidas pelos próprios clientes. Evitando agências de propaganda e convidando os clientes a competir entre si na produção do anúncio de trinta segundos mais engraçado, a marca Doritos, da PepsiCo, ganhou sucessivos prêmios pelos anúncios mais apreciados, mais comentados e mais eficazes durante o campeonato de futebol americano. A marca Lay's, da PepsiCo, de batatas fritas, chegou ao ponto de deixar os clientes reinventarem o produto. Milhões deles sugeriram ou votaram em novos sabores, como parte da competição em mídias sociais "Do Us a Flavor" (Faça-nos um Sabor), cujo título é uma associação com "Do Us a Favor" (Faça-nos um Favor). As marcas que adotam essa abordagem estão promovendo ampla mudança nas expectativas dos clientes. Um estudo global da Edelman envolvendo 15.000 clientes, em 2014, revelou que a maioria dos clientes quer mais que relacionamentos "transacionais"; os clientes querem que as marcas "assumam uma posição" sobre as questões e convidem os consumidores a participar. Quando percebem certa marca tentando atraí-los, clientes e consumidores se mostram mais dispostos a promover a marca, a defendê-la de críticas, a compartilhar informações pessoais, e a comprar produtos e serviços da marca.[7]

Sem dúvida, a marca forte hoje é muito mais que um logotipo vibrante e uma tomada de posição poderosa; é uma criação participativa, impulsionada pelas redes de clientes.

---

[7] BRANDSHARE: How Brands and People Create a Value Exchange. *Edelman Insights*, 2014. Disponível em: <http://www.edelman.com/insights/intellectual-property/brandshare-2014/about-brandshare-2014/global-results/>. Acesso em: 2 jul. 2017.

O funil de marketing e a jornada de compra

O funil de marketing (às vezes chamado funil de compras) é um referencial para a compreensão de como as redes de clientes exercem tamanho impacto sobre o relacionamento dos negócios com os clientes. Esse modelo estratégico clássico se baseia em pesquisa psicológica sobre "hierarquia de efeitos", datada de 1920.[8] Ele mapeia a evolução de um cliente potencial ao longo das seguintes fases: consciência (conhecimento de que o produto ou a empresa existe), consideração (reconhecimento do valor potencial), preferência (intenção de comprar ou escolha de uma empresa preferida), ação (compra de um produto, assinatura de um serviço, voto em um candidato a cargo eletivo, etc.). Em cada estágio, o número de clientes potenciais sempre diminui (mais clientes estarão na fase de "consciência" do que na fase seguinte, de "consideração"), daí o estreitamento do funil. Nos últimos anos, acrescentou-se mais um estágio ao funil: lealdade. É sempre mais eficiente investir em reter clientes do que em conquistar clientes.

A utilidade duradoura do funil de marketing decorre do fato de que é um modelo *psicológico* baseado numa projeção de estados psicológicos (consciência, etc.). Em consequência, o funil de marketing ainda é aplicável, mesmo quando o comportamento dos clientes muda drasticamente – por exemplo, em consequência do surgimento das redes de clientes.

Na era do mercado de massa, as empresas desenvolveram um aparato de ferramentas de marketing de *broadcast* (ampla difusão) para alcançar e influenciar clientes em diferentes estágios do funil (ver Figura 2.3). A propaganda de televisão, por exemplo, é extremamente eficaz em conscientizar, ou desenvolver a consciência quanto à empresa, produto ou serviço, com algum impacto em estágios posteriores. Os cupons e as promoções por mala direta ajudam a impulsionar os clientes, da escolha da marca (preferência) à compra do produto ou serviço (ação). Os programas de recompensa – oferta de incentivos para tudo, desde a coleção de tampas de caixas de produtos até a perfuração de um cartão no restaurante local – ajudam a empurrar os clientes de uma primeira compra (ação) até a repetição da compra (lealdade).

---

[8] Para um resumo das pesquisas sobre a hierarquia dos efeitos, ver: BARRY, Thomas. The Development of the Hierarchy of Effects: A Historical Perspective. *Current Issues and Research in Advertising*, v. 10, p. 251-295, 1987.

Hoje em dia, todas essas ferramentas de *broadcast* ainda estão ativas, e cada uma pode ser muito útil em determinadas situações. Se um negócio precisar de um rápido impulso na consciência de um novo produto em um público de massa muito amplo, a propaganda na televisão é ainda a ferramenta mais poderosa (embora cara). Outdoors (cartazes e painéis externos), mala direta, propaganda em jornais — tudo isso ainda é capaz de atrair clientes. Dependendo, porém, de quem você está tentando atrair, você talvez conclua que essas ferramentas de *broadcast* tornam-se cada vez menos produtivas com o passar do tempo (sobretudo em virtude da mudança dos hábitos de mídia dos consumidores mais jovens) e, portanto, cada vez menos eficazes em relação ao custo. (O custo por mil de espectadores de um anúncio de televisão nos Estados Unidos continua a aumentar todos os anos, apesar da fragmentação crescente desse público, afora uns poucos eventos ao vivo, com enorme audiência, como um jogo do campeonato de futebol americano.)

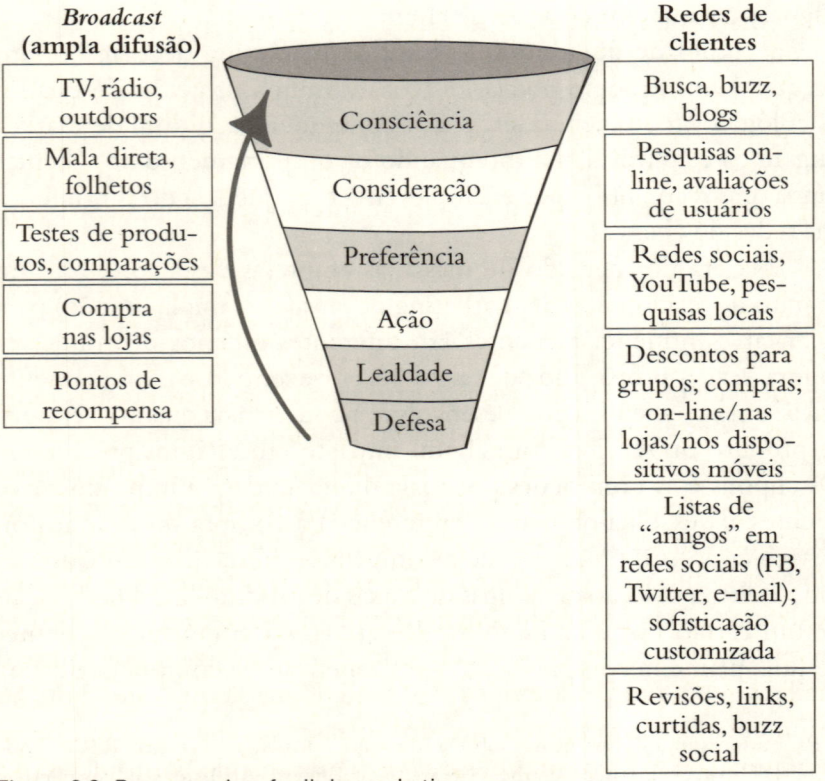

Figura 2.3: Repensando o funil de marketing

Ao mesmo tempo, contudo, em cada estágio do funil de marketing, os clientes de hoje também são influenciados pelas redes de clientes, como mostra a Figura 2.3. Os resultados dos mecanismos de busca são hoje um dos principais indutores da conscientização dos clientes em relação a novas marcas ou negócios. As avaliações de clientes, postadas em sites como Amazon ou TripAdvisor, exercem forte influência no estágio de consideração, à medida que os consumidores avaliam diferentes marcas. Essas avaliações de terceiros são impactantes mesmo quando os clientes compram off-line, numa loja física. Com a internet na ponta dos dedos via smartphones, os clientes estão fazendo pesquisas on-line sobre produtos que já foram compras de "impulso" – compras induzidas exclusivamente pela disposição e apresentação do produto nas prateleiras. À medida que avançam para a fase de preferência pela marca, os clientes frequentemente recorrem a redes sociais, como o Facebook, perguntando se algum "amigo" já visitou determinada opção para férias ou já comprou certa marca de geladeira. No estágio da ação, é possível comprar de uma empresa de varejo em seu site na internet; ou em sua loja física; ou por um dispositivo móvel, em qualquer lugar; ou até por um dispositivo móvel, em pé, na loja física. Depois da compra, as empresas, agora, dispõem de muito mais recursos – desde marketing por e-mail a mídias sociais – para manter o relacionamento com esses clientes e induzi-los à lealdade.

As atuais redes de clientes, no entanto, exercem seu maior impacto sobre o funil de marketing em um nível adicional, que chamo de defesa. Nesse estágio psicológico, os clientes não são apenas leais; eles defendem a marca e conectam a marca a pessoas de suas redes sociais. Esses clientes postam fotos do produto no Instagram, escrevem avaliações no TripAdvisor e respondem a perguntas dos amigos sobre produtos no Twitter. Graças aos algoritmos dos mecanismos de busca, as manifestações desses clientes recebem alta ponderação, de modo a influenciar os resultados das buscas. Portanto, essas atitudes de defesa dos clientes realimentam o funil de marketing e são capazes de reforçar as fases de consciência, consideração, e assim por diante, à medida que o funil se estreita. (Esse funil de marketing estendido, ou realimentado, é às vezes renomeado "jornada do cliente", com novas denominações para os mesmos estágios, culminando com a defesa. O modelo, porém, é o mesmo.)

Agora, todos os negócios precisam ir além de impulsionar clientes potenciais para os estágios de compra (ação) e repetição da compra (lealdade). Os negócios também precisam engajar, fomentar e inspirar os clientes leais a entrar no estágio de defesa, onde contribuirão para o crescimento do negócio em toda a sua rede de clientes.

Ao mesmo tempo que o funil é influenciado pelos comportamentos dos clientes em rede, a variedade de possíveis pontos de contato com a empresa está aumentando drasticamente. Além dos anúncios, das prateleiras das lojas, e provavelmente do *call center*, os clientes de hoje podem consultar mecanismos de busca, sites de empresas, aplicativos para dispositivos móveis, mapas locais, varejistas físicos, varejistas on-line, amigos em mídias sociais, contas da própria empresa em mídias sociais, bate-papos instantâneos e sites de avaliação de clientes. Os clientes tornam-se cada vez mais proativos ao tirarem proveito de todos esses recursos. Os que vão a lojas físicas para examinar os produtos nos mostruários tendem cada vez mais a usar dispositivos móveis para verificar preços, detalhes adicionais sobre o produto e avaliações de clientes. Também podem verificar opções de entrega se não quiserem carregar o produto até em casa. E é até possível que enviem por mensagem instantânea fotos do produto para os amigos ou para o cônjuge, antes de tomar uma decisão final sobre cor ou modelo. Em um estudo da Columbia Business School, sobre "Showroom e ascensão do comprador com a ajuda de dispositivo móvel", observamos todos esses comportamentos e outros.[9]

Esses pontos de contato abrem vários caminhos para a compra. A fim de fazer marketing eficaz para os clientes, as empresas devem pensar sobre as necessidades específicas que levarão os clientes ao optar por um caminho para a compra, em vez de outro: com que rapidez eles precisam do produto? Até que ponto eles são sensíveis ao preço? Eles já têm preferência por alguma marca? Até que ponto eles estão próximos de varejistas físicos? As empresas podem aumentar sua influência, mapeando e otimizando a experiência do cliente em

---

[9] QUINT, Matthew; ROGERS, David; FERGUSON, Rick. Showrooming and the Rise of the Mobile-Assisted Shopper. *Columbia Business School/ Aimia*, set. 2013. Disponível em: <http://www8.gsb.columbia.edu/rtfiles/global%20brands/ Showrooming_Rise_Mobile_Assisted_Shopper_Columbia-Aimia_Sept2013. pdf>. Acesso em: 2 jul. 2017.

cada caminho. Elas começam esse processo desenvolvendo uma visão "omni-channel" do cliente, ou seja, abrangendo todos os canais potenciais ao alcance do cliente – com base na compreensão de que o mesmo cliente pode usar um aplicativo para tablet ou smartphone, um computador desktop ou laptop, ou entrar numa loja física. Desenhar cada experiência de ponto de contato isoladamente, como se fosse para clientes diferentes, dilui e rompe a experiência da marca. Uma experiência omni-channel usa o design ou projeto para integrar o caminho para a compra, à medida que o cliente avança de um ponto de contato para o seguinte.

Qual é o valor de um cliente?

Uma das perguntas mais importantes com que se defronta qualquer negócio hoje é: "Quanto valem os meus clientes?". À medida que as interações com os clientes se estendem por mais pontos de contato, a mensuração do retorno sobre os investimentos em marketing exige novas ferramentas financeiras. Primordial entre elas é um modelo de valor vitalício do cliente – a rentabilidade de cada cliente para o lucro líquido, no longo prazo. Em qualquer negócio, alguns clientes são mais lucrativos que outros, e é possível que alguns até lhe custem dinheiro, em vez de gerar lucro. O valor vitalício do cliente pode ser determinado por vários fatores: frequência e volume das compras, ponto de preço, nível de descontos, lealdade e taxa de atrito (migração, rotação ou abandono). Para construir o modelo, você precisará de dados históricos e de participação da equipe financeira. (Para começar, é bom ler *Gerenciando clientes como investimentos: o valor estratégico dos clientes a longo prazo*, de Sunil Gupta e Donald R. Lehmann.[10] Depois de aplicar o modelo de valor vitalício do cliente, é extremamente útil segmentar os clientes, definindo objetivos para novas estratégias de clientes e medindo o impacto de fatores como engajamento e defesa da marca.

No mundo em rede, porém, os clientes agregam valor de outras maneiras, que não apenas transações ao longo do tempo. Cada vez mais, novos modelos de negócios são desenvolvidos, em que

---

[10] GUPTA, Sunil; LEHMANN, Donald R. *Managing Customers as Investments: The Strategic Value of Customers in the Long Run*. Upper Saddle River, N.J.: Pearson Education, 2005.

fatores como participação dos clientes, dados e conhecimento coletivo são considerados ativos do negócio e representam importante vantagem competitiva.

Esse valor mais intangível dos clientes em rede até pode ser fator a considerar na avaliação financeira das empresas. A participação dos clientes é indutor-chave do preço das ações de redes sociais como Facebook e LinkedIn. Quando a Yahoo pagou US$ 1 bilhão pela popular plataforma de blogging Tumblr, a justificativa do preço não foram as parcas receitas da adquirida, mas sua grande rede de usuários jovens, ativos e criativos. Evidentemente, o desafio de adquirir uma empresa com base na rede de clientes é o de não haver nenhuma garantia da lealdade contínua dos clientes. Quando o Google comprou o Waze por US$ 1,1 bilhão, o fator crítico era manter a participação da rede de clientes da adquirida para justificar o preço de aquisição. O Google logo anunciou que o Waze não seria integrado no Google Maps, mas sim mantido como produto à parte, dirigido pela equipe israelense original que o constituiu. Embora extremamente valiosas, as redes de clientes são ativos intangíveis que não podem ser transacionados e alavancados tão facilmente quanto imóveis ou equipamentos.

Enquanto o funil de marketing é uma ferramenta macro para pensar de maneira muito ampla sobre os estados psicológicos dos clientes, o caminho para a compra é como uma lupa para se debruçar sobre os comportamentos dos clientes, com um enfoque muito mais específico. Ambas as perspectivas ilustram a necessidade de compreender as motivações e as necessidades dos clientes, de maneira muito mais profunda que em qualquer outra época. Elas também salientam dois novos imperativos capitais para todos os negócios: criar experiências cativantes a cada passo do caminho para a compra e reforçar a advocacia dos clientes na ponta do funil, a fim de engajar e cocriar valor com os clientes mais engajados. Esses imperativos suscitam importantes questões: como envolver os clientes nesse mundo em rede? O que os motiva? O que eles estão procurando?

Cinco comportamentos das redes de clientes

Na pesquisa para o meu livro *The Network is Your Customer*, procurei responder a esta pergunta: que tipos de ofertas digitais engajam com mais profundidade os clientes em sua vida digital? Comecei examinando centenas de casos – em setores de consumidores finais e de compras empresariais – de produtos, serviços, mensagens e experiências que foram abraçados e adotados por clientes durante as duas primeiras décadas da web e da internet móvel. O que encontrei foi um padrão recorrente de cinco comportamentos que impulsionam a adoção das novas experiências digitais. Denomino-os os cinco comportamentos centrais dos clientes em rede:

- *Acessar*: os clientes querem acesso a dados digitais, a conteúdo e a interações com o máximo de rapidez, facilidade e flexibilidade possível. Qualquer oferta que amplie esse acesso é extremamente atraente. Pense nas mensagens de texto nos primeiros telefones móveis, que revolucionaram as comunicações, com a capacidade de receber e enviar mensagens de e em qualquer lugar, a qualquer hora. Desde a conveniência do comércio eletrônico até os mais recentes aplicativos de mensagem instantânea, os clientes são atraídos por qualquer coisa que lhes ofereça o imediatismo do acesso simples e instantâneo.

- *Engajar-se*: os clientes querem engajar-se em conteúdo digital que seja sensorial, interativo e relevante para as suas necessidades. Desde a popularidade inicial dos portais de internet, passando pela proliferação dos vídeos on-line até as realidades virtuais de nova geração, os anseios digitais dos clientes são marcados pela sede de conteúdo. O bordão da velha mídia "conteúdo é rei" é pelo menos 50% certo. Ainda que os provedores de conteúdo tenham dificuldade em gerar lucro na era digital, não há dúvida de que o desejo de engajar-se no conteúdo é um indutor-chave do comportamento dos clientes.

- *Customizar (personalizar)*: os clientes querem customizar ou personalizar suas experiências, escolhendo e modificando amplo sortimento de informações, produtos e serviços. De uma para outra geração, os clientes passaram de um punhado de opções de canais de televisão a um mundo digital com mais de um trilhão de páginas de internet. Eles foram treinados por suas redes digitais a esperar cada vez mais alternativas de escolha pessoal, e gostam dessa variedade. Dos *streams* de rádio personalizados da Pandora até a barra de pesquisas do Google que se antecipa aos termos da busca mal você digita alguns caracteres, os clientes são atraídos cada vez mais para as experiências customizadas.

- *Conectar*-se: os clientes querem conectar-se uns com os outros, compartilhando suas experiências, ideias e opiniões por meio de textos, imagens e links sociais. Esse comportamento impulsionou a grande explosão de mídias sociais, abrangendo blogs, redes sociais como Facebook ou LinkedIn, e comunidades de nicho on-line, que se reúnem em torno de paixões, vocações ou perspectivas comuns. Todas essas plataformas incrivelmente populares são turbinadas pelo comportamento de indivíduos que usam poucos *bits* de textos e imagens para sinalizar aos outros que "aqui é onde estou, o que penso e o que vejo".
- *Colaborar*: como animais sociais, os clientes, por natureza, se sentem atraídos para trabalhar juntos. Assim sendo, os clientes querem colaborar em projetos e metas, por meio de plataformas abertas. Esse é o mais complexo e difícil dos cinco comportamentos, mas essa dificuldade, de modo algum, impede os clientes de tentar. Construindo juntos software de código aberto, angariando recursos para causas em que acreditam, ou organizando protestos ou abaixo-assinados em todo o mundo, os clientes têm sede de colaboração.

Como mostra a Figura 2.4, esses comportamentos dos clientes podem ser usados estrategicamente pelas empresas no desenvolvimento das respectivas estratégias de redes de clientes, e explorados para o planejamento estratégico de qualquer setor, modelo de negócios ou objetivo dos clientes. Eu os usei em workshops para executivos, em centenas de empresas que enfrentam ampla variedade de desafios referentes a clientes. Começando com uma estratégia enraizada no comportamento dos clientes, as empresas podem evitar a armadilha da mentalidade "tecnologia primeiro" (Qual é a nossa estratégia para o Twitter?) e focar, em vez disso, no valor para o cliente e para o negócio.

Vamos examinar em profundidade, com exemplos, cada uma das cinco estratégias. Apresentarei, em seguida, uma ferramenta a ser usada para escolher que estratégia de redes de clientes é mais indicada para determinado cenário de negócio.

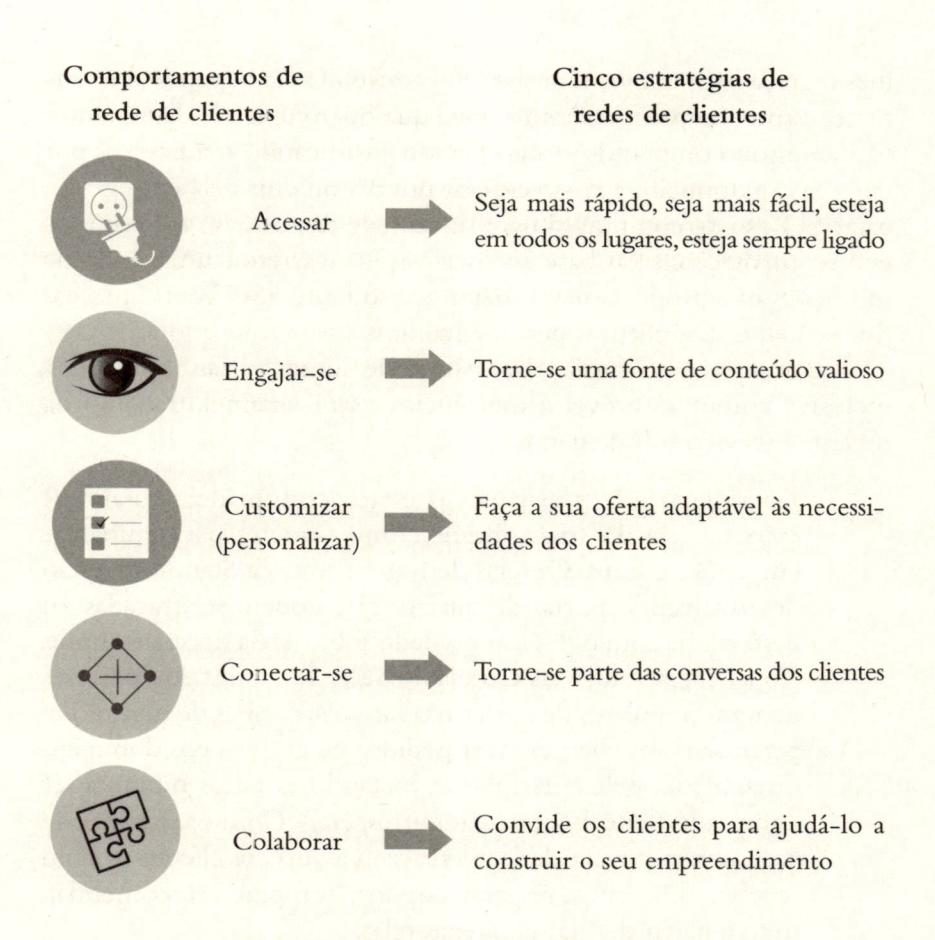

Comportamentos de rede de clientes		Cinco estratégias de redes de clientes
Acessar	→	Seja mais rápido, seja mais fácil, esteja em todos os lugares, esteja sempre ligado
Engajar-se	→	Torne-se uma fonte de conteúdo valioso
Customizar (personalizar)	→	Faça a sua oferta adaptável às necessidades dos clientes
Conectar-se	→	Torne-se parte das conversas dos clientes
Colaborar	→	Convide os clientes para ajudá-lo a construir o seu empreendimento

Figura 2.4: Cinco comportamentos e estratégias das redes de clientes

Estratégia de acesso

A estratégia de acesso para o negócio é ser mais rápido, ser mais fácil, estar em todos os lugares e estar sempre ligado com os clientes. Sabemos que os padrões de velocidade, facilidade e onipresença podem mudar com o tempo: onde uma estratégia de acesso talvez tenha significado, no passado, oferecer comércio eletrônico pela primeira vez, hoje talvez signifique oferecer um site otimizado para dispositivos móveis, com rastreamento do pedido e com entrega mais rápida. Minha pesquisa sobre showrooms, com Matt Quint e Rick Ferguson, descobriu que, em momentos diferentes, os mesmos clientes podem optar por comprar um produto on-line ou numa loja (mesmo escolhendo a alternativa mais dispendiosa), dependendo do método que lhes ofereça mais conveniência. E essa conveniência depende do contexto: estou comprando alguma coisa que quero usar imediatamente? O que estou comprando é algo pesado, justificando o adicional por entrega em domicílio? Posso esperar um dia ou dois pela entrega em casa?[11] O uso de computação em nuvem, de dispositivos móveis e de geossegmentação, com base na localização, acarretou uma onda de inovações que proporcionam maior acesso tanto aos clientes pessoas físicas quanto aos clientes pessoas jurídicas.

Portanto, a estratégia de acesso pode adotar várias abordagens, inclusive comércio móvel, experiências omni-channel, trabalho na nuvem e serviço sob demanda.

- *Comércio móvel:* os viajantes já estão acostumados a usar *QR codes* na tela do smartphone, como tíquetes para embarcar em aviões e trens. Cadeias de hotéis, como a Starwood, estão desenvolvendo portas de quartos que podem ser travadas ou destravadas com o deslizar do dedo sobre a tela do smartphone. Ao lançar suas lojas na Coreia do Sul, a Tesco instalou pôsteres de itens populares de mercearia em plataformas de metrô que permitem aos clientes fazer pedidos de entrega em domicílio diretamente pelo smartphone, bastando escanear o item a ser comprado (leite, biscoitos, iogurtes, etc.). Com os sistemas de pagamento móvel e de segmentação nas lojas, os clientes podem receber descontos, resgatar cupons, comprar e recomendar, tudo a partir de suas pequenas telas.
- *Experiências omni-channel:* as empresas estão reconhecendo, cada vez mais, que os clientes estão buscando experiências integradas ao longo de todos os pontos de contato digitais e físicos. O Walmart, por exemplo, desenvolveu um aplicativo para compras móveis com diferentes características, para quando o cliente está na loja ou em casa. Outro recurso detecta automaticamente quando o cliente abre o aplicativo em uma de suas quatro mil lojas na América do Norte, para oferecer a versão certa. Depois da implantação desse aplicativo móvel aprimorado, o Walmart descobriu que 12% de suas vendas on-line eram oriundas de clientes que compravam no Walmart.com, enquanto ainda estavam nos corredores das lojas.

---

[11] QUINT; ROGERS; FERGUSON, 2013.

- *Trabalho na nuvem*: depois de substituírem as músicas em MP3 do iTunes pelas músicas em *streaming* de serviços como o Spotify, os consumidores estão se acostumando, rapidamente, a pagar por produtos que residem totalmente na nuvem. Da mesma maneira, os negócios estão deslocando parcela cada vez maior de seus processos de trabalho para a nuvem, com provedores de software como serviço (*software-as-a-service* – SaaS), do tipo Google Apps, Salesforce, Dropbox e Evernote. Os resultados são custos de TI muito mais baixos para as empresas e flexibilidade muito mais alta para uma força de trabalho cada vez mais móvel e colaborativa.
- *Serviços sob demanda*: serviços que antes exigiam que o cliente estivesse numa localidade específica, em hora específica, agora são acessíveis para o cliente em qualquer lugar, a qualquer hora. Os bancos de varejo que alardeavam a quantidade de seus caixas eletrônicos agora enaltecem todos os serviços bancários que os clientes podem gerenciar pelos seus smartphones (inclusive escanear cheques para depósito). Startups como Khan Academy, Coursera e EdX estão estendendo os limites da educação sob demanda. A assistência médica está apenas começando a tirar vantagem da telemedicina, em que os clientes recebem atendimento e fazem consultas a distância, por mensagem, e-mail e videoconferência ao vivo, com um médico.

Os principais pontos de uma estratégia de acesso são simplicidade, conveniência, ubiquidade e flexibilidade. Oferecer um serviço mais perto, mais fácil ou mais rápido ajuda a empresa a criar, continuamente, valor adicional para os clientes e a conquistar a lealdade deles.

Estratégia de engajamento

A estratégia de engajamento para as empresas é tornar-se fonte de conteúdo valioso para os clientes. As empresas hoje enfrentam um ambiente cada vez mais desafiador ao tentarem comunicar-se com os clientes. A profusão de canais e de formas de mídia (como YouTube, consoles de jogos, notícias via aplicativos móveis) fragmentou o público das mídias convencionais, onde as marcas, tradicionalmente, faziam propaganda. Nesse contexto, os negócios devem expandir sua abordagem, além dos anúncios de interrupção – mensagens que os clientes veem apenas porque as empresas exploram e interrompem a exibição do conteúdo em que os clientes realmente estão interessados. Os negócios precisam desenvolver uma mentalidade diferente e aprender a criar o próprio conteúdo, que seja bastante relevante para que os clientes o procurem, o consumam e até o compartilhem em suas redes. Ao mesmo tempo, esse conteúdo deve agregar valor ao negócio, melhorando o relacionamento com os clientes.

A estratégia de engajamento pode adotar várias abordagens, como demonstrações de produtos, storytelling, utilidades e marcas como editores.

- *Demonstrações de produtos*: o conteúdo que demonstra a proposta de valor de um negócio ou produto de maneira cativante e envolvente pode ser extremamente eficaz. Quando a L'Oréal procurava reforçar o perfil da marca de nicho Dermablend, para cobertura de tatuagem, a empresa produziu um vídeo de música apresentando Rick Genest ("Zombie Boy" ou "Garoto Zumbi"), artista e modelo canadense, cujo corpo está todo tatuado. O vídeo começa com um Genest aparentemente sem tatuagem, mas, à medida que se remove pouco a pouco o Dermablend que reveste sua pele, os espectadores assistem a uma transformação surpreendente, descobrindo toda a tatuagem. O vídeo foi postado no YouTube, praticamente sem verba de mídia para promovê-lo, e tornou-se sensação, com mais de 25 milhões de visualizações. Como os vídeos famosos "Will it blend?", que popularizaram a marca premium dos misturadores Blendtec, o vídeo do Garoto Zumbi é eficaz porque o drama é totalmente sobre o desempenho do produto.
- *Storytelling*: em outros casos, as marcas podem alcançar um público mais amplo, criando uma história emocionante e cativante, menos específica em relação ao produto. A Corning, fabricante de vidros industriais, usou um vídeo de seis minutos intitulado "A Day Made of Glass", para retratar a visão de um futuro cheio de superfícies de vidro interativas, de telas sensíveis ao toque e de tecnologias de mostradores. O vídeo foi visto mais de 20 milhões de vezes, o que levou a Corning a lançar uma série de vídeos e de conteúdos em torno de suas tecnologias.
- *Utilidades*: o conteúdo, porém, nem sempre é sobre histórias e emoções. Às vezes, também é sobre utilidades. As marcas podem

ser eficazes no engajamento de clientes, fornecendo-lhes conteúdo útil exatamente na hora certa. A Columbia Sportswear conecta-se com consumidores interessados em vida ativa, ao ar livre, criando aplicativos móveis que variam desde guias práticos sobre a confecção de nós em cordas (com exemplos de marinheiros, pescadores e montanhistas) até a oferta de um GPS Portable Activity Log, ou GPS Portátil com Registro de Atividades (concebido para ajudar os clientes a relatar rapidamente as suas mais memoráveis experiências ao ar livre, usando uma mistura de vídeos, georreferências, notas, fotos e registros de distâncias, tempo e altitude).

- *Marcas como editores*: em alguns casos, as marcas vão além de itens individuais de conteúdo, e engajam os clientes por seus próprios méritos, atuando como editores. A loja de departamentos de luxo Barneys New York tem um site de internet para comércio eletrônico, mas também edita a *The Window*, revista on-line que conta a história de designers, de modelos, de artífices e dos produtos em si — oferecendo os tipos de entrevistas e de guias de estilo que seriam esperados numa revista de modas, em vez de um catálogo de produtos. A empresa avalia o seu retorno sobre o investimento (ROI) na *The Windows* comparando os padrões de compra de clientes que dedicam algum tempo à revista com os padrões de compra dos demais clientes.

O fundamental numa estratégia de engajamento é pensar como uma empresa de mídia, focada todos os dias em conquistar a atenção do público. Primeiro, conheça os clientes e crie conteúdo relevante, cativante e útil para eles; desenvolva, então, uma estratégia sobre como usar esse engajamento para fortalecer o relacionamento com os clientes. Enquanto isso, avalie o impacto sobre o seu negócio.

Estratégia de customização

A estratégia de customização para as empresas consiste em tornar suas ofertas adaptáveis às necessidades dos clientes. A customização é cada vez mais fácil devido à propagação do comércio eletrônico; à automação dos estoques e das entregas; à digitalização dos produtos de mídia; e à acessibilidade do *big data* sobre as preferências, a localização e os comportamentos dos clientes. À medida que os clientes buscam mais escolhas e mais experiências personalizadas, as empresas precisam encontrar maneiras de atender a essas demandas, sem sobrecarregá-los com escolhas ou aborrecê-los com excesso de mensagens pessoais.

Várias são as abordagens da estratégia de customização, como mecanismos de recomendação, assim como interfaces personalizadas, produtos e serviços personalizados, e mensagens e conteúdo personalizados.

- *Mecanismos de recomendação*: para ajudar os espectadores a encontrar suas preferências em seu grande catálogo de títulos em *streaming*, a Netflix usa uma combinação de dados comportamentais (que tipos de filmes esse usuário viu nas noites de quarta-feira, às 22 horas?) e um sistema de *micro-tags* que uma equipe humana aplica a todo o seu conteúdo. O resultado é um conjunto personalizado de *playlists*, em constante atualização, que aparece na tela sempre que o usuário faz o log-in. Os microgêneros (mais de 76 mil, de acordo com uma estimativa) varia de "Filmes de mãe e filho, da década de 1970" até "Dramas de suspense intelectualizados, estrelados por Raymond Burr".[12] O impacto dessas recomendações pode ser medido pela baixa frequência com que os clientes se dão ao trabalho de usar a barra de busca para encontrar um programa ou filme. O sucesso é impressionante: 75% do tempo que os clientes passam diante da televisão assistindo a filmes são influenciados pelas recomendações personalizadas da Netflix.[13]
- *Interfaces personalizadas*: o espelho mágico da Lancôme em sua página no Facebook permite que os clientes selecionem uma de suas fotos no Facebook e então experimente vários produtos de beleza, aplicando-os virtualmente nessas fotos para ver como ficam em sua própria imagem, com todas as suas características de traços fisionômicos, tipo de cabelo, compleição e outras.

---

[12] MADRIGAL, Alexis C. How Netflix Reverse Engineered Hollywood. *The Atlantic*, 2 jan. 2014. Disponível em: <http://www.theatlantic.com/technology/archive/2014/01/how-netflix-reverse-engineered-hollywood/282679/>. Acesso em: 2 jul. 2017.

[13] STELTER, Brian. Strong Quarter for Netflix, but Investors Hit Pause. *New York Times*, 22 jul. 2013. Disponível em: <http://www.nytimes.com/2013/07/23/business/media/netflix-revenue-tops-1-billion-for-the-quarter.html>. Acesso em: 2 jul. 2017.

Os clientes estão esperando, cada vez mais, interfaces personalizadas, no varejo on-line e físico, e em suas movimentações entre os dois contextos.

- *Produtos e serviços personalizados*: as vendas da Coca-Cola estavam caindo na Austrália, entre jovens adultos, quando a empresa lançou suas latas personalizadas "Share a Coke" no país. Para tanto, escolheu os 150 nomes mais populares de jovens adultos na Austrália e imprimiu esses nomes nas latas, em lugar do próprio nome da marca, mas com o mesmo formato reconhecível. Clientes com nomes menos comuns podiam imprimir latas personalizadas de Coca-Cola em quiosques de grandes shopping centers ou compartilhar uma lata virtual personalizada no Facebook. As latas personalizadas tornaram-se tão populares, que o consumo do refrigerante entre jovens adultos subiu 7% no mercado australiano, e a Coca-Cola estendeu a campanha a 80 países em todo o mundo.[14] Com a impressão 3D sendo aplicável a próteses de membros, a chassis de automóveis e a calçados de corrida, as oportunidades para produtos personalizados estão se expandindo rapidamente.

- *Mensagens e conteúdo personalizados*: uma das maneiras mais fáceis de customizar uma oferta para os clientes é por meio de mídias e mensagens. À medida que passam do impresso para o digital, os editores tornam-se cada vez mais capazes de entregar apenas o conteúdo mais adequado para cada cliente. Eles podem pedir aos leitores para indicar seus interesses (polegar para cima e para baixo), observar diretamente em que os clientes passam o tempo, e, então, promover artigos com maior probabilidade de serem de alta relevância. As mensagens customizadas também melhoram o marketing. A Microsoft aumentou em 70% as taxas de conversão de uma campanha de marketing, segmentando a oferta específica com base na localidade, na idade, no gênero e na atividade on-line do destinatário.[15]

---

[14] GRIMES, Tim. What the Share a Coke Campaign Can Teach Other Brands. *Media Network Blog/The Guardian*, 24 jul. 2013. Disponível em: <http://www.theguardian.com/media-network/media-network-blog/2013/jul/24/share-coke-teach-brands>. Acesso em: 2 jul. 2017.

[15] DAVENPORT, Thomas H.; MULE, Leandro D.; LUCKER, John. Know What Your Customer Wants Before They Do. *Harvard Business Review*, dez. 2011.

Os fatores mais importantes da estratégia de customização consistem em identificar as áreas em que as necessidades e os comportamentos dos clientes divergem do padrão e encontrar as ferramentas certas para personalizar os produtos e serviços em nome dos clientes ou empoderar os clientes para personalizar as próprias experiências.

Estratégia de conexão

A estratégia de conexão para as empresas é tornar-se parte das conversas dos clientes. Com o Facebook, que ultrapassou a marca de 1,5 bilhão de usuários ativos, e outras plataformas enormes, como Sina Weibo, Twitter e LinkedIn, as mídias sociais tornaram-se padrão global de como os clientes se comunicam uns com os outros. Essas mídias sociais também estão cada vez mais onde os clientes esperam comunicar-se com as empresas de todos os tipos. Seja respondendo a perguntas dos clientes, resolvendo seus problemas ou fornecendo notícias sobre os produtos, espera-se que as empresas estejam presentes, responsivas e ativas nas conversas pelas mídias sociais.

A estratégia de conexão pode seguir vários métodos, como escuta social, serviços sociais aos clientes, participação nas conversas, solicitação de ideias e conteúdo e hospedagem de uma comunidade.

- *Escuta social*: as conversas entre clientes podem ser uma fonte profusa de *insights* sobre mercados para as empresas, que podem ouvir e aprender com a ajuda de várias ferramentas. Os *insights* variam desde problemas referentes a produtos até indutores de comentários positivos de clientes. Muitas marcas usam *insights* sociais para esclarecer campanhas de marcas e publicidade. A Comcast, provedora de serviços a cabo, usou a escuta social para localizar colapsos regionais, antes de suas equipes de engenheiros identificarem a falha.
- *Serviços sociais aos clientes*: muitas empresas concluíram que as mídias sociais podem atuar como canal eficaz, parte do mix de serviços aos clientes, ao lado de *call centers*, bate-papo instantâneo, e outras ferramentas. Se um negócio for bem-sucedido nas respostas a perguntas, ele conseguirá impressionar não só um cliente, mas toda uma rede de outros clientes (um cliente

---

Disponível em: <https://hbr.org/2011/12/know-what-your-customers-want-before-they-do>. Acesso em: 2 jul. 2017.

que experimenta um problema mas consegue resolvê-lo a contento é o que mais provavelmente fará a catequese de outros clientes em nome da empresa). Evidentemente, nem todas as questões podem ser resolvidas em intercâmbios pelas mídias sociais, mas, em geral, o treinamento eficaz faz grande diferença. Depois de construir sua equipe de líderes de mídias sociais, o Citibank passou a resolver 36% das perguntas de clientes, feitas pelo Twitter, por esse canal de mídia social, em comparação com apenas 11% do Wells Fargo e 3% do Bank of America.[16]

- *Participação nas conversas*: a Maersk Line, empresa de transporte marítimo em contêineres, com 25 mil empregados, resolveu testar se as mídias sociais poderiam ajudar suas comunicações empresariais. A título experimental, a empresa começou a participar de conversas e a compartilhar vídeos e fotos de seus navios em todo o mundo, usando plataformas tão diversas quanto Facebook, Instagram, LinkedIn, YouTube, Sina Weibo e Pinterest. Em um ano, o projeto contribuiu para superar uma crise de relações públicas envolvendo uma baleia; revelar um vídeo histórico dos arquivos da empresa; e construir um grupo de seguidores numeroso e engajado, composto de clientes, fornecedores, especialistas em navegação e empregados. Entre os benefícios mais tangíveis para a Maersk, destacam-se novas redes para recrutamento e seleção, novos leads de vendas e mais satisfação entre clientes e empregados.[17]

- *Solicitação de ideias e conteúdo*: muitas vezes, as empresas se conectam com os clientes usando mídias sociais para pedir-lhes ideias, sugestões e conteúdo, na forma de fotos e vídeos. A marca de câmeras de ação GoPro construiu sua reputação exclusivamente pedindo aos clientes para compartilhar seus vídeos mais espantosos produzidos com o seu produto, surfando, voando ou pedalando. Outras empresas, como Dell e Starbucks, usaram ferramentas como a plataforma IdeaStorm para pedir sugestões aos clientes e depois usar essas sugestões

---

[16] KEPNER, Suzanne. Citi Won't Sleep on Customer Tweets. *Wall Street Journal*, 4 out. 2012. Disponível em: <http://www.wsj.com/articles/SB1000087239639044 34933045780351326432936 60>. Acesso em: 2 jul. 2017.

[17] KATONA, Zsolt; SARVARY, Miklos. Maersk Line: B2B Social Media – "It's Communication, Not Marketing". *California Management Review*, v. 56, n. 3, p. 142-156, 2014.

para o desenvolvimento de produtos e o aprimoramento de serviços. Esse tipo de receptividade pode ser uma maneira poderosa de incutir nos clientes o sentimento de propriedade e de contribuição para o sucesso da empresa.

- *Hospedagem de uma comunidade*: em alguns casos, pode fazer sentido para uma empresa hospedar sua própria comunidade on-line em torno de um tópico de interesse comum. A provedora de tecnologia SAP hospeda a SAP Community Network (Rede Comunitária SAP) para que clientes, parceiros de negócios, empregados e outros possam compartilhar ideias e discutir questões relacionadas com necessidades tecnológicas sobrepostas. A rede tem mais de um milhão de visitantes por ano. A Procter & Gamble tinha dificuldade em comercializar produtos de higiene feminina e a solução que encontrou foi criar o BeingGirl. com (SerMenina.com), um fórum onde garotas adolescentes discutiam as experiências e os desafios da feminilidade jovem. Permitindo que os clientes liderassem as conversas, a P&G constatou que a BeingGirl gerou retorno sobre as vendas várias vezes superior aos anúncios de TV para as marcas Tampax e Always.[18]

A estratégia de conexão tem como elementos essenciais focar nas mídias sociais usadas pelos clientes e participar de conversas para resolver problemas, aprender sobre o mercado e aproximar-se dos clientes. O objetivo não é a conversa em si, mas a criação de valor para o negócio.

Estratégia de colaboração

A estratégia de colaboração das empresas consiste em convidar os clientes para ajudar a construir o empreendimento. A estratégia de colaboração é diferente da estratégia de conexão, no sentido de que a empresa chama os clientes não só para compartilhar informações, mas também para trabalhar juntos, com foco estreito, no intuito de realizar um propósito ou objetivo comum, usando plataformas abertas. A Wikipédia ainda é para a maioria das pessoas o exemplo basilar da colaboração digital – um recurso público sem igual, gerado quase totalmente pelo esforço voluntário de colaboradores em todo o mundo.

---

[18] NIESSING, Joerg. Social *Media and the Marketing Mix Model*. 29 ago. 2014. Disponível em: <http://knowledge.insead.edu/blog/insead-blog/social-media-and--the-marketing-mix-model-3540>. Acesso em: 2 jul. 2017.

A Wikipédia, porém, só evoluiu por meio de iterações ou repetições cuidadosas de seu processo editorial, para garantir sua confiabilidade e utilidade. A colaboração em massa não acontece sem atenção cuidadosa na criação do contexto certo e das motivações certas para que os participantes atuem e sintam que estão sendo tratados com justiça.

Algumas são as abordagens abrangentes e consagradas da estratégia de colaboração, como contribuição passiva, contribuição ativa, *crowdfunding* (financiamento coletivo), competições abertas e plataformas colaborativas.

- *Contribuição passiva*: às vezes, a colaboração pode envolver pouco mais que o consentimento do cliente para que suas iniciativas já em andamento possam ser usadas para energizar um projeto coletivo. O aplicativo de navegação Waze é uma dessas ferramentas de colaboração; simplesmente ao dirigir o carro com o aplicativo móvel rodando, cada cliente fornece dados em tempo real sobre a situação do trânsito e sobre as melhores rotas para o destino. O Duolingo, aplicativo de aprendizagem de línguas gratuito, inclui dever de casa de tradução para os alunos – e então usa essas traduções para impulsionar a segunda parte do negócio, como ferramenta de tradução on-line.

- *Contribuição ativa*: em outros casos, os clientes são convidados a contribuir com os próprios esforços diretamente para uma causa, assumindo pequena parte de um grande projeto. O iReport, da CNN, permite que qualquer pessoa contribua com fotos, vídeos, ou depoimentos pessoais para um site de jornalismo, por *crowdsourcing*, ou colaboração coletiva. Quando as imagens ou histórias são especialmente interessantes, elas são selecionadas e incluídas nas transmissões jornalísticas da CNN, com crédito explícito para o "iReporter", que, por acaso, estava presente no momento da ocorrência.

- *Crowdfunding (financiamento coletivo)*: contribuição ativa muito comum, *crowdfunding* é o processo de buscar colaboradores no esforço de levantar fundos para um novo projeto, para o lançamento de um produto ou serviço ou para uma nova iniciativa coletiva. O *crowdfunding* começou como meio para os artistas angariarem fundos, mas logo se espalhou como meio de levantar capital semente para novos negócios (como as startups Oculus Rift e Pebble Watch), e numerosos outros empreendimentos. Em alguns mercados, os projetos com financiamento coletivo (crowdfunded) são previstos em lei para fornecer capital diretamente aos fundadores. Esse método foi usado pela Prodigy Network, financiadora coletiva (*crowdfunder*) de empreendimentos imobiliários, para capitalizar e iniciar a construção do edifício mais alto da Colômbia, o arranha-céu BD Bacatá.

- *Competições abertas*: alguns problemas não podem ser divididos com facilidade entre os colaboradores. Nesses casos, pode-se recorrer a competições para alistar um grupo diversificado, com o objetivo de encontrar as melhores respostas ou soluções. A Cisco investiu em várias competições de inovação, como o I-Prize, competição de modelo de negócios; Hackathons, em que programadores externos desenvolvem soluções técnicas; e Internet of Things (Internet das Coisas). A InnoCentive hospeda uma rede com mais de 300.000 "solucionadores" – cientistas, engenheiros e especialistas técnicos em todo o mundo – que podem ser acionados por qualquer empresa interessada em promover uma competição para solucionar um desafio difícil de P&D (pesquisa e desenvolvimento).

- *Plataformas colaborativas*: nessa abordagem, a empresa cria um contexto de colaboração, mas permite que a rede de colaboradores defina o objetivo a ser enfrentado. No segundo ano do iPhone no mercado, a Apple abriu o sistema operacional do smartphone, como plataforma de colaboração. O experimento provocou uma explosão de inovação externa, que é a App Store. A boa plataforma de colaboração não tenta definir qual deve ser a próxima colheita de projetos; ela se limita a fornecer uma estrutura sobre a qual outros possam construir. (Veremos muito mais a esse respeito em modelos de plataforma de negócios no próximo capítulo.)

Na estratégia de colaboração, é importante compreender a motivação dos colaboradores; oferecer a todos alguma possibilidade de ganho (para que ninguém se sinta explorado); permitir que os participantes contribuam com o seu nível de *expertise*; e garantir liberdade aos colaboradores para que contribuam com as próprias ideias, mas também fornecer-lhes orientação para alcançar o resultado final almejado.

Estamos agora em condições de compreender com clareza as cinco estratégias de rede de clientes. Como, porém, identificar a estratégia mais compatível com a situação específica e escolher uma delas? Esse é o objetivo da ferramenta deste capítulo, que veremos em seguida.

Ferramenta: Gerador de Estratégia de Redes de Clientes

O Gerador de Estratégia de Redes de Clientes serve para ajudá-lo a desenvolver novas ideias estratégicas para engajar e criar valor com clientes em rede. Para tanto, essa ferramenta liga seus próprios objetivos de negócios aos comportamentos centrais das redes de clientes que examinamos neste capítulo. Ela também pode ser usada para gerar novas comunicações de marketing e experiências para os clientes, assim como inovações em produtos e serviços.

A ferramenta segue um processo de cinco passos para gerar novas ideias estratégicas (Figura 2.5).Vejamos cada um dos passos em detalhes.

Gerador de Estratégia de Redes de Clientes

1. Definição de objetivos

Objetivos diretos   Objetivos de ordem superior

2. Seleção e foco nos clientes

Segmentos   Objetivos exclusivos, proposta de valor, barreiras

3. Seleção da estratégia

Acessar   Engajar   Customizar (personalizar)   Conectar   Colaborar

4. Geração de conceito

5. Definição do impacto

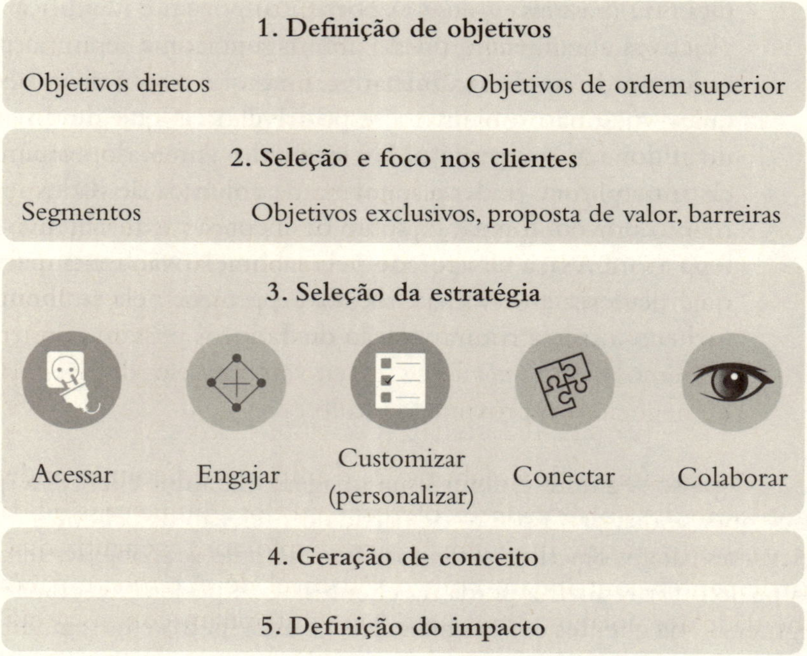

Figura 2.5: Gerador de Estratégia de Redes de Clientes

1º passo: Definição de objetivos

O primeiro passo do processo é definir os objetivos que você espera alcançar para o negócio, com qualquer nova estratégia referente a clientes a ser desenvolvida. É importante definir os objetivos em dois níveis: objetivos diretos e objetivos de ordem superior.

- *Objetivos diretos*: esses são os objetivos a serem incluídos no projeto, pelos quais você é diretamente responsável. Por exemplo, no caso de serviços aos clientes, você talvez esteja procurando desenvolver novas estratégias para explorar ao máximo os comportamentos digitais dos clientes, a fim de aumentar a velocidade de resposta a consultas ou a reclamações dos clientes, de reduzir a perda de clientes insatisfeitos, ou converter os serviços aos clientes em fontes de ideias dos clientes. No caso de desenvolver as vendas diretas aos consumidores por meio do comércio eletrônico, você talvez esteja procurando aumentar a conscientização dos clientes e a acessibilidade aos produtos, reduzir o atrito nas decisões de compra e engajar os melhores clientes como apóstolos do novo canal de vendas.
- *Objetivos de ordem superior*: também é importante identificar os objetivos abrangentes, ou de ordem superior, a serem alcançados por meio de sua iniciativa. Esses são os objetivos pelos quais você não é o único responsável, mas que devem ser incluídos em seu projeto. No exemplo acima, do comércio eletrônico, você poderia identificar conjuntos de dados mais ricos, ainda em formação, sobre os clientes, como objetivo de toda a empresa, a ser apoiado pela sua iniciativa. Isso impactaria o planejamento da sua iniciativa, para que nela também se incluam a coleta e a integração de dados.

2º passo: Seleção e foco nos clientes

O passo seguinte é obter uma imagem clara dos clientes a que você quer se dirigir. O ponto de partida é a seleção dos clientes mais relevantes para os objetivos almejados. Por exemplo, se o objetivo-chave do projeto for reduzir a perda de clientes, você poderá selecionar os segmentos de clientes com as mais altas taxas de perda e os segmentos de alto valor em que as perdas envolvem os maiores riscos. Se o seu projeto mirar a conquista de novos clientes em um grupo geralmente influenciado por líderes de opinião, você deverá incluir esses dois segmentos no seu plano.

Você, então, precisa focar nesses segmentos, para compreendê-los no contexto dos objetivos específicos do seu projeto. Para tanto, é preciso responder a três perguntas importantes:

- Qual é o meu *objetivo exclusivo* para cada segmento de cliente? Se você está focando em diferentes segmentos para lançar o seu novo serviço de comércio eletrônico, como o seu objetivo difere – mesmo ligeiramente – para cada um dos segmentos? Talvez, para um segmento, o objetivo seja simplesmente antecipar a adoção; talvez, para outro segmento, extremamente ativo, você queira não só a adoção, mas também o *feedback* e a assistência dos clientes na iteração da plataforma; para um terceiro segmento, a intenção talvez seja convencer os clientes a ampliar o uso dos novos serviços.
- Qual é a minha *proposta de valor exclusiva* para cada segmento de cliente? É importante verificar como a proposta de valor (as razões pelas quais os clientes lhe dão tempo, atenção e dinheiro) varia entre os segmentos. Para um segmento de clientes, a proposta de valor de seu serviço de comércio eletrônico talvez seja a simplicidade na colocação dos pedidos; para outro, pode ser a melhor seleção de produtos; para outra, talvez sejam melhores registros de pedidos.
- Quais são as *barreiras ao sucesso exclusivas* de cada segmento de clientes? Esses impedimentos à adesão dos clientes podem variar, desde a falta de conhecimento ou consciência de nova oferta até indiferença, sensibilidade ao preço, obstáculos técnicos, ou aversão ao risco, entre outras. Para cada segmento de cliente, tente definir com clareza qual é o principal obstáculo e veja como ele se diferencia dos demais.

3º passo: Seleção da estratégia

Agora que você conhece seus objetivos para a sua estratégia de redes de clientes e compreende em profundidade os clientes que você está tentando atrair, você está pronto para iniciar o processo de ideação (ou concepção).

Você deve começar com uma retrospectiva dos comportamentos centrais das redes de clientes e das estratégias abrangentes deles resultantes:

- *Acessar*: seja mais rápido, seja mais fácil, esteja em todos os lugares, esteja sempre ligado.
- *Engajar*: torne-se uma fonte de conteúdo valioso.
- *Customizar (personalizar)*: faça a sua oferta adaptável às necessidades dos clientes.
- *Conectar*: torne-se parte das conversas dos clientes.
- *Colaborar*: convide os clientes para ajudá-lo a construir o seu empreendimento.

Embora, em abstrato, todas as cinco estratégias possam ser valiosas para o negócio, seu propósito agora é gerar ideias para um projeto específico. Considere os objetivos que você definiu e os clientes que você está tentando atrair (inclusive suas necessidades, obstáculos, etc.). Tendo em vista esses objetivos e esses clientes-alvo, selecione uma ou mais das cinco estratégias que pareçam mais adequadas nessas circunstâncias.

Por exemplo, se você estiver lançando uma plataforma de comércio eletrônico e se um dos motivadores de seus segmentos de clientes for uma plataforma simples e fluida, você deve pensar em gerar ideias para uma estratégia de acesso. Se você estiver tentando captar ideias das interações dos clientes com o serviço de atendimento aos clientes, o foco em conversas numa estratégia de conexão seria adequado. Se você estiver procurando recrutar um grupo de clientes apóstolos para fazer o teste beta de um novo produto e ajudar a lançá-lo nos mercados, a estratégia de colaboração seria apropriada.

Você talvez conclua que mais de uma das cinco estratégias amplas fazem sentido para seus objetivos – por exemplo, uma estratégia de acesso e de customização ou uma estratégia de engajamento e de conexão. Desaconselho, porém, que você selecione todas as cinco, uma vez que o objetivo aqui é estabelecer uma direção certa antes do início da geração de conceitos.

4º passo: Geração de conceito

Agora você está pronto para começar a gerar conceitos estratégicos específicos, com base nas estratégias amplas, nos objetivos e nos clientes que você selecionou. Conceito é uma ideia específica e concreta para um produto, serviço, comunicação, experiência ou interação que você desenha para os clientes. Por exemplo, se você estiver elaborando uma estratégia de engajamento (tornando-se fonte de conteúdo valioso) como parte de um novo serviço VIP Premium para os clientes de sua oferta de reservas para viagens, você deve pensar em criar vários tipos de conteúdo: um vídeo de explicação mostrando como o novo serviço funciona, de maneira simples e fácil, em seu dispositivo móvel; breves relatórios com recomendações de viagens, a serem assinados pelos clientes, com base em suas preferências pessoais; um serviço de notícias, alertando-os sobre as condições de segurança em viagens a certas regiões, e assim por diante. Mesmo que você tenha escolhido apenas uma estratégia ampla, seu objetivo deve ser gerar vários conceitos estratégicos diferentes.

Ao iniciar essa fase, talvez você queira fazer uma recapitulação dos diferentes casos e métodos já apresentados neste capítulo para cada uma das estratégias. Por exemplo, se você estiver pensando numa estratégia de customização, talvez seja o caso de pensar em ideias relacionadas com mecanismos de personalização, interfaces personalizadas, produtos e serviços personalizados, bem como mensagens e conteúdos personalizados.

Esse passo é, acima de tudo, um esforço criativo de geração de ideias. Nessas condições, nada mais adequado do que reunir um grupo diversificado de pessoas dispostas a desdobrar-se para gerar novas ideias. Uma pequena equipe (cerca de cinco pessoas), com diferentes antecedentes profissionais e provenientes de várias áreas da organização é o esquema ideal. Certifique-se de que todos estão imersos nos objetivos do projeto e nos segmentos de clientes, conforme sua definição prévia. Procure *benchmarks* e ideias criativas de fora do setor. E seja honesto a respeito de você estar apenas tentando alcançar os concorrentes ou se está buscando criar uma nova oferta atraente e diferenciada.

Finalmente, é fundamental manter o foco em como suas novas ideias podem criar valor para o cliente. Se assim não for, elas dificilmente serão bem-sucedidas. Eis algumas perguntas para manter o foco no valor para os clientes.

Numa estratégia de acesso

- Como você poderia tornar a experiência mais rápida, mais simples e mais fácil para os clientes?
- Como você poderia integrar melhor as diferentes interações?
- Como você poderia tornar o serviço mais acessível, mais sob demanda e mais de autoatendimento?

Para uma estratégia de engajamento

- Como você poderia conquistar a atenção do público?

- Que problema você poderia resolver para os seus clientes com o conteúdo ou com as informações certas, na hora certa?
- Será que alguém que não trabalhe em sua empresa recomendaria esse conteúdo a um amigo?

Para uma estratégia de customização

- Onde as necessidades e os interesses dos clientes mais se diferenciaram entre si?
- Por que os seus clientes prefeririam uma experiência mais personalizada?
- Como você poderia facilitar para os clientes fazerem a escolha certa, sem assediá-los?

Para uma estratégia de conexão

- Que conversas relevantes para os seus objetivos já estão ocorrendo entre os clientes?
- Como você poderia possibilitar, facilitar ou melhorar essas conversas, sem se intrometer nelas?
- O que você poderia aprender com as conversas entre os seus clientes?
- Como você poderia contribuir para essas conversas, de maneira que fossem valorizadas pelos clientes?

Para uma estratégia de colaboração

- Com que competências os clientes entrariam em cena, e até que ponto essas competências contribuiriam para o sucesso?
- O que mais motivaria os clientes? Vibração com a marca, com a causa, ou com o projeto? Reconhecimento social? Recompensas monetárias? Ou alguma combinação desses fatores?
- Como você poderia assegurar-se de que os clientes se sentem validados e recompensados?

5º passo: Definição do impacto

A esta altura, você deve retornar com cada uma de suas ideias para os objetivos do negócio que você determinou no 1º passo. Para cada conceito estratégico, você precisa responder às seguintes perguntas: caso prossiga com isso, como você saberá que atingiu seus objetivos? Por exemplo, se o seu objetivo for reduzir a perda de clientes, será que sua estratégia tratará dessa questão? Em caso positivo, como você medirá o impacto da estratégia? Se o seu objetivo for reforçar o conhecimento e a visibilidade do produto e se você tiver desenvolvido uma série de iniciativas quanto ao conteúdo como parte de uma estratégia de engajamento, como você saberá se essas iniciativas estarão atingindo o objetivo que você estabeleceu? O ponto aqui é definir um benefício mensurável para a empresa e esclarecer como você acha que os seus conceitos estratégicos alcançarão esse resultado.

Tendo concluído os cinco passos, você deverá contar agora com um conjunto de estratégias convincentes, referentes a novos clientes, a serem consideradas por sua equipe para implantação. Devem ser estratégias enraizadas em profunda compreensão de seus clientes específicos, baseadas nos próprios comportamentos em rede desses clientes, com o objetivo de agregar valor real para esses clientes e capazes de reforçar os objetivos mais importantes para o negócio.

Essa ferramenta foi desenvolvida para a ideação (ou concepção) estratégica. Resta ainda considerar o planejamento necessário para testar os seus conceitos estratégicos, validá-los, destinar-lhes recursos, refinar suas métricas, e (se apropriado) partir para o lançamento público. Falaremos mais sobre como testar e aprender com as novas ideias estratégicas no Capítulo 5.

Antes de deixarmos o domínio da estratégia referente a clientes, consideremos alguns dos desafios que um empreendimento tradicional, anterior à era digital, pode enfrentar, ao repensar seus pressupostos sobre os clientes.

Desafios organizacionais das redes de clientes

Joseph Tripodi sabe alguma coisa sobre redes de clientes. Ao longo de sua carreira, ele serviu como executivo-chefe de marketing na Allstate Insurance, The Bank of New York, MasterCard, Seagram e Coca-Cola. Quando conversamos sobre as mudanças no relacionamento das organizações com os clientes, ele me disse: "Para qualquer grande organização, essa é, sem dúvida, uma jornada árdua. Estamos despertando para o fato de que temos sido passivos demais na tentativa de nos envolvermos com os clientes por métodos mais tradicionais. Como construir uma estrutura para o engajamento contínuo e em tempo real com os clientes? Este é um desafio para empresas gigantes que operam em todo o mundo".[19]

Já há algum tempo, Tripodi reflete sobre as redes de clientes como três redes diferentes. Uma rede é a dos consumidores finais. Outra é a dos clientes empresariais, sejam varejistas, analistas, ou formadores de opinião, que influenciam seu setor e o processo regulatório. A terceira é a de seus próprios empregados.

Capacitando a rede interna

A rede de clientes internos de uma empresa – seus próprios empregados – é fundamental para a transformação digital do negócio. Essa transformação começa com a aplicação das mesmas estratégias de redes de clientes que já examinamos, para ajudar as equipes internas a alcançar seus objetivos. À medida que as forças de trabalho se tornam cada vez mais móveis, as empresas precisam ajudar os empregados a *acessar* o próprio trabalho com mais facilidade e flexibilidade. Os empregados devem ser capazes de *engajar-se* com o conteúdo, com a informação e com os recursos certos a fim de se manterem informados para o exercício de suas funções. Eles precisam de ferramentas que lhes permitam *customizar* seu fluxo de trabalho em torno de viagens, papéis e horários flexíveis. Eles também necessitam *conectar-se* uns com os outros – para compartilhar conhecimentos e para fazer e responder a perguntas – usando vários modelos de comunicação (e-mails, mensagens instantâneas, videoconferências), sem confusão. E eles devem ser capazes de *colaborar*, usando ferramentas que lhes permitam trabalhar de maneira remota e assíncrona.

Não importa quão grandes sejam esses desafios, os maiores desafios são, em geral, culturais. Como Tripodi me disse: "Temos de evoluir para sermos uma hierarquia muito mais permeável, em que as informações sejam coletadas, reunidas, analisadas e compartilhadas em todos os níveis".

Reduzir os controles hierárquicos raramente é fácil. Muitas vezes, a desconfiança dos empregados e a aversão ao risco podem levar organizações a isolar conexões digitais e a limitar o acesso dos empregados a ferramentas on-line, impedindo-os de usá-las com eficácia. A chefe de recursos humanos de uma unidade de negócios de US$ 1 bilhão,

---

[19] As citações nesta seção são de Joseph Tripodi, em entrevista por telefone com o autor em 6 nov. 2014.

de uma grande empresa multinacional, confessou-me que nem ela era capaz de acessar o YouTube no trabalho. O departamento de TI proibia computadores do tipo tablet e isolava todos os empregados atrás de uma muralha intransponível. Se ela quisesse encontrar conteúdo educacional para a própria equipe, ela precisava pesquisar em seu computador pessoal nos fins de semana. Tudo isso para usar a tecnologia como meio de educar e de conectar sua própria força de trabalho! Emparedar os empregados por temer a liberdade deles para conectar-se digitalmente é uma estratégia perdedora.

Fomentar uma rede de empregados eficaz torna-se ainda mais importante à medida que aumenta o tamanho da empresa, que sua disparidade geográfica se acentua (dificultando as interações casuais face a face) e que os cargos dos empregados e executivos mudam com mais rapidez.

Adicionando novas competências e substituindo velhos hábitos

A fim de explorar ao máximo as redes externas, as empresas precisam desenvolver novas competências, em especial nas unidades que se relacionam com os clientes, como marketing, comunicações, vendas e serviços.

Essas competências incluem mídias sociais e gestão de comunidades, criação de conteúdo jornalístico, compra e avaliação de novas mídias, comércio eletrônico, e outras. O desafio para as empresas tradicionais é evitar a terceirização dessas tarefas para empresas especializadas − maneira rápida e fácil, mas míope, de transpor o abismo das competências. A terceirização atrasa o processo de integração de novas competências na organização, e essa integração é essencial para desenvolver o pensamento estratégico e ideias inovadoras que vão além do que os concorrentes estão fazendo.

Em muitas empresas, essas novas competências em rede já existem, mas estão mal distribuídas. Trabalhei com empresas globais que enfrentam grandes disparidades em competências e perspectivas digitais entre executivos no mesmo nível de liderança. Essas empresas têm empregados com ótimas competências digitais, mas eles estão espalhados entre departamentos e isolados em diferentes níveis hierárquicos (não apenas entre jovens da Geração Y, ou geração do milênio). Os maiores desafios dessas empresas são compartilhar internamente as melhores práticas e nivelar com rapidez os empregados num patamar básico de conhecimento comum.

Muitas organizações simplesmente descobrem que os velhos hábitos são retrógrados, refratários e resistentes. Os empregados que foram bem-sucedidos e ganharam os louros com as velhas ferramentas do marketing de *broadcast*, ou de ampla difusão (comprar anúncios de TV e distribuir impressos por mala direta), podem ser os mais resistentes à adoção de novos métodos em rede, mais digitais, de abordar os clientes. "Conseguir que a empresa aplique a sua energia para reciclar a equipe é difícil do ponto de vista cultural", diz Tripodi. "É uma nova ordem mundial, mas o desafio é que as pessoas confiam no que as serviu bem no passado." Em geral, é muito mais fácil continuar gastando dinheiro como antes (mesmo sem medidas claras de retorno sobre o investimento – ROI) do que gastar em novas táticas para engajar clientes.

Interligando os departamentos

Outro desafio para as organizações é que as redes de clientes afetam todas as áreas da organização. Daí podem resultar tensões sobre quem lidera as interações dos clientes entre os pontos de contato digitais. Pode ser algo tão mundano quanto a questão sobre quem lidera a presença da empresa no Facebook: marketing? Comunicação? Atendimento ao cliente? TI? Essa presença deve ser gerenciada pela sede global ou transferida para as unidades de negócios locais, cada uma com a sua própria página? Mesmo que um departamento seja responsável pela "voz" da empresa em determinada plataforma de mídia social, a estratégia deve ser capaz de atender às diversas necessidades de toda a empresa. Já vi uma empresa global de telecomunicações enfrentar dificuldade porque o departamento responsável pelas redes sociais foi inflexível quando uma crise externa levou outro departamento a pedir ajuda em relação a seus próprios objetivos.

À medida que a tecnologia assume importância crescente nas interações de todos os clientes, é possível que surjam rivalidades entre as áreas de marketing e TI. (Numerosos estudos já foram realizados sobre as mudanças no relacionamento entre os executivos-chefes de marketing e de tecnologia da informação.) É fundamental que as duas disciplinas aprendam a trabalhar juntas, com eficácia, apesar das diferenças de cultura, de orçamentos e de prioridades. Na Kimberly-Clark, por exemplo, a solução foi criar posições de ligação em ambos os lados: um vice-presidente de TI se concentrava inteiramente na formação de parcerias com a equipe de marketing global e uma posição de liderança equivalente no lado de marketing se concentrava nas parcerias com TI.[20] Algumas empresas, como a Motorola, chegaram ao ponto de fundir os dois cargos de executivo-chefe, de marketing e de TI, numa única posição.

O argumento mais forte para interligar os departamentos tradicionais da empresa é a necessidade de integrar a experiência total do cliente com a empresa e com as suas marcas. Quando Frank Eliason foi para o Citibank para assumir a função de vice-presidente sênior de mídias sociais, ele enfrentou esse desafio. "Dentro da mesma empresa, as pessoas se veem como muitas unidades diferentes: estamos em hipotecas; empréstimos a empresas é outra pessoa; e contas correntes de pessoas físicas é totalmente diferente. Do ponto de vista do cliente, porém, somos todos a mesma marca, Citi. E quando os clientes interagem com a marca nas redes sociais, eles esperam poder falar com qualquer pessoa sobre qualquer parte da experiência deles com a sua empresa."[21]

■ ■ ■

Para adaptar-se e prosperar na era digital, as empresas devem aprender a ver os clientes de maneira diferente, compreendendo os modos dinâmicos e em rede como eles interagem, tanto com a empresa quanto uns com os outros. Ao aprender a pensar nos clientes como rede e a pensar diferentemente nos caminhos para a compra e no funil de marketing, qualquer empresa pode começar a transformar suas estratégias referentes a clientes. Elas podem encontrar os clientes em qualquer lugar e agregar valor a ambos os lados do relacionamento, ajudando-os a acessar, engajar-se, conectar-se e até a colaborar com a empresa.

Os relacionamentos com os clientes individuais, porém, não são os únicos que estão mudando na era digital. As interações das empresas umas com as outras também estão passando por transformações semelhantes. Relacionamentos até há pouco muito simples, até binários (parceiros ou concorrentes), tornaram-se mais complexos e interligados. Essa mudança exige nova mentalidade sobre como as empresas interagem umas com as outras, e sobre novos modelos para criar valor, quando uma empresa torna-se plataforma de outras. Este será o foco de nosso próximo capítulo.

---

[20] KAUSHIK, Mukund. *Client Perspective*. Nova York, 10 abr. 2014. Grupo de discussão no IBM Think Marketing CMO Executive Leadership Forum.

[21] ELIASON, Frank. Entrevista por e-mail com o autor em 4 ago. 2015.

CAPÍTULO 3

Construa plataformas, não apenas produtos

Competição

Em 2007, dois recém-graduados pela Rhode Island School of Design, Brian Chesky e Joe Gebbia, enfrentavam dificuldades para pagar o aluguel do apartamento delès, em San Francisco. Quando souberam que os hotéis da cidade estavam lotados por causa de um evento próximo, sobre Design, eles tiveram uma ideia empreendedora: por que não alugar parte de seu espaço? Compraram, então, três colchões infláveis, montaram um site na internet, e, em seis dias, encontraram três hóspedes. Cada um pagou US$ 80 por pernoite. "Ao nos despedirmos dos hóspedes, olhamos um para o outro e pensamos 'Talvez haja uma excelente ideia aqui'", disse Chesky.[22] No ano seguinte, eles se juntaram a outro amigo, Nathan Blecharczyk, graduado em Ciência da Computação, e criaram um negócio que depois denominaram Airbnb.

Em 2015, o Airbnb tinha atendido a 25 milhões de viajantes, oferecendo-lhes hospedagem em mais de 190 países, em todo o mundo. O negócio, contudo, não parece uma empresa global típica, do setor de acomodação e hospedagem. Em vez de construir hotéis e contratar empregados para atender aos clientes, os três fundadores criaram uma plataforma que reúne dois tipos distintos de pessoas: anfitriões, com espaço para alugar (seja um cômodo disponível, seja toda a casa,

---

[22] SALTER, Jessica. Airbnb: The Story Behind the $1.3bn Room-Letting Website. *The Telegraph*, 7 set. 2012. Disponível em: <http://www.telegraph.co.uk/technology/news/9525267/Airbnb-The-story-behind-the-1.3bn-room-letting-website.html>. Acesso em: 2 jul. 2017.

enquanto estão fora), e viajantes, em busca de algum lugar onde ficar. A empresa tem um mínimo de ativos. De fato, o Airbnb não tem um único imóvel para alugar. No entanto, pode oferecer aos viajantes mais de um milhão de escolhas, desde sofás ou minúsculos quartos de hóspedes até castelos de verdade (mais de 600 estão disponíveis para aluguel). A empresa fica com parte do aluguel em cada transação.

O Airbnb tem apenas algumas centenas de empregados, mas reserva 40 milhões de hóspedes-noite por ano, uma vez que sua plataforma foi concebida para ser de uso tão simples, por autoatendimento, quanto possível, tanto para os anfitriões quanto para os viajantes. A equipe foca em desenvolver interfaces na internet, para dispositivos desktop e móveis, tão intuitivas e fluidas quanto possível, para que os anfitriões ofereçam hospedagem e os viajantes encontrem acomodações.

Boa parte do sucesso do Airbnb decorre da maneira como promove a confiança entre as duas partes. (Quem quer que seu apartamento seja destruído por hóspedes de outras cidades durante as férias? Quem quer encontrar um imóvel totalmente diferente do que reservaram on-line?) A construção da confiança começa com avaliações recíprocas, para os anfitriões e para os viajantes, mas vai muito além. A empresa só libera o pagamento dos aluguéis para o anfitrião depois de o locatário se apresentar no local e confirmar que está satisfeito com as instalações; da mesma maneira, só devolve o depósito do locatário depois de sua partida e depois de o anfitrião confirmar que não tem nada a reclamar. Como garantia adicional, a empresa fornece a cada anfitrião seguro de US$ 1 milhão para a indenização de danos no imóvel. E ainda acrescenta verificação dos antecedentes de ambas as partes, com perfis dos usuários, exames de identidade e links para redes sociais, como o Facebook. Os viajantes em busca de opções em determinado destino podem fazer buscas por bairro, ler recomendações abonadas sobre onde ficar e até usar o Facebook para encontrar "amigos de amigos" que estão alugando espaços. Os fundadores até foram capazes de misturar confiança e marketing: ao contratar fotógrafos para tirar fotos de alojamentos para qualquer anfitrião que solicitar esse serviço (gratuito), a empresa também oferece melhores imagens para o anfitrião, enquanto garante aos visitantes que a empresa visitou o local a ser alugado. Só essa inovação aumentou rapidamente a quantidade de reservas.

O Airbnb cresceu a taxas fenomenais, com mais quartos para alugar que as empresas de hotelaria Hilton, InterContinental, ou

Marriott[23] e quase US$ 4 bilhões em reservas brutas, em 2014.[24] Naquele ano, durante os jogos da Copa do Mundo, dos 600.000 espectadores que foram ao Brasil, de todo o mundo, 25% ficaram em acomodações intermediadas pelo Airbnb. Hoje, a empresa opera em mais de 190 países. "Todos os países, exceto Coreia do Norte, Irã, Síria e Cuba", disse Chesky, todo animado, a Stephen Colbert, em entrevista para um programa de televisão, em 2014.[25] Desde então, essa lista já foi atualizada: quando os Estados Unidos restabeleceram os laços diplomáticos com Cuba, em 2015, o Airbnb foi uma das primeiras empresas americanas a anunciar que já estava presente na ilha.[26]

Repensando a competição

O Airbnb é um exemplo de plataforma – tipo de negócio que está repensando os ativos de que as empresas precisam para operar no mercado (por exemplo, imóveis para locação e equipe treinada) e os ativos que podem ser gerenciados por meio de novas modalidades de relacionamentos externos.

Esses negócios de plataforma são parte de uma transformação ampla do domínio da competição e dos relacionamentos entre empresas. No passado, a competição ocorria entre negócios rivais semelhantes e em setores de atividade com fronteiras estáveis. Os negócios criavam valor dentro das próprias organizações e em parceria com fornecedores e canais de vendas. Na era digital, contudo, as fronteiras entre os setores estão ficando nebulosas, assim como a distinção entre parceiros e concorrentes. Hoje, todos os

---

[23] MUDALLAL, Zainab. Airbnb Will Soon Be Booking More Rooms than the World's Largest Hotel Chains. *Quartz*, 20 jan. 2015. Disponível em: <http://qz.com/329735/airbnb-will-soon-be-booking-more-rooms-than-the-worlds--largest-hotel-chains/>. Acesso em: 2 jul. 2017.

[24] ALI, Rafat. Airbnb's Revenues Will Cross Half Billion Mark in 2015, Analysts Estimate. *Skift*, 25 mar. 2015. Disponível em: <http://skift.com/2015/03/25/airbnbs-revenues-will-cross-half-billion-mark-in-2015-analysts-estimate/>. Acesso em: 2 jul. 2017.

[25] CLAMPET, Jason. Airbnb's CEO Explains the Sharing Economy to Stephen Colbert. *Skift*, 8 ago. 2014. Disponível em: <http://skift.com/2014/08/08/airbnbs-ceo-explains-the-sharing-economy-to-stephen-colbert/>. Acesso em: 2 jul. 2017. (Entrevista transmitida em 7 ago. 2014.)

[26] STONE, Brad. Airbnb Is Now Available in Cuba. *Bloomberg*, 2 abr. 2015. Disponível em: <http://www.bloomberg.com/news/articles/2015–04–02/airbnb-is--now-available-in-cuba>. Acesso em: 2 jul. 2017.

relacionamentos entre empresas são uma mistura de competição e cooperação, em constante mutação.

Pense no negócio de televisão. Na perspectiva tradicional, uma rede como a HBO formava parcerias com empresas de cabo, para distribuição, e compete com redes como Showtime ou AMC – empresas com o mesmo modelo de negócios e com ofertas semelhantes para os clientes. Na medida em que a digitalização transformou a mídia, porém, a HBO passou a competir com a Netflix, desafiante assimétrico que está perseguindo os mesmos clientes, com um modelo de precificação diferente e meios de distribuição totalmente diversos. Com a redefinição das fronteiras do setor de "televisão", a HBO deve competir, para alavancar-se, com parceiros de distribuição, empresas de cabo, como Comcast e Time Warner (que já foi proprietária da matriz da HBO). Também precisa competir, para alavancar-se, com alguns de seus próprios talentos, que agora têm a opção de trabalhar com empresas como Netflix ou Amazon, à medida que desenvolvem sua própria programação original para distribuição direta aos espectadores. Ao mesmo tempo, três das maiores redes de televisão – ABC, NBC e Fox – deixaram de lado a rivalidade para cooperar na criação do Hulu, canal digital que agrega todo o conteúdo em ambiente on-line, cuja receita é um misto de propaganda e assinatura. Sem dúvida, a forma da competição e da cooperação entre empresas no mundo da televisão tornou-se muito complexa.

A revolução digital está redefinindo de várias maneiras a competição e os relacionamentos entre empresas. Está turbinando o crescimento de negócios de plataforma, como o Airbnb. Para empresas como a HBO, está "desintermediando" e reformulando os relacionamentos de canal e de parceiros. Em âmbito mais amplo, está deslocando o lócus da competição: a competição, agora, está ocorrendo menos dentro de setores e entre empresas semelhantes, que buscam substituir umas as outras; em vez disso, a competição, hoje, está perpassando setores e envolvendo parceiros que confiam um no outro para alcançar o sucesso. Finalmente, a tecnologia digital está aumentando a importância da "coopetição", em que as empresas que competem diretamente em algumas arenas também atuam como parceiros em outras (ver Tabela 3.1).

Este capítulo explora a dinâmica cambiante da competição e dos relacionamentos entre empresas, e seu impacto específico sobre os negócios de plataforma. Ele também apresenta duas ferramentas de planejamento estratégico. A primeira é o Mapa do Modelo de

Negócios de Plataforma, que pode ser usado para analisar ou desenhar novos negócios de plataforma, compreendendo como eles trocam valor entre diferentes tipos de parceiros. A segunda é o Trem de Valor Competitivo, que fornece uma lente para a compreensão da cooperação e da competição simultâneas entre parceiros da cadeia de fornecimento, rivais tradicionais, e concorrentes assimétricos, e para iniciativas de planejamento estratégico, a fim de aumentar o poder competitivo da empresa.

Comecemos olhando com mais atenção para o conceito de negócios de plataforma e para o que eles nos dizem sobre a mudança nos papéis da competição e da cooperação.

TABELA 3.1:

Competição: Mudanças nas premissas estratégicas, da era analógica para a era digital

De	Para
Competição em setores delimitados	Competição entre setores fluidos
Distinções nítidas entre parceiros e rivais	Distinções nebulosas entre parceiros e rivais
Competição é jogo de soma zero	Concorrentes cooperam em áreas-chave
Os principais ativos são mantidos na empresa	Os principais ativos situam-se em redes externas
Produtos com características e benefícios únicos	Plataformas com parceiros que trocam valor
Poucos concorrentes dominantes por categoria	O vencedor leva tudo, devido aos efeitos de rede

A ascensão da plataforma

O Airbnb é apenas um de muitos negócios movidos a energia digital que atuam como plataformas – reunindo duas ou mais partes para criar ou trocar valor *através* do negócio, em vez de tentar criar todo o valor por conta própria.

Mercados como eBay, Etsy ou Taobao, do Alibaba, reúnem compradores e vendedores de mercadorias de todos os tipos em vendas diretas ou leilões. Serviços de aproximação (*matchmaking*) como Uber ou Didi Kuaidi fornecem serviços de táxis sem comprar veículos nem contratar motoristas, mas oferecem uma plataforma para conectar os motoristas nos próprios carros com pessoas nas proximidades, precisando de serviços de transporte individual. Empresas de mídia, como YouTube e Forbes.com, reúnem criadores de conteúdo independentes, consumidores de conteúdo e anunciantes – cada um procurando os outros. Sistemas operacionais para dispositivos móveis, como o iOS, da Apple, o Android, do Google, e o MIUI, da Xiaomi, atraem os melhores desenvolvedores de software para criar aplicativos, que, por sua vez, atraem consumidores para comprar seus smartphones.

Os negócios de plataforma estão em todos os lugares, aparecendo em ampla variedade de setores:

- *Varejo*: Taobao, eBay, Amazon Marketplace
- *Mídia*: YouTube, Forbes.com
- *Propaganda*: Google, Baidu, Craigslist
- *Finanças*: PayPal, Kickstarter, Alipay
- *Jogos*: Xbox, PlayStation
- *Computação móvel*: iOS, Android, Xiaomi
- *Software de negócios*: SAP, Salesforce
- *Utensílios domésticos*: Philips, Nest
- *Hospedagem*: Airbnb, TripAdvisor
- *Transportes*: Uber, Didi Kuaidi
- *Educação*: Coursera, Udemy
- *Recrutamento e seleção*: LinkedIn, Glassdoor
- *Trabalho autônomo*: Upwork, Amazon Mechanical Turk
- *Filantropia*: Kiva, DonorsChoose

As plataformas representam uma mudança fundamental em como as empresas se relacionam umas com as outras – de modelos de negócios lineares para modelos de negócios em rede. Os negócios de plataforma geralmente são muito leves em ativos, mas geram grandes receitas. Em vez de desenvolver atributos e convencer os clientes a usar seus produtos e serviços, os negócios de plataforma constroem ecossistemas e induzem os clientes a interagir uns com os outros. Em vez de simplesmente pagar por serviços recebidos, os clientes fornecem e recebem valor. Em consequência, o valor das plataformas cresce à medida que mais pessoas as utilizam.

O que é o modelo de negócios de plataforma

Nada é mais impreciso que o uso atual da palavra *plataforma*, cujo significado mais genérico é "base sobre a qual se pode construir". Nos círculos técnicos, plataforma pode ser qualquer software básico sobre o qual se desenvolvem programas adicionais. Nos setores de mídia, pode significar canal de distribuição. Em marketing, pode referir-se a qualquer marca ou linha de produto que seja usada para lançar outros produtos. No contexto deste capítulo, contudo, analisaremos as plataformas num sentido específico – como espécie de modelo de negócios.

Origens da teoria da plataforma

A ideia de plataformas como modelo de negócios originou-se das teorias econômicas de mercados bilaterais, desenvolvidas por Jean-Charles Rochet e o Prêmio Nobel Jean Tirole,[27] juntamente com Thomas Eisenmann, Geoffrey Parker, Marshall Van Alstyne,[28] e outros. O trabalho deles examina a precificação e a competição em mercados nos quais um negócio serve a dois tipos diferentes de clientes, que dependem um do outro. Eles descobriram que os dois lados geralmente apresentam diferentes graus de sensibilidade ao preço e que, em mercados eficientes, um lado frequentemente subsidia o outro (por exemplo, anunciantes subsidiam o custo da mídia para os consumidores e os comerciantes assumem os custos da transação com cartões de crédito para os compradores que os usam).

O estudo dos mercados bilaterais levou, por sua vez, à constatação de que os mesmos efeitos também ocorrem em mercados com mais de dois tipos de clientes (Visa e Mastercard, por exemplo, reúnem não só os consumidores que usam cartões de crédito e os comerciantes que os aceitam, mas também os bancos que emitem cartões de crédito). Isso levou ao conceito mais geral de mercados multilaterais. Ao mesmo tempo, a teoria começou a deslocar-se, de olhar a dinâmica do mercado (isto é, quem pagará que preço em equilíbrio com outros) para olhar o tipo de negócios que os torna possíveis (isto é, o que distingue o modelo de negócios da Visa ou Mastercard e quais são os fatores de sucesso).

---

[27] ROCHET, Jean-Charles; TIROLE, Jean. Platform Competition in Two-Sided Markets. *Journal of the European Economic Association*, v. 1, p. 990-1029, jun. 2003.
[28] EISENMANN, Thomas; PARKER, Geoffrey; VAN ALYSTYNE, Marshall W. Strategies for Two-Sided Markets. *Harvard Business Review*, out. 2006. Disponível em: <https://hbr.org/2006/10/strategies-for-two-sided-markets>. Acesso em: 2 jul. 2017.

O termo em economia para o modelo de negócios no centro de um mercado multilateral é plataforma multilateral, ou apenas plataforma. Avançando, é possível usar o termo "plataforma" para referir-se a esses modelos de negócios de plataforma multilateral.

Com base nessas teorias econômicas, começamos a compreender o poder e o valor exclusivo de negócios como Airbnb, Uber ou Xiaomi.

Definição de plataformas

A descrição mais exata e esclarecedora do que constitui uma plataforma é produto do trabalho de Andrei Hagiu e Julian Wright.[29] Para resumir, proponho a seguinte definição:

> *Plataforma é um negócio que cria valor, facilitando interações diretas de dois ou mais tipos diferentes de clientes.*

Três pontos-chave de Hagiu e Wright, que incluo nessa definição, merecem destaque:

- *Tipos diferentes de clientes*: para ser uma plataforma, o modelo de negócios deve servir a dois ou mais lados, ou tipos, distintos de clientes. (Podem ser compradores e vendedores; desenvolvedores e consumidores de software; comerciantes, titulares de cartões e bancos; etc.) A necessidade de lados distintos explica por que uma pura rede de comunicações (como Skype, fax ou telefone) não é plataforma: embora ela conecte os clientes uns com os outros, os clientes são todos do mesmo tipo. A dinâmica exclusiva das plataformas decorre do fato de reunirem diferentes partes, que desempenham papéis diferentes, e fornecem e recebem diferentes tipos de valor.
- *Interações diretas*: as plataformas devem capacitar esses dois ou mais lados a interagir diretamente – isto é, com certo grau de independência. Numa plataforma, como Airbnb ou eBay, as duas partes têm liberdade para criar os próprios perfis, fixar e negociar preços, e decidir como querem apresentar seus serviços ou produtos. Essa é uma distinção crítica entre uma plataforma e um revendedor ou canal de vendas. A independência da interação

---

[29] HAGIU, Andrei; WRIGHT, Julian. *Multi-Sided Platforms*. Cambridge, Mass.: Harvard Business School, 2015. Ver também: Andrei HAGIU; WRIGHT, Julian. *Marketplace or Reseller?* Cambridge, Mass.: Harvard Business School, 2014.

é a razão pela qual nossa definição de plataforma não inclui um supermercado que conecta as marcas com os compradores, nem uma empresa de consultoria com integração vertical que conecta os clientes com seus empregados contratados.

- *Facilitação*: mesmo que não sejam ditadas pelo negócio de plataforma, as interações devem ocorrer através dele e serem facilitadas por ele. Por isso é que a nossa definição de plataforma não inclui um negócio de franquia, como McDonald's ou H&R Block, que oferecem licenciamento de marca, treinamento e serviços de apoio a proprietários individuais que abrem sucursais. Embora as franqueadoras, em alguns casos, permitam o comércio entre as franqueadas (por exemplo, proprietários de restaurantes) e os consumidores finais (clientes de restaurantes), esse comércio não flui através da empresa original, e apenas uma parte (a franqueada) está associada, de alguma maneira, à franqueadora.

Na Tabela 3.2, vemos como numerosas plataformas diferentes reúnem diferentes tipos de clientes e criam valor facilitando a interação direta.

TABELA 3.2:

Plataformas e os clientes que elas reúnem

Plataforma	Clientes distintos, interagindo diretamente, facilitados pela plataforma
Airbnb	Anfitriões (locadores), locatários
Uber	Motoristas autônomos, usuários (passageiros)
DonorsChoose	Professores em busca de doações, doadores
PayPal	Correntistas, Comerciantes, Bancos
YouTube	Espectadores de vídeos, Produtores de vídeo, Anunciantes
Google search	Usuários de mecanismos de busca, Criadores de sites, Anunciantes
Forbes.com	Escritores autônomos, Leitores, Anunciantes
Android	Usuários de smartphones e de tablets, fabricantes de hardware, desenvolvedores de aplicativos, anunciantes em aplicativos
Salesforce.com	Usuários de software, desenvolvedores de aplicativos que criam serviços integrados adicionais

Quatro tipos de plataformas

Os modelos de negócios de plataforma não são novidade da era digital, embora, como veremos, as tecnologias digitais estejam impulsionando sua propagação e dominância crescentes. Mesmo antes, porém, do surgimento da computação móvel, da internet e até da tecnologia da informação, os modelos de negócios de plataforma já podiam ser vistos sob várias formas.

TABELA 3.3:

Quatro tipos de plataformas

Tipos de plataformas	Exemplos pré-digitais	Exemplos digitais
Marketplaces	Corretores de imóveis Shopping centers Casas noturnas	Marketplaces de produtos (eBay, Etsy) Marketplaces de serviços (Airbnb, Uber) Sites de relacionamento (eHarmony)
Sistemas de transação	Cartões de crédito Cartões de débito	Sistemas de pagamento digital (PayPal) Moedas digitais (Bitcoin)
Mídia sustentada por anúncios	Jornais (subsidiados ou gratuitos, devido a anúncios) Teledifusão	Sites com anúncios Redes sociais com anúncios
Padrões de hardware/ software	TV em cores (RCA *versus* CBS) Videocassetes (VHS *versus* Betamax) Combustíveis para motores (diesel *versus* etanol)	Consoles de videogames (Xbox, PlayStation) Sistemas operacionais móveis (iOS, Android)

David S. Evans e Richard Schmalensee identificam quatro tipos amplos de negócios de plataforma (ver Tabela 3.3)[30]:

---

[30] EVANS, David; SCHMALENSEE, Richard. The Industrial Organization of Markets with Two-Sided Platforms. *CPI Journal*, v. 3, 2007.

- *Marketplaces*: esses tipos de plataformas reúnem dois grupos distintos de clientes para uma troca direta de valor, com cada grupo atraído pela quantidade e pela qualidade no outro lado. Um exemplo familiar seria o dos corretores de imóveis, que reúnem compradores e vendedores. Outro seria o do shopping center, que se promove como um destino de compras para os consumidores e que aluga espaço para vários comerciantes. Os marketplaces podem reunir compradores e vendedores de produtos (como o eBay) e de serviços (como o Airbnb).
- *Sistemas de transação*: essas plataformas atuam como intermediários entre diferentes partes, para facilitar pagamentos e transações financeiras. Os emitentes de cartões de crédito e cartões de débito prestam esse serviço, ligando titulares de cartões, comerciantes e bancos. Os novos sistemas de pagamento digitais, como PayPal ou Apple Pay, se baseiam no mesmo modelo. Para serem bem-sucedidos, os sistemas de transação devem conseguir número suficiente de adesões de cada parte: os comerciantes instalarão leitoras de cartões e aceitarão as taxas devidas à plataforma somente se receberem número suficiente de clientes usando o sistema; os clientes tenderão a usar os cartões se concluírem que o sistema é bem aceito pelos comerciantes dos quais costumam comprar.
- *Mídia sustentada por anúncios*: neste caso, a plataforma tipicamente desempenha o papel adicional de criar (ou obter) conteúdo atraente para os consumidores. Por exemplo, um jornal impresso ou um site de notícias contrata escritores para criar conteúdo profissional. Desde que o valor do conteúdo atraia o público, a plataforma tem condições de cobrar dos anunciantes que quiserem apresentar suas mensagens a esse público. À medida que a plataforma atrai mais pessoas, seu valor para os anunciantes aumenta. Os anunciantes, por seu turno, fornecem valor ao público, reduzindo ou eliminando o custo do conteúdo.
- *Padrões de hardware/software*: essas plataformas fornecem padrões uniformes para o projeto de produtos subsequentes, a fim de possibilitar sua interoperabilidade desses produtos e beneficiar o consumidor final. No berço da televisão em cores, eclodiu uma disputa entre a RCA e a CBS para definir qual delas seria o padrão usado pelas emissoras e pelos fabricantes

de televisores (a RCA venceu). Mais tarde, o lançamento das fitas e aparelhos de videocassete gerou a competição entre os padrões VHS e Betamax para hardware (o VHS venceu). Nem todas as competições entre padrões, porém, terminam com um vencedor único. Hoje, o mercado de smartphones está dividido entre o iOS da Apple e o Android do Google. Cada um desses sistemas operacionais é uma plataforma de software que luta para atrair mais desenvolvedores de software que criarão aplicativos; além disso, o Android serve como plataforma de hardware para fabricantes de aparelhos, como a Samsung, que procuram competir com o iPhone da Apple.

Essa lista não é exclusiva; talvez surjam novos negócios de plataforma que não se encaixem muito bem nesses quatro tipos. As categorias aqui expostas, contudo, oferecem uma abordagem útil sobre as diferenças entre os atuais negócios de plataforma.

Efeitos de rede diretos e indiretos

Uma das principais características das plataformas é que seu valor aumenta à medida que são usadas por mais clientes. Esse fenômeno é, em geral, denominado efeitos de rede. Há, porém, dois tipos diferentes de efeitos de rede que podem impactar o crescimento de uma empresa.

Os efeitos de rede diretos (ou efeitos de rede "do mesmo lado") ocorrem quando o aumento do número de clientes ou de usuários de um produto impulsiona o aumento de seu valor ou utilidade para o mesmo tipo de usuário. Em teoria das comunicações, essa é a chamada Lei de Metcalfe. Quando um primeiro usuário comprou um aparelho de fax, a utilidade do equipamento era zero: para quem ele enviaria um fax? À medida que aumenta o número de usuários, cada novo usuário acarreta um aumento exponencial no número de conexões potenciais que podem ser feitas na rede (conexões = n (n − 1)/2). Os efeitos de rede diretos ocorrem em plataformas como o Facebook, que é uma plataforma, porque (ao contrário da máquina de fax) reúne não só usuários, mas também anunciantes, editores e desenvolvedores de aplicativos.

Para as plataformas, o tipo mais comum de efeitos de rede são os efeitos de rede indiretos (ou efeitos de rede de lados opostos), que ocorrem quando um aumento na quantidade e na qualidade dos clientes em um lado da plataforma gera valor crescente para os clientes no *outro* lado da plataforma. Você não se inscreve num cartão Visa porque ele tem muitos outros titulares (não há efeitos de rede diretos), mas a presença de muitos titulares de Visa de fato o torna mais atraente para os comerciantes (fortes efeitos de rede indiretos).

Os efeitos de rede indiretos serão recíprocos? Nem sempre. Em mídia sustentada por anúncios, os efeitos de rede indiretos geralmente atuam apenas num sentido: à medida que o número de leitores de um jornal aumenta, o valor do jornal para os anunciantes também aumenta, mas o aumento do número de anúncios em cada edição não aumenta diretamente o valor do jornal para os leitores. (A única exceção seriam os anúncios classificados, situação em que os anúncios em si são o "conteúdo" que o público procura na publicação.) Para as empresas de mídia, esse desequilíbrio é crítico na determinação do preço para ambos os lados.

Para plataformas que não são mídia sustentada por anúncios, no entanto, os efeitos de rede indiretos em geral funcionam nos dois sentidos. Os locatários do Airbnb gostam de escolher entre mais anfitriões e os anfitriões querem contar com mais locatários no site. Quando os efeitos de rede indiretos se manifestam nos dois sentidos, eles desencadeiam um círculo virtuoso, com novos clientes em cada lado aumentando a atratividade para o outro lado. Isso é que impulsiona crescimento extremamente rápido e posição de mercado altamente defensável para plataformas como Airbnb ou PayPal, que se tornam líderes nas respectivas categorias.

O espectro da plataforma

Qualquer negócio hoje enfrenta uma escolha estratégica entre adotar um modelo de plataforma ou um modelo mais tradicional. Você deve construir uma loja ou um mercado? Você deve contratar um grupo de especialistas ou promover uma rede de especialistas? Essa escolha, porém, não é uma decisão simples, do tipo "tudo ou nada". O modelo de negócios certo pode situar-se em algum ponto de um espectro ou contínuo, entre os extremos "plataforma" e "não plataforma".

Considere o segundo atributo característico das plataformas: permitir interações diretas e independentes das partes que nela se reúnem. Na prática, essa independência pode assumir diferentes graus. Tanto o Uber quanto o RelayRides possibilitam que pessoas com carro forneçam mobilidade a pessoas sem carro (na primeira, o carro vem com motorista; na segunda, a pessoa sem carro toma o carro emprestado e o dirige ela mesma). No entanto, enquanto o RelayRides deixa que os donos proponham o preço, o Uber padroniza o critério de formação de preço. Na categoria de jogos eletrônicos, tanto consoles, como a Xbox da Microsoft, quanto lojas de aplicativos, como o Google Play, atuam como plataformas, reunindo projetistas com jogos para vender e jogadores em busca de jogos para comprar. Os fabricantes de consoles, no entanto, exercem mais controle sobre a interação: embora os desenvolvedores de jogos determinem o preço, o contrato de compra em si é entre o jogador e a Microsoft. Na loja Google Play, as partes têm mais independência: o jogador compra o aplicativo do projetista, na condição de terceiro, mas o Google mantém a qualidade do produto.[31]

Algumas empresas adotam, com sucesso, modelos de negócios que são uma combinação de plataforma e não plataforma, mesmo dentro da mesma unidade de negócios. A Amazon.com começou como puro negócio de comércio eletrônico, comprando e vendendo produtos, como qualquer varejista físico, mas depois lançou a Amazon Marketplace, em que lojas independentes podem oferecer mercadorias para venda no site da Amazon, expandindo em muito a variedade de produtos e as margens de lucro da Amazon. Os negócios de plataforma e não plataforma situam-se no mesmo contínuo. Com efeito, produtos dos dois modelos aparecem nos mesmos resultados de busca no site da Amazon. No mundo do varejo, a cadeia eletrônica Best Buy foi durante muito tempo uma revendedora tradicional, controlando todos os aspectos de como os produtos são precificados, exibidos e vendidos em suas lojas. Mais recentemente, contudo, ela permitiu que grandes marcas, como Samsung, Microsoft, Sony, Google e Apple aluguem espaço em suas lojas de varejo e operem minilojas independentes para as suas marcas, com projetos, estoques e até equipes de vendas da marca em si. Com essas minilojas, a Best Buy está usando um modelo de plataforma que conecta diretamente os compradores com as marcas.

Em alguns casos, ambas as partes do negócio podem ser significativas: em 2014, a Amazon reportou que 42% de suas unidades

---

[31] HAGIU, Andrei; WRIGHT, Julian. Do You Really Want to Be an eBay? *Harvard Business Review*, mar. 2013. Disponível em: <https://hbr.org/2013/03/do-you--really-want-to-be-an-ebay>. Acesso em: 2 jul. 2017.

vendidas eram dos parceiros do Marketplace. Quando as leis da Índia proibiram que empresas estrangeiras realizassem vendas diretas em comércio eletrônico, a Amazon entrou no mercado com uma estratégia de plataforma pura, permitindo que varejistas locais vendessem produtos por meio da Amazon.in e seus serviços de execução do pedido. Em outros casos, um modelo de negócios atende apenas a certos clientes. O Evernote fornece software de anotações na nuvem a 100 milhões de usuários (sou um deles). Além disso, mantém uma Plataforma Evernote, em que desenvolvedores independentes oferecem aplicativos adicionais para usuários do Evernote, e um Evernote Market para hardware e acessórios de fabricantes independentes; essas ofertas são dirigidas principalmente a clientes licenciados, ampliando ainda mais a base de clientes.[32]

A decisão de adotar um modelo de negócios de plataforma pode mudar com o tempo. A varejista de calçados Zappos.com começou como plataforma (um mercado ou bolsa para projetistas e consumidores de calçados), mas mudou a estratégia, para tornar-se revendedor direto. Como se sabe, a Apple perdeu a guerra dos computadores desktop para a Microsoft, porque tentou controlar o desenvolvimento do software e do hardware, enquanto a rival perseguiu com agressividade uma estratégia de plataforma para o Windows, procurando tantos parceiros quanto possível (seja entre fabricantes de PCs, seja entre desenvolvedores de software). A Apple quase cometeu o mesmo erro com o iPhone, antes de uma grande mudança estratégica no segundo ano, quando Steve Jobs permitiu que desenvolvedores externos começassem a produzir aplicativos para o novo telefone. As vendas aumentaram em 245% naquele ano, e o iPhone, como negócio de plataforma multilateral, fez da Apple a empresa mais valiosa do mundo.

Como o digital impacta as plataformas

Como vimos, as plataformas multilaterais estão por aí há muitos anos, sob várias formas. O modelo básico de uma bolsa provavelmente remonta aos primeiros mercados, em que o senhor de terras ou o

---

[32] LARDINOIS, Frederic. Evernote's Market for Physical Goods Now Accounts for 30% of Its Monthly Sales. *TechCrunch*, 10 dez. 2013. Disponível em: <http://techcrunch.com/2013/12/10/evernotes-market-for-physical-goods-now-accounts-for-30-of-its-monthly-sales/>. Acesso em: 2 jul. 2017.

governo municipal tinha a propriedade e alugava boxes ou terrenos aos mercadores, que podiam mascatear suas mercadorias a clientes atraídos pelas promessas do mercado.

Por que, então, agora, os negócios de plataforma se tornaram tão importantes? Por que eles estão crescendo com tanta rapidez e influenciando tantos setores? As tecnologias digitais estão turbinando o crescimento e o poder das plataformas multilaterais. Essas tecnologias capacitadoras incluem a web; a computação em nuvem sob demanda; as interfaces de programas aplicativos, as APIs, que aumentam a interoperabilidade e a funcionalidade dos dados; as mídias sociais; e os dispositivos móveis de computação.

Em conjunto, essas tecnologias digitais estão impulsionando quatro elementos-chave das plataformas:

- *Aquisições fluidas (ou sem atrito)*: graças à web, às APIs e aos kits de desenvolvimento de software, as SDKs, o processo de conquista de novos clientes para plataformas cada vez mais fluidas torna-se cada vez mais fluido. Já não é mais necessário negociar as condições para cada novo participante de uma plataforma multilateral, eliminando um gargalo crítico para o crescimento. Por exemplo, para colocar um anúncio em um programa de televisão, o anunciante precisa reunir-se e negociar diretamente com a rede (ou através de intermediários) ou talvez até precise comprometer-se antecipadamente, por prazo determinado. Em contraste, para colocar um anúncio no Google, a ser visto pelos clientes que incluem em suas pesquisas palavras-chave específicas, o anunciante simplesmente visita o site do Google AdWords, entra com os dados de seu cartão de crédito e começa a usar uma ferramenta de autoatendimento, para testar, lançar e otimizar sua campanha publicitária em tempo real.
- *Crescimento escalável*: a computação em nuvem agora permite que negócios de qualquer tamanho aumentem sua plataforma tão rápido quanto possível para conquistar novos clientes. Partindo de um serviço físico, como transporte em automóveis ou reservas de alojamento, e transferindo-os para plataformas na nuvem, empresas como Uber e Airbnb podem expandir-se, praticamente sem limites de crescimento. Já uma casa noturna tradicional também pode prosperar como plataforma capaz de atrair clientes que aliciam uns aos outros; mas se o crescimento

for muito acelerado, a plataforma sempre atingirá um limite de capacidade, até investir no aluguel ou na compra de mais espaço físico. Em contraste, o MeetUp.com, negócio de plataforma na nuvem, que permite aos usuários organizar reuniões sociais espontâneas em qualquer lugar do mundo, não tem limites de escala. (O MeetUp tem 21 milhões de membros, em 181 países. Enquanto escrevo esta página, quase 4 mil *meet-ups*, ou reuniões através do MeetUp, estão ocorrendo ao mesmo tempo em todo o mundo.)

- *Acesso e velocidade sob demanda*: computação móvel significa que agora toda plataforma é acessível a todos os clientes, em qualquer lugar, a qualquer hora. Como observou Brian Chesky, fundador do Airbnb: "Imagine o Uber, se todos os motoristas não tivessem um smartphone... eles teriam um laptop. E todos os motoristas precisariam ir em casa para verificar no laptop se havia alguma corrida disponível. Pense em quanto atrito o Uber teria de enfrentar! Em nosso negócio, se um vendedor tem um dispositivo móvel, ele pode simular a reatividade e a atualidade de um hotel. Por isso é que a mobilidade é fundamental para o nosso negócio. Significa que um vendedor pode atuar como uma empresa, da melhor maneira possível".[33]
- *Confiança*: o anonimato é ótimo para facilitar alguns tipos de interações na internet, mas não é muito útil para um negócio de plataforma. O surgimento de redes sociais dominantes e a capacidade de autenticar clientes por meio de sua identidade no Facebook, Google, Twitter ou LinkedIn torna muito mais fácil, até para uma pequena startup, usar um sistema de verificação de novos clientes em sua plataforma. Essa mesma confiança permite a propagação rápida de recomendações e de referências, através da distribuição em mídias sociais, o que é fundamental para o crescimento de um novo negócio de plataforma.

O maior impacto da tecnologia digital nas plataformas pode ocorrer no tamanho dos negócios envolvidos. Antes da era digital, os

---

[33] THOMPSON, Derek. Airbnb CEO Brian Chesky on Building a Company and Starting a "Sharing" Revolution. *The Atlantic*, 13 ago. 2013. Disponível em: <http://www.theatlantic.com/business/archive/2013/08/airbnb-ceo-brian-chesky-on-building-a-company-and-starting-a-sharing-revolution/278635/>. Acesso em: 2 jul. 2017.

negócios de plataforma se concentravam, principalmente, em grandes empreendimentos – empresas de cartão de crédito, shopping centers, empresas de mídia – por força dos recursos necessários para atrair número suficiente de parceiros. Esse é o lado negativo dos efeitos de rede para as plataformas: o risco de exigir muito capital para reunir as partes em torno da mesa, em escala suficiente (para os economistas, é o problema do ovo e da galinha). Com a ajuda das ferramentas digitais já descritas, o problema do ovo e da galinha torna-se muito mais fácil de resolver. Hoje, as plataformas multilaterais não mais pertencem ao domínio dos grandes empreendimentos; elas são a base de lançamento preferida de empreendimentos de risco de todos os tamanhos, desde grandes empresas inovadoras até os menores e mais ambiciosos empreendedores.

Benefícios competitivos das plataformas

Três das cinco empresas mais valiosas do mundo – Apple, Google e Microsoft – construíram seus negócios sob a forma de modelos de negócios de plataforma. O segredo do sucesso dessas empresas – e de muitas outras – é que as plataformas fornecem vários benefícios poderosos para as empresas capazes de explorá-las com eficácia.

Poucos ativos

Quando o Alibaba, gigante chinês de comércio eletrônico e de mercado on-line, abriu o capital, fui entrevistado pelo *Wall Street Journal* sobre a importância da maior oferta pública inicial (IPO) de todos os tempos (US$ 25 bilhões). Uma de minhas observações foi sobre a ascensão do Alibaba entre outros meganegócios de plataforma, todos eles com relativamente poucos ativos para o seu valor de mercado. Como Tom Goodwin, vice-presidente sênior da Havas Media, comentou poucos meses atrás, "o Uber, a maior empresa de táxis do mundo, não tem veículos; o Facebook, a mídia mais popular do mundo, não cria conteúdo; o Alibaba, o varejista mais valioso, não tem estoque. E o Airbnb, o maior fornecedor de acomodações do mundo, não tem imóveis. Algo interessante está acontecendo".[34]

---

[34] GOODWIN, Tom. The Battle Is for the Customer Interface. *TechCrunch,* 3 mar. 2015. Disponível em: <http://techcrunch.com/2015/03/03/in-the-age-

Como as plataformas transferem para os clientes o trabalho de criar grande parte de seu valor, elas tendem a ter poucos ativos. Tanto o capital quanto os custos operacionais são baixos em negócios como o Airbnb. Essas empresas também tendem a ter poucos empregados para a receita que geram, pois os clientes fazem grande parte do trabalho que seria atribuição dos empregados, em negócios com integração vertical. Em consequência, os negócios de plataforma podem gerar margens operacionais percentuais extremamente elevadas.

Escalagem rápida

Os negócios de plataforma podem crescer com extrema rapidez. Os custos operacionais baixos e a arquitetura de computação na nuvem expansível turbinam esse crescimento. O gráfico de linha do crescimento do número de usuários do Airbnb parece um bastão de hóquei, com as listagens disparando 3.000% em três anos.[35] A capacidade das plataformas de aumentar a receita, com crescimento relativamente lento do número de empregados, é, provavelmente, outro fator positivo. O Airbnb alcançou US$ 4 bilhões em reservas brutas com apenas 600 empregados.[36]

Desde o surgimento da internet, a lista das empresas com as maiores taxas de crescimento em todo o mundo é dominada pelas que adotam modelos de negócios de plataforma. Com efeito, oito das dez empresas globais mais valiosas fundadas desde 1994 são negócios de plataforma (ver Tabela 3.4).[37]

---

of-disintermediation-the-battle-is-all-for-the-customer-interface>. Acesso em: 2 jul. 2017.

[35] FERENSTEIN, Gregory. Uber and Airbnb's Incredible Growth in 4 Charts. *Venturebeat,* 19 jun. 2014. Disponível em: http://venturebeat.com/2014/06/19/uber-and-airbnbs-incredible-growth-in-4-charts/. Acesso em: 2 jul. 2017.

[36] ALI, 2015.

[37] As empresas foram extraídas da lista da Forbes Global 2000, mas classificadas com base no valor de mercado, não pela fórmula de classificação ponderada da Forbes. Os valores de mercado foram atualizados pela capitalização de mercado de 5 de setembro de 2015. As empresas da lista da Forbes foram excluídas se tivessem sido criadas antes de 1994 ou se tivessem resultado de cisão ou fusão de empresas fundadas antes de 1994. A lista da Forbes foi publicada em: The World's Largest Public Companies. *Forbes*, 6 maio 2015. Disponível em: <http://www.forbes.com/global2000>. Acesso em: 2 jul. 2017.

TABELA 3.4:

As dez empresas de capital aberto mais valiosas desde 1994

Empresa	Tipo de plataforma	Valor de mercado, 5/9/2015 (US$ bilhões)	Ano de fundação	País
Google	Mídia sustentada por anúncios	$425.40	1998	Estados Unidos
Facebook	Mídia sustentada por anúncios	$248.30	2004	Estados Unidos
Amazon.com	Marketplace	$235.70	1994	Estados Unidos
China Mobile	–	$232.63	1997	China
Alibaba Group	Marketplace, sistema de transação	$167.00	1999	China
Tencent Holdings	Marketplace, mídia sustentada por anúncios	$150.87	1998	China
Sinopec	–	$73.62	1998	China
Priceline Group	Marketplace	$62.86	1994	Estados Unidos
Baidu	Mídia sustentada por anúncios	$52.40	2000	China
Salesforce.com	Padrões de software	$45.45	1999	Estados Unidos

Fonte: Empresas selecionadas da lista Forbes Global 2000, publicada em 6 de maio de 2015.

O vencedor leva tudo

Depois que uma plataforma se estabelece em sua categoria, é muito difícil lançar um desafiante direto com serviços semelhantes – resultado do poder dos efeitos de rede. Os clientes preferem registrar-se numa plataforma já de ampla aceitação e com muitos outros usuários. Seria muito difícil para um concorrente direto alcançar o Facebook (em redes sociais) ou o Google (em buscas) ou lançar um novo cartão de crédito para afrontar o Visa, o MasterCard ou o American Express. Essa defesa é mais fraca em mídia sustentada por anúncios, onde os efeitos de rede são apenas unilaterais (os anunciantes se importam com o número de leitores, mas os leitores não se importam com o número de anunciantes). Numa plataforma com efeitos de rede para todas as partes, porém, os novos desafiantes enfrentam formidável barreira de entrada. Na maioria dos casos, isso leva à consolidação em torno de uns poucos atores muito dominantes, que detêm grande parte do mercado (por exemplo, cartões de crédito, mecanismos de busca).

Em certos casos, os mercados tenderão para um verdadeiro cenário de "o vencedor leva tudo", em que apenas uma plataforma é viável. Um exemplo é a guerra de plataforma entre o Blu-Ray da Sony e o HD DVD da Toshiba, no intuito de tornar-se o padrão de hardware em discos de cinema de alta definição. A Sony venceu, e o Blu-Ray é o único padrão adotado pelos estúdios de Hollywood, assim como por tocadores de DVD.

Essas consolidações do tipo "o vencedor leva tudo" são mais prováveis quando três fatores estão presentes:

1. O *multihoming* – usar mais de uma plataforma – é difícil para o cliente (por exemplo, ninguém quer comprar dois tocadores de DVD (DVD players), mas é fácil carregar dois cartões de crédito).
2. Os efeitos de rede indiretos são fortes (por exemplo, os espectadores se importam com o formato em que Hollywood lançará os filmes e Hollywood se importa com o formato que é usado pelos espectadores).
3. A diferenciação dos atributos é baixa (por exemplo, nunca haveria muita diferença de atributos entre os tocadores de DVD – a diferenciação entre os produtos se concentraria principalmente nos televisores).

Esse aspecto anticompetitivo das plataformas pode ser alarmante, pois pode reforçar o comportamento de monopólio. No entanto, em vez de uns poucos monopólios pairando sobre alguns setores muito amplos, parece mais provável que, no futuro, muitos (quase) monopólios predominem sucessivamente em diferentes categorias, até desaparecerem (muito em breve ninguém se importará com quem ganhou a guerra dos DVDs). O Facebook está muito bem protegido contra outro desafiante que tente lançar uma ferramenta de rede social equivalente (até o Google Plus falhou nessa tentativa). O desafio para o Facebook, porém, é que outras plataformas assumam posições dominantes em categorias ligeiramente diferentes de interação em mídias sociais – uma plataforma dominante para fotos, para mensagens ou para comunicações mais imediatas e transitórias. (Por isso é que o Facebook comprou o Instagram e o WhatsApp, e tentou comprar o Snapchat.) A verdadeira ameaça para o Google não é que outra empresa desenvolva mecanismo de busca semelhante (por exemplo, Bing), mas sim que os usuários e os anunciantes sejam atraídos para outras espécies de ferramentas de busca, como as acionadas por voz, como a Siri; como as de pesquisas de produtos, na Amazon; ou outros mecanismos mais especializados, para viagens, roupas ou outras categorias.

Eficiência econômica

Um dos benefícios mais impressionantes dos modelos de negócios de plataforma é que eles possibilitam o uso eficiente de bolsões dispersos de valor econômico (trabalho, ativos, competências), que, do contrário, não poderiam ser usados com eficácia.

O resultado é uma profusão de plataformas que reúnem atores solitários e os empodera para contribuir economicamente. Podem ser microvarejistas que agora são capazes de vender seus produtos artesanais no Etsy ou suas músicas no CD Baby, ou microrrevendedores que conseguem encontrar compradores para os seus bens usados no eBay ou no Craigslist. Ou também microdoadores em plataformas como DonorsChoose ou Kiva, ou micropatronos de artes que, com apenas US$ 0,25, podem contribuir para o financiamento de um filme documentário independente no Kickstarter. Ou quem sabe microinvestidores no Lending Club ou no Funding Circle, que estão ajudando a financiar outros pequenos negócios. Ou, por que não, microempresas de software, com um único desenvolvedor, criando um aplicativo para as mais populares plataformas de computação do mundo. Também há os microprofissionais autônomos que oferecem seus serviços como motoristas no Uber, o faz-tudo no TaskRabbit, ou o revisor de textos no Amazon Mechanical Turk. Ainda podem ser microlocadores, alugando espaços no Airbnb ou carros no RelayRides. Nenhum desses papéis seria possível sem plataformas. O ator individual jamais teria meios para encontrar o projeto, a necessidade ou o cliente certo para as suas ofertas. As plataformas, porém, ao reduzirem os custos de transação e ao construírem uma comunidade de parceiros, podem liberar vastos mananciais de capacidade econômica inexplorada.

Esse fenômeno é, em geral, mal rotulado como "economia de compartilhamento". Na verdade, muito poucas plataformas foram constituídas para compartilhar ativos ou trabalho gratuitos, e as que o fazem (Freecycle, NeighborGoods, etc.) são todas pequenas.

As plataformas comumente citadas como evidências da economia de compartilhamento seriam, de fato, mais bem descritas como "economia de aluguel" (alugar ativos no Airbnb), ou "economia de revenda" (vender ativos usados no eBay), ou "economia freelance" (vender trabalho no Uber). Os benefícios sociais da liberação desses bolsões de recursos podem ser grandes. O Uber, por exemplo, argumenta que seus serviços reduzem o número total de veículos nas ruas de cidades congestionadas. E o Airbnb se orgulha de ajudar proprietários a se afirmarem como microempreendedores. Os frutos dessa eficiência econômica, no entanto, parecem acumular-se apenas quando a venda, em vez do compartilhamento, é a regra.

Competição entre plataformas

As plataformas não competem apenas com negócios tradicionais (Uber *versus* serviços de táxis). Elas também competem com outras plataformas. (O Uber compete com o Lyft, nos Estados Unidos, e com Didi Kuaidi, na China; todas as três são plataformas.)

Como, porém, as plataformas competem umas com as outras na mesma categoria? Não com base nos mesmos fatores – atributos, benefícios, preço, localização – que diferenciam produtos e serviços tradicionais. Em vez disso, as plataformas tendem a competir em cinco áreas de valor (ver Tabela 3.5):

TABELA 3.5:

Pontos de diferenciação entre plataformas concorrentes

Área de valor	Exemplos
Valor agregado pela rede	Mais participantes (efeitos de rede)
	Qualidade dos bens e serviços dos participantes
	Compartilhamento de dados pelos participantes
Valor agregado pela plataforma	Atributos e benefícios exclusivos
	Conteúdo gratuito

Área de valor	Exemplos
Padrões abertos	Interfaces com a web ou aplicativos
	Kits de desenvolvimento de software (SDKs) e interfaces de programas aplicativos (APIs)
	Pontos de controle da plataforma
Ferramentas de interação	Ferramentas de segmentação e aproximação (*matchmaking*)
	Facilitadores de transações
Facilitadores de confiança	Sistemas de identificação
	Sistemas de reputação
	Salvaguardas financeiras
	Garantias não competitivas

- *Valor agregado pela rede*: essa é a maneira mais óbvia de competição pelas plataformas. Em consequência dos efeitos de rede, hoje, a plataforma com mais clientes é, em geral, a que mais provavelmente atrairá clientes no futuro. A rede de clientes participantes, contudo, pode agregar benefícios além do simples impacto dos números. A qualidade dos bens e serviços oferecidos pelos clientes é, muitas vezes, também importante. (A Etsy construiu uma plataforma para a venda de artesanato, sustentando uma comunidade de artesãos que manufaturam artefatos de qualidade do tipo que não se encontra no eBay.) Os dados fornecidos por um grupo de clientes também podem aumentar a capacidade da plataforma de atrair clientes de outro grupo. (A quantidade de dados sociais, demográficos e de interesse pessoal que os usuários fornecem ao Facebook é exatamente a razão pela qual a empresa pode cobrar dos anunciantes taxas relativamente altas.)
- *Valor agregado pela plataforma*: em alguns casos, o valor fornecido pelos vários tipos de clientes não é suficiente para tornar a plataforma competitiva. A plataforma em si precisa desenvolver atributos e benefícios únicos para atrair os clientes. O Google atrai usuários para telefones Android com o seu assistente pessoal (Google Now) e com a integração ininterrupta de seus aplicativos populares (Google Maps, Agenda e Gmail). Seu concorrente, a Apple, atrai usuários com seu software próprio, como o iTunes e sua assistente pessoal Siri, e o design de hardware sem igual dos iPhones. Para as plataformas de mídia sustentada por anúncios, a maior área de competição é o valor agregado pela plataforma – ou seja, o conteúdo que elas criam

para atrair o público. Esse conteúdo pode ser subsidiado ou gratuito para o consumidor, graças à receita com os anúncios. Embora um canal de vídeo ou um blog concorra com os seus pares na tentativa de produzir conteúdo atraente, seu verdadeiro modelo de negócios é vender o público aos anunciantes.

- *Padrões abertos*: outro meio importante de competição pela plataforma é oferecer padrões mais abertos e mais fáceis de usar do que os dos concorrentes. O crescimento rápido de plataformas como YouTube é acelerado em grande parte pelos autoatendimentos oferecidos, via web ou aplicativos, o que facilita para os clientes ou upload de conteúdo ou a adesão à rede da plataforma. Para os clientes que precisam exercer mais controle técnico, as plataformas oferecem kits de desenvolvimento de software (SDKs) e interfaces de programas aplicativos (APIs) por autoatendimento. A abertura, porém, é relativa, e nunca absoluta. A plataforma Android do Google é mais aberta que a do iOS da Apple, mas até o Android impõe restrições aos fabricantes de telefones que querem usar serviços como o Maps, Pesquisa e Agenda. (Por isso é que a Xiaomi e outros usam, em vez disso, versões de código aberto, sem restrições, do Android.) Os padrões oferecem acesso a partes externas, mas também agem como pontos de controle, pelos quais os donos da plataforma definem os dados e as funções que as partes externas podem e não podem acessar. A única plataforma totalmente aberta é um padrão de projeto coletivo. Isso facilita a interação de todos os lados, mas não permite o controle ou a monetização a um proprietário central. A internet em si é um conjunto desses padrões.
- *Ferramentas de interação*: depois de atrair clientes e facilitar-lhes a entrada a bordo, a plataforma pode competir, fornecendo aos clientes as melhores ferramentas para encontrar e interagir com os parceiros certos. Os sites de relacionamento, como eHarmony ou OKCupid, competem nos algoritmos e nas ciências de dados que usam para ajudar os homens e as mulheres a encontrar o par certo (em vez de percorrer milhares de candidatos aleatórios). Outras ferramentas de interação focam na facilitação de transações entre os usuários. O Airbnb agregou uma opção de Reserva Instantânea que capacita os viajantes apressados a confirmar imediatamente uma reserva – como fariam num site de hotel –, em vez de esperar que o anfitrião responda às suas

perguntas. O eBay fornece aos vendedores a opção de oferecer seus produtos em leilão ou a preço fixo. A Amazon Marketplace oferece aos vendedores serviços de execução do pedido (eles não precisam remeter os pacotes para os clientes, como ocorre com os vendedores do eBay); além disso, disponibiliza para os compradores o recurso de acompanhamento do pedido.

- *Facilitadores de confiança*: a última maneira pela qual as plataformas competem para atrair clientes é oferecendo melhores meios de promover a confiança entre as partes que nelas se reúnem. Aí se incluem sistemas de identificação, como os log-ins sociais, através de Facebook, Google, Twitter ou LinkedIn. (Embora a internet em seus primórdios progredisse no anonimato, as plataformas avançam com a identidade.) Outro facilitador são os sistemas de reputação, tipicamente na forma de avaliações dos clientes. Em algumas plataformas, as avaliações são mútuas, mas, em outras, elas são em sentido único (os clientes avaliam os restaurantes onde jantaram, depois de fazer uma reserva no OpenTable, mas o restaurante não avalia os comensais). A confiança também é facilitada por meio de salvaguardas financeiras, como seguro para cobrir perdas incorridas pelos clientes ou mediação em disputas sobre cobranças em plataformas de transações, como PayPal. Em outros casos, garantias não competitivas são fundamentais para gerar confiança na plataforma. Numerosos fabricantes, como Samsung, Phillips e Nest, do Google, começaram a desenvol-ver produtos "inteligentes", como lâmpadas, refrigeradores e termostatos para a "casa conectada". Os consumidores querem uma interface única, em vez de precisar usar diferentes aplica-tivos para todos os aparelhos da casa. Nenhum dos fabrican-tes, porém, dispôs-se a usar o software padrão do concorrente como plataforma. Essa situação criou uma oportunidade para a Wink, startup que fornece interface de controle elegante para qualquer dispositivo da casa conectada. Como não produz os próprios aparelhos, a Wink conseguiu atrair fabricantes como GE, Philips, Lutron, Honeywell, Schlage e Nest para conectar à sua plataforma. Às vezes, a plataforma pequena pode vencer.

Antes de passarmos do tema das plataformas para outras mudanças no panorama da competição, vejamos uma ferramenta de mapeamen-to estratégico que pode ser usada para instigar ideias sobre qualquer negócio de plataforma.

Ferramenta: Mapa do Modelo de Negócios de Plataforma

O Mapa do Modelo de Negócios de Plataforma é uma ferramenta de visualização destinada a identificar todas as partes importantes de uma plataforma e a analisar onde ocorrem a criação e a troca de valor entre os diferentes clientes e o negócio de plataforma em si. A lógica das plataformas é muito diferente da lógica dos produtos, serviços e revendas tradicionais. Por isso, é muito importante compreender a troca de valor entre os clientes a fim de examinar a estratégia por trás de qualquer plataforma bem-sucedida.

Na Figura 3.1 vemos como o Mapa do Modelo de Negócios de Plataforma exibe os vários componentes do modelo de negócios do Facebook.

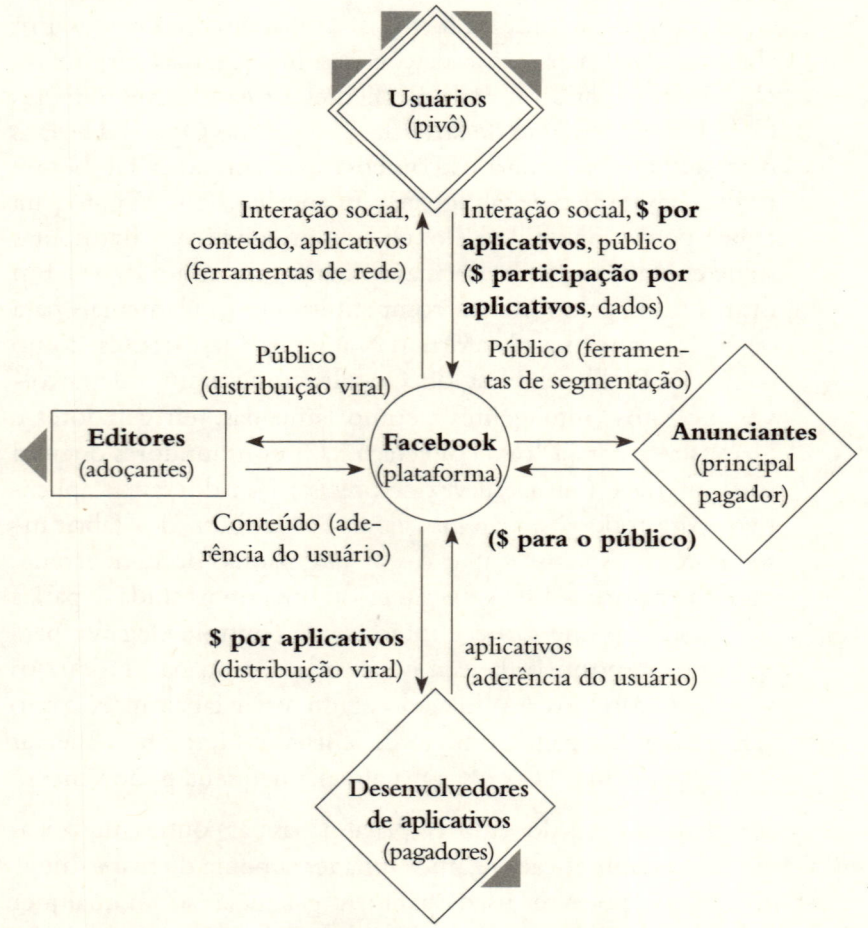

Figura 3.1: Mapa do Modelo de Negócios de Plataforma: Facebook

As formas indicam as principais partes do modelo de negócios:

- *Círculo*: Plataforma
- *Losango*: Pagadores (clientes que geram receita para a plataforma)
- *Retângulo*: Adoçantes (clientes que não geram receita, mas ajudam a atrair outros clientes valiosos)
- *Triângulos*: Quantidade de outros tipos de clientes que são atraídos (por exemplo, os editores têm só um espigão, porque eles atraem só usuários, mas os usuários têm quatro espigões, porque eles atraem editores, anunciantes, desenvolvedores de aplicativos, e outros usuários, como eles próprios)
- *Linhas duplas*: O pivô (o tipo de cliente com mais espigões; o rei dos efeitos de rede)

As setas indicam troca de valor:

- As setas em cada sentido mostram o valor fornecido ou recebido por cada tipo de cliente.
- Valor em negrito é valor monetário.
- Valor entre parênteses é fornecido pela plataforma à própria plataforma (por exemplo, a participação da plataforma na receita).
- Valor sem parênteses passa pela plataforma e é fornecido a outros clientes.

Com esta ferramenta, podemos aprender muitas coisas sobre o modelo de negócios do Facebook. O Facebook reúne quatro tipos de clientes em sua plataforma: usuários de redes sociais, anunciantes, desenvolvedores de aplicativos e editores de notícias e conteúdo. O modelo de negócios é uma mistura de dois dos quatro tipos de plataforma: mídia sustentada por anúncios e padrões de software (para os desenvolvedores de aplicativos). A plataforma é movida por efeitos de rede de lados opostos (diferentes tipos de clientes são atraídos uns pelos outros) e também por efeitos de rede do mesmo lado (os usuários são atraídos por outros usuários do mesmo tipo).

E quanto à importância relativa de diferentes tipos de clientes para a plataforma do Facebook? A importância primordial dos usuários é clara porque, embora não paguem nada ao Facebook, eles são os pivôs que atraem todos os outros clientes para a plataforma. Os anunciantes, à direita, são a principal fonte de receita do modelo de negócios. O papel dos editores de notícias também fica claro: embora não gerem receita, eles agregam valor para os clientes pivôs, e, portanto, para a plataforma (eles levam os usuários a passar mais tempo na plataforma e, portanto, a ver mais anúncios).

Se você estiver lançando sua própria plataforma, você pode usar o Mapa do Modelo de Negócios de Plataforma para responder às seguintes perguntas importantes:

- Quem você precisa trazer a bordo para fazer a plataforma funcionar?
- Como você fará dinheiro com a plataforma?
- Quais são os seus clientes mais importantes? (É provável que sejam o principal pagador e o pivô.)
- O seu modelo de negócios está equilibrado? Cada parte recebe valor suficiente para atrair a sua participação? Cada parte contribui com valor suficiente para justificar a sua inclusão?

Você também pode usar o Mapa do Modelo de Negócios de Plataforma para analisar outras plataformas – concorrentes no seu setor de atividade, um *benchmark* (padrão ou paradigma) de outro setor de atividade, ou uma plataforma que está atuando entre você e os clientes. A análise da plataforma de outra empresa o ajudará a responder a estas importantes perguntas:

- Quem são os clientes-chave da plataforma?
- Qual é a função, ou a contribuição de valor, de cada tipo de cliente?
- O que atrai cada parte para a plataforma?
- Como a plataforma gera dinheiro?
- Que valor você fornece como cliente da plataforma?
- Como você pode extrair ou explorar mais valor da plataforma?

Um guia detalhado sobre como usar e explorar o Mapa do Modelo de Negócios de Plataforma se encontra disponível em: http://www.davidrogers.biz, sob Tools (Ferramentas).

O panorama mutante da competição

As plataformas oferecem um modelo fundamentalmente diferente de como as empresas se relacionam umas com as outras, não como fornecedores, distribuidores e rivais, mas como parceiros em rede. Mesmo que não adotem um modelo de negócios de plataforma, porém, todas as empresas se defrontam com formas de competição muito diferentes na era digital.

No cenário tradicional, vemos a competição como algo que ocorre entre empresas rivais do mesmo tipo, no mesmo setor de atividade. E vemos a colaboração como algo que ocorre entre uma empresa e outras empresas que atuam como seus fornecedores e revendedores, ou canais de venda. Na era digital, contudo, qualquer relacionamento entre dois negócios é uma mistura inconstante de competição e cooperação.

Essa é a razão pela qual as tecnologias digitais estão contribuindo para três grandes transformações no panorama competitivo. Primeiro, a competição entre rivais está mudando, para tornar-se cada vez menos um confronto direto e um jogo de soma zero. Segundo, as definições e as fronteiras dos setores de atividade estão ficando cada vez mais fluidas, acarretando conflitos entre concorrentes mais assimétricos. Finalmente, os relacionamentos dos negócios com seus parceiros dos canais de vendas e das cadeias de fornecimento estão sendo reorganizados e remanejados com regularidade. Examinemos cada uma dessas três mudanças:

"Coopetição"

A mentalidade tradicional sobre competição é dominada por metáforas inspiradas nas guerras e nos esportes. O objetivo dos negócios é "vencer" ou "ser o melhor", e "superar" os concorrentes. Como nas competições esportivas, nossos inimigos são semelhantes a nós (Ford *versus* General Motors; Sony *versus* Samsung), e competimos sob um conjunto de normas claras: as fronteiras do setor de atividade. Na visão do "negócio como confronto", a competição é um jogo de soma zero: para um lado vencer, o outro precisa perder. Como escreveu Gore Vidal, "Não basta ser bem-sucedido. Outros precisam fracassar".

Michael Porter, talvez o pensador em gestão mais famoso na área de competição, critica essa visão da "competição para ser o melhor" e adverte que esse é um caminho para o desempenho medíocre. O esforço simplista em busca de participação no mercado (lembre-se da famosa insistência de Jack Welch, ex-CEO da GE, em ser o número um ou o número dois em todos os setores de atividade) leva a guerras de preços e baixa lucratividade. Empenhar-se em ser o "melhor" genérico (como o grito de guerra do CEO Dan Akerson, da General Motors, "Que vença o melhor carro!") obscurece a importância de encontrar uma maneira exclusiva de criar valor para os clientes, pois a abordagem clássica implica só haver um caminho. A visão soma zero da competição dispara uma corrida para o fundo, em que ninguém é vencedor.[38]

A verdadeira competição está longe de ser um confronto de soma zero. Em muitos casos, a estratégia eficaz exige que até concorrentes diretos encontrem maneiras de trabalhar juntos, cooperativamente, em certas arenas. O termo "coopetição" foi cunhado pelo fundador da Novell, Ray Noorda, e popularizado por Adam Brandenburger e Barry Nalebuff, em um livro homônimo. Os autores aplicam a teoria dos jogos às relações de negócios para mostrar por que a estratégia certa para negócios rivais é, em geral, um misto de competição e cooperação em diferentes frentes. Por exemplo, universidades congêneres competem ferozmente durante o processo de seleção de alunos e de docentes, para atrair os mesmos candidatos promissores. Afora esses períodos de competição, porém, elas atuam em estreita cooperação, para promover a função e a posição das universidades na educação e na pesquisa. Na visão de Brandenburger e Nalebuff, empresas rivais devem cooperar para "aumentar o bolo", ao mesmo tempo que competem entre si para "repartir o bolo".[39]

As plataformas digitais são cada vez mais um fator crítico no desenvolvimento de estratégias cooperativas entre empresas rivais. Quando se analisam as principais empresas de tecnologia de consumo da atualidade – Apple, Google, Facebook, Samsung e Amazon –, constata-se com clareza que todas competem intensamente em várias frentes. O hardware da Apple compete com o da Samsung e o da Amazon. O sistema operacional da Apple compete com o do Google (que roda nos telefones Samsung), que também compete com a Amazon (que usa uma versão proprietária e competitiva do Android). O Facebook compete com todos esses sistemas operacionais, para ser a camada mais dominante de interações de clientes em dispositivos móveis e a mais valiosa plataforma de propaganda digital. Também compete com o YouTube do Google para ser a maior plataforma de distribuição de vídeo on-line. A Amazon está empenhada em roubar do Google parte do tráfego de mecanismos de busca por produtos e está construindo uma plataforma de propaganda para si própria. Enquanto

---

[38] MAGRETTA, Joan. *Understanding Michael Porter: The Essential Guide to Competition and Strategy*. Boston: Harvard Business Review Press, 2011. p. 21-33.

[39] BRANDENBURGER, Adam M.; NALEBUFF, Barry J. *Co-opetition*. Nova York: Currency Doubleday, 1997. p. 11-27.

isso, a Amazon está lutando para manter-se à frente do Google e da Apple como a principal fonte de livros digitais, programas de televisão e de filmes, enquanto os três competem pela distribuição de música baixada e em *streaming*.

Poderíamos facilmente esperar que essas cinco empresas se comportassem como as Cinco Famílias do crime organizado, em guerra umas com as outras, nos filmes de *O Poderoso Chefão*. Na verdade, porém, elas estão profundamente enredadas umas com as outras, cooperando e interligando seus produtos e serviços. Os dispositivos da Apple há muito tempo rodam o Google como seu mecanismo de busca padrão. O Facebook é o aplicativo mais popular nos dispositivos móveis de todo o mundo. As coleções de mídia da Amazon estão disponíveis e são populares em dispositivos Apple e Android, embora sejam concorrentes diretos da App Store, da Apple, e da Play Store, do Google. A Samsung, na verdade, fabrica muitos dos componentes críticos dos próprios iPhones da Apple, que competem com seus próprios smartphones. A razão de toda essa cooperação é nítida: o poder das plataformas. O poder do Google, em buscas; da Amazon, em distribuição de mídia; do Facebook, em redes sociais; do iOS, da Apple, e do Android, do Google, em sistemas operacionais para dispositivos móveis significa que nenhuma dessas empresas pode dar-se ao luxo de segregar seus concorrentes de seus próprios clientes.

Em outros casos, as ameaças disruptivas de novas tecnologias estão induzindo empresas rivais a reunir-se e a cooperar para defender os próprios mercados. As redes de televisão já sentiram o impacto da distribuição digital e da pirataria digital em setores como de música e livros, quando decidiram juntar-se para lançar o Hulu, um serviço de televisão *streaming*, on-line, que combina os programas mais recentes das mesmas redes que competem como rivais diretos na distribuição de televisão tradicional.

Setores fluidos e concorrentes assimétricos

Em grande parte, nossa abordagem à competição adota o setor de atividade como unidade de análise. As cinco forças competitivas de Michael E. Porter, que moldam a estratégia (o mais famoso referencial de abordagem à competição), fornecem um modelo para a análise da competição em todo o âmbito de um setor de atividade: qual é a intensidade da competição no setor de aviação civil dos Estados Unidos?

Ou na indústria cimenteira no México? Nessas áreas, a competição está aumentando ou está diminuindo? E assim por diante. Como será, porém, se as fronteiras dos setores de atividade estiverem em fluxo?

Hoje, as fronteiras dos setores de atividade são muito menos estáticas, em consequência da aceleração das mudanças tecnológicas. Quando a empresa de automóveis elétricos, Tesla, entrou no mercado, parecia fora de dúvida que ela se enquadraria na indústria automobilística, competindo com outros fabricantes de veículos movidos a eletricidade, a gasolina, e outros, ou de veículos híbridos, como Toyota, BMW e General Motors. Para produzir seus carros, no entanto, a Tesla teve de focar no desenvolvimento da próxima geração de baterias elétricas, assim como na formação de cadeias de postos de serviço de recarga. Em 2015, a Tesla anunciou que poderia passar a oferecer essas mesmas baterias para armazenamento de energia elétrica na casa dos consumidores. Se o experimento for bem-sucedido e for combinado com painéis de energia solar nas casas, a iniciativa poderá desafiar as tradicionais empresas de serviços públicos fornecedoras de energia elétrica para residências.[40] Dessa maneira, a Tesla é uma empresa automobilística ou uma empresa de baterias elétricas? Ainda não sabemos.

Enquanto isso, a Alphabet (matriz do Google) é uma das principais desenvolvedoras de software para veículos autônomos, com base em suas forças na computação de dados maciça. Quando esses carros se tornarem viáveis do ponto de vista comercial, a empresa que hoje é mais conhecida pelo seu mecanismo de busca poderá tornar-se um dos atores dominantes na indústria automobilística, que, cada vez mais, está focando em dados e em inteligência artificial, quase tanto quanto em motores e chassis. À medida que sensores e conectividade digital se tornam partes essenciais de cada vez mais objetos (automóveis, tratores, motores de jatos, aparelhos domésticos), a Internet das Coisas provavelmente redefinirá as fronteiras de muitos setores que até agora foram menos impactados pela internet que os negócios de mídia e informação.

As empresas devem preparar-se para competir com cada vez mais negócios não muito parecidos com elas. Podemos encarar essa

---

[40] DZIEZA, Josh. Why Tesla's Battery for Homes Should Terrify Utilities. *The Verge,* 13 fev. 2015. Disponível em: <http://www.theverge.com/2015/2/13/8033691/why--teslas-battery-for-your-home-should-terrify-utilities>. Acesso em: 2 jul. 2017.

realidade como um deslocamento da competição entre concorrentes simétricos para a competição entre concorrentes assimétricos.

Os concorrentes simétricos oferecem propostas de valor semelhantes. A BMW e a Mercedes-Benz têm diferentes marcas e atraem diferentes motoristas, mas as suas ofertas são em grande parte semelhantes: propriedade ou aluguel de veículos particulares, com muitas características em comum. Os concorrentes simétricos também cumprem sua proposta de valor com modelos de negócios semelhantes. Um fabricante de veículos pode ser maior ou menor, com diferentes níveis de economias de escala e outros fatores; o modelo de negócios abrangente, porém, é o mesmo – instalações de fabricação, revendedores e precificação para venda ou aluguel.

Os concorrentes assimétricos são muito diferentes. Oferecem aos clientes propostas de valor semelhantes; seus modelos de negócios, contudo, não são os mesmos. Para um fabricante de automóveis como a BMW, os concorrentes assimétricos poderiam incluir um serviço de compartilhamento como o Uber – se os consumidores comprarem menos carros porque o Uber atende às suas necessidades de transportes nas cidades. (Para muitos adolescentes americanos, a criação de uma conta no Uber pode substituir o rito de passagem de tirar a carteira de motorista ao completar 16 anos de idade.)[41] Se os concorrentes simétricos de uma empresa de serviços públicos de eletricidade são outras empresas fornecedoras de energia para as casas a partir da rede elétrica, seu concorrente assimétrico poderá ser uma parceria entre a unidade de baterias domésticas da Tesla e uma empresa de painéis solares, que, juntas, capacitariam os moradores a desligar-se completamente da rede elétrica. Se os concorrentes simétricos da HBO são Showtime e AMC (que oferecem programas aos consumidores com base nos mesmos emaranhados de cabos), seus concorrentes assimétricos incluiriam Hulu e Netflix, que oferecem opções de visualização e de conteúdo original, em dispositivos digitais, diretamente da nuvem.

Rita McGrath aconselha que se reflita sobre competição menos em termos de setores e mais em termos de arenas – empresas que apresentam ofertas similares para os mesmos segmentos de mercado na

---

[41] BILTON, Nick. For Some Teenagers, 16 Candles Mean It's Time to Join Uber. *New York Times*, 8 abr. 2015. Disponível em: <http://www.nytimes.com/2015/04/09/style/for-some-teenagers-16-candles-mean-its-time-to-join-uber.html>. Acesso em: 2 jul. 2017.

mesma localidade geográfica.[42] Russell Dubner, CEO da Edelman, nos Estados Unidos, a maior empresa independente de relações públicas, pensa muito sobre concorrentes assimétricos, ou "substitutos", como ele os denomina. "Sempre olhamos para os substitutos – de que outra maneira os nossos clientes podem gastar dinheiro para alcançar os mesmos objetivos? Se você considerar apenas os concorrentes diretos, alguém pode comer o seu almoço, e você nem o vê chegando."[43]

Desintermediação e intermediação

Um dos maiores impactos das tecnologias digitais são os relacionamentos entre parceiros na cadeia de fornecimento – as empresas que produzem bens e serviços para o consumidor final, aquelas que fornecem insumos básicos ou criam valor adicional para esses bens e serviços e as que distribuem ou vendem esses bens e serviços a seus próprios clientes.

A disrupção e a reconfiguração dos relacionamentos de negócios são, em grande parte, comentadas em termos de "desintermediação" – a remoção de um intermediário ou agente de uma série de transações de negócios. Reconhece-se amplamente a internet como força muito poderosa na desintermediação, uma vez que tornou muito mais fácil a entrega de bens e serviços de todos os tipos a qualquer público que queira adquiri-los.

Os jornais foram desintermediados, ou seja, deixaram de ser intermediários de anúncios classificados, por sites como Craigslist ou Monster.com. Os anunciantes individuais foram capazes de contornar o intermediário (um anúncio impresso caro no jornal local) e de alcançar diretamente o público almejado, postando um anúncio barato ou gratuito em um desses sites populares. As cadeias de livrarias varejistas, como a Barnes & Noble e a Borders Books foram desintermediadas pela chegada da Amazon.com, que, pela primeira vez, ofereceu aos editores outro caminho pelo qual vender livros aos consumidores (a Borders acabou ajuizando pedido de falência). Nesses casos, um novo nativo digital desafiante entra no mercado para atuar como intermediário, permitindo que o fornecedor contorne seus canais tradicionais para chegar ao cliente.

Em outros casos, empresas que tentam chegar aos consumidores finais constroem seus próprios canais digitais para contornar, ou desinter-

---

[42] MCGRATH, Rita G. *The End of Competitive Advantage: How to Keep Your Strategy Moving as Fast as Your Business.* Boston: Harvard Business Review Press, 2013. p. 9-12.

[43] DUBNER, Russell. Entrevista por telefone com o autor em 29 jul. 2015.

mediar, seus parceiros tradicionais. O setor de seguros, em muitos países, foi construído conforme o modelo de agência em que as seguradoras vendem suas apólices aos indivíduos por meio de agentes independentes, ou corretores. Essa intermediação reduzia as despesas das seguradoras com empregados, mas erguia uma barreira entre elas e os usuários de seus produtos, que, inevitavelmente, compromete quão bem as seguradoras conhecem os segurados e quão eficazes podem ser os seus serviços aos segurados. As seguradoras são extremamente dependentes dos intermediários, seus agentes, o que as prejudica em muitos mercados, ao responderem à demanda crescente dos consumidores por autoatendimento on-line, inclusive compras e opções de compras. Novas seguradoras, como a Geico, da Berkshire Hathaway, entraram no mercado de venda direta a consumidores on-line. A Allstate Insurance manteve seus corretores e, ao mesmo tempo, adquiriu a Esurance, que vende diretamente aos consumidores, como a Geico. A Allstate está, em essência, mantendo e desintermediando seus parceiros de vendas, ao mesmo tempo.

As plataformas digitais também estão impulsionando um fenômeno reverso, que bem se caracteriza como "intermediação". Nesses casos, um novo negócio consegue inserir-se como intermediário entre os clientes e a empresa que, até então, vendia-lhes diretamente. A intermediação acontece quando uma plataforma constrói uma base de clientes tão ampla e torna-se interface tão valiosa para os clientes, que outras empresas não podem dar-se ao luxo de desperdiçar a oportunidade de alcançar os clientes por meio dessa nova intermediação. O benefício para o novo intermediário é receber remuneração ou algum outro ganho de plataforma, geralmente captando parcela significativa do valor.

O Facebook, por exemplo, conseguiu inserir-se como intermediário entre os leitores de notícias e as mídias de notícias, que, até então, mantinham relacionamento direto, por meio de edições impressas ou de edições digitais, em sites ou aplicativos. Com as mídias sociais absorvendo mais de 30% de todo o tráfego dos sites de notícias e com o Facebook controlando 75% das mídias sociais, nenhuma mídia de notícias, desde o BuzzFeed até a The New York Times Company, pode dar-se ao luxo de contornar o Facebook como meio de promover seu conteúdo.[44] Essa situação confere poder crescente ao Facebook,

---

[44] WONG, Danny. *In Q4, Social Media Drove 31.24% of Overall Traffic to Sites*. 26 jan. 2015. Disponível em: <https://blog.shareaholic.com/socialmediatraffic--trends-01–2015/>. Acesso em: 2 jul. 2017.

que é capaz de exercer forte influência sobre a proeminência e a visibilidade do conteúdo das mídias de notícias, no feed de Notícias de seus usuários. (Na verdade, o Facebook transformou-se nesse enorme indutor do tráfego de notícias só depois de reconfigurar seu algoritmo, em dezembro de 2013, para dar mais prioridade aos noticiários.) À medida que aumenta o poder do Facebook sobre a as mídias de notícias, espera-se que ele venha a extrair parte da receita de propaganda gerada pelos leitores que encaminha às mídias de notícias.[45]

O mesmo fenômeno de intermediação pode ser visto em outras plataformas cada vez mais poderosas. O Apple Pay, sistema de pagamento móvel para iPhones, iPads e Apple Watches, arregimentou o Visa e o Mastercard como parceiros para o seu lançamento, apesar do fato de o Apple Pay estar entrando como intermediário entre essas empresas de cartão de crédito e seus próprios clientes detentores de cartões. A enorme e próspera base de clientes da Apple, além de sua história como projetista de interfaces digitais adotadas pelos clientes, torna a empresa poderosa demais para ser ignorada no setor de pagamentos por dispositivos móveis, em crescimento acelerado. Quando um consórcio de 200 editoras alemãs se queixou de que o Google lhes estava roubando valor, ao incluir as publicações delas nos resultados do mecanismo de busca, o Google decidiu simplesmente excluí-las de suas pesquisas. Ao experimentar perda de tráfego que, disseram elas, poderia levá-las à falência, o consórcio voltou atrás e pediu ao Google para voltar a incluir suas publicações nos resultados das buscas.[46]

Ferramenta: o Trem de Valor Competitivo

À medida que o lócus da competição se expande de rivalidades entre empresas semelhantes para incluir concorrentes assimétricos e os próprios fornecedores e intermediários das empresas, os gestores precisam de novas maneiras de ver seu panorama competitivo. O Trem

---

[45] Você pode encontrar excelente análise dessa mudança competitiva entre Facebook e mídias de notícias em: THOMPSON, Ben. *Publishers and the Smiling Curve.* 28 out. 2014. Disponível em: <https://stratechery.com/2014/publishers-smiling-curve/>. Acesso em: 2 jul. 2017.

[46] STERLING, Gregory. German Publishers to Google: We Want Our Snippets Back. *Search Engine Land*, 23 out. 2014. Disponível em: <http://searchengineland.com/german-publishers-google-want-snippets-back-206520>. Acesso em: 2 jul. 2017.

de Valor Competitivo é uma ferramenta que projetei para analisar a competição e o poder entre a empresa e seus parceiros de negócios, seus rivais diretos e seus concorrentes assimétricos.

Evitemos qualquer confusão entre dois termos correlatos. A *cadeia de valor* de Porter é uma ferramenta popular para examinar os vários processos que agregam valor a um produto ou serviço dentro das próprias operações de uma empresa (por exemplo, como cada um dos departamentos de P&D, fabricação, marketing e vendas agregam valor). A *cadeia de fornecimento* (ou *cadeia de suprimentos*) é outra ferramenta muito usada para modelar os processos entre diferentes empresas que contribuem para a fabricação, distribuição e vendas de um produto. Ambas as ferramentas focam no desenho das operações.

Em contraste, o Trem de Valor foca na competição, observando o poder entre as empresas de uma cadeia de fornecimento e seus potenciais substitutos, e mapeando como determinado produto ou serviço chega a determinado grupo de clientes. Para uma empresa com produtos, fornecedores, canais de vendas e tipos de clientes, um único Trem de Valor mostrará apenas um componente de seu complexo de operações ou de seu modelo de negócios completo. Basta isso, porém, para que os gestores se concentrem nas forças competitivas e cooperativas em atuação na entrega de determinado fluxo de valor.

O Trem de Valor Competitivo começa com um trem horizontal de empresas que leva a um consumidor final à direita. O número de empresas tracionadas dependerá de seu modelo de negócios e dos meios de distribuição. Encontram-se, a seguir, três tipos amplos, vistos com frequência, à medida que se avança para cima, a partir do consumidor final:

- *Distribuidor*: entrega o produto ou serviço ao consumidor, ainda que não produza o produto ou serviço (por exemplo, um varejista como o Walmart ou um e-varejista como a Amazon).
- *Produtor*: cria o produto, serviço ou oferta acabada, adquirida pelo consumidor (por exemplo, uma seguradora, uma gravadora, uma editora ou um fabricante de laptop).
- *Criador*: cria elementos ou partes exclusivas da oferta (por exemplo, uma empresa que produz sistemas operacionais ou chips para laptops ou um músico que grava um álbum para uma gravadora).

A Figura 3.2 apresenta um exemplo de um Trem de Valor Simples com esses três tipos de negócios:

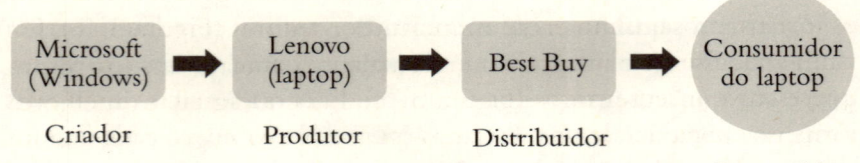

Criador — Produtor — Distribuidor

Consumidor

Figura 3.2: Trem de Valor Simples para computadores laptop (sem concorrentes)

O elemento seguinte a adicionar ao Trem de Valor são os concorrentes. Abaixo de cada negócio, ou "vagão" do trem, indicamos os concorrentes simétricos. Acima do mesmo vagão, estão os concorrentes assimétricos.

A Figura 3.3 representa um Trem de Valor Competitivo para livros vendidos por meio de um varejista como a Barnes & Noble. O livro é criado pelo autor (concebe e redige o manuscrito), que é contratado pelo editor (fornece financiamento, marketing, distribuição e serviços editoriais), e, então, é vendido por um varejista de livros ao consumidor final, o leitor. O poder competitivo da Barnes & Noble depende das forças relativas de outras cadeias de varejo físicas e do e-varejista dominante, a Amazon.

Compreendendo a competição como poder

Ao apresentar os parceiros e os concorrentes simétricos e assimétricos, o Trem de Valor oferece uma visão multidimensional da competição e da cooperação.

Pense no setor de jornais. Os jornais *Washington Post* e o *New York Times* são, sem dúvida, concorrentes simétricos – eles fornecem valor semelhante a leitores correlatos, com pontos em comum. No entanto, as principais ameaças competitivas para cada jornal podem situar-se em outros lugares.

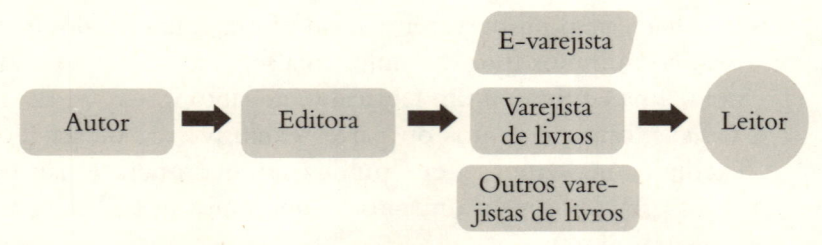

Figura 3.3: Trem de Valor Competitivo: livros vendidos por meio de varejistas

Como já vimos, ao inserir-se entre os jornais e os leitores, o Facebook ganha poder competitivo como intermediário (Figura 3.4a). Ao mesmo tempo, os sites de anúncios classificados desintermediaram os jornais, no caminho entre anunciantes e leitores (Figura 3.4b). Finalmente, esses jornais podem enfrentar uma ameaça dos jornalistas que escrevem seus artigos (Figura 3.4c). Na era digital, os melhores jornalistas são capazes de cultivar a visibilidade da marca diretamente com o público, em especial com o uso de mídias sociais. O escritor Ezra Klein desenvolveu tamanho rastro de seguidores como blogueiro de política no *Washington Post*, que os editores, segundo relatos, relutavam em criticar suas colunas. Embora a liderança do jornal apoiasse Klein e tentasse mantê-lo como astro, ele acabou saindo, para atuar como fundador e editor-chefe de um novo empreendimento jornalístico digital, o Vox.com. O mesmo processo ocorreu com vários outros jornalistas-estrela de empresas de mídia tradicionais.

Jornais: Intermediação pela distribuição social do Facebook (a)

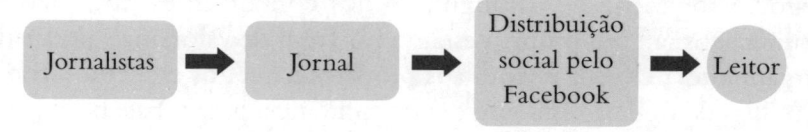

Jornais: Desintermediação pelos sites de classificados (b)

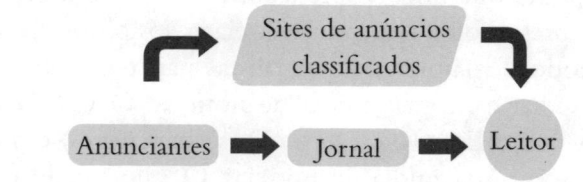

Jornais: Desintermediação por jornalistas-estrela (c)

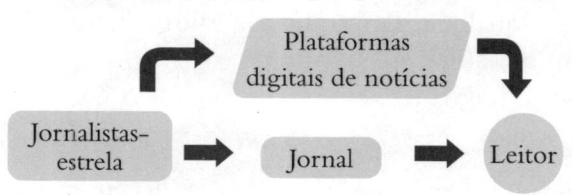

Figura 3.4: Análise pela abordagem do Trem de Valor de três ameaças competitivas aos jornais

O Trem de Valor pode ser usado para examinar todas essas três dinâmicas competitivas referentes a jornais e a questões críticas associadas a cada caso: quem tem poder nos relacionamentos do Trem de Valor? Onde a desintermediação está acontecendo ou é possível? Veja-o sob a luz do Trem de Valor e fica claro que o objetivo de qualquer negócio não é simplesmente derrotar ou superar seus concorrentes diretos (por exemplo, *Washington Post versus New York Times*). O objetivo competitivo dominante é conquistar mais poder no Trem de Valor.

Duas regras de poder nos Trens de Valor

De maneira geral, podemos identificar dois princípios amplos que determinam quem tende a conquistar poder nos Trens de Valor.

Princípio 1: poder para o criador de valor exclusivo

Em todos os estágios do Trem de Valor, cada negócio precisa criar valor exclusivo para exercer o poder competitivo sobre os parceiros fluxo acima (à esquerda) e fluxo abaixo (à direita). Quanto mais o negócio for capaz de distinguir-se dos concorrentes simétricos e assimétricos em seu próprio estágio no Trem de Valor, mais poder de barganha terá ele em relação aos próprios parceiros e clientes. Todas as mídias de notícias estão perdendo influência para o Facebook, mas aqueles cujos produtos têm mais características de *commodities* exercem muito menos poder que uma empresa como a The New York Times Company, que preservou a marca diferenciada aos olhos dos leitores. Do mesmo modo, a maioria dos jornalistas não tem valor próprio para desintermediar a própria mídia de notícias. O valor exclusivo de um escritor como Ezra Klein (aos olhos dos leitores) é o que lhe confere poder sobre sua mídia de notícias. O valor exclusivo pode decorrer de várias fontes: propriedade intelectual, valor da marca, efeitos de rede, qualquer fator que crie valor adicional para o cliente final do Trem de Valor.

Princípio 2: poder para as extremidades

À medida que a redefinição do setor resulta em mais concorrentes assimétricos, o poder nos Trens de Valor se desloca para as extremidades, onde é menor o risco de ser contornado pelos parceiros de negócios. No Trem de Valor, o primeiro criador e o último distribuidor para o consumidor final exercem mais influência, em virtude das próprias posições. Em contraste, os vagões no meio do trem tendem a ficar confinados e a perder influência em relação aos criadores e distribuidores. Exemplos de criadores originais que conquistam mais poder são jornalistas-estrela e produtos industrializados com marca, muito demandados (no lado esquerdo do Trem de Valor). Exemplos de distribuidores finais fortes são Walmart, no varejo físico, e Facebook, como camada de distribuição de mídia (no lado direito do Trem de Valor). Esse desequilíbrio de poder, em detrimento da fabricação, foi descrito pela "curva sorridente" do fundador da Acer, Stan Shih: os lucros sempre são captados pelas empresas que geram as principais patentes e por aquelas que criam marcas e distribuem produtos, mas as fábricas e as manufaturas no entremeio definham num vale de baixo poder e lucratividade.[47] Quase todas as plataformas digitais – Airbnb, Facebook, Google ou Apple Pay – procuram garantir uma posição como última interface do consumidor final em razão do poder competitivo daí resultante.

Aplicação do Trem de Valor Competitivo

Você pode usar a ferramenta para prever e avaliar possíveis manobras competitivas pelos parceiros, pelos concorrentes e pelos novos entrantes em seu Trem de Valor. Você também pode aplicá-la para analisar suas próprias manobras competitivas. Ela é especialmente útil para compreender a dinâmica da desintermediação e da intermediação, assim como quaisquer mudanças nos relacionamentos entre a empresa e seus canais de vendas, seus fornecedores ou ambos. Aí se pode incluir um salto sobre seus atuais parceiros – por exemplo, lançar um negócio de ofertas diretas aos consumidores para se tornar seu próprio distribuidor.

A Figura 3.5 mostra as análises pela abordagem de Trem de Valor de dois exemplos já vistos neste capítulo. A primeira descreve a decisão da HBO de lançar um serviço on-line direto para os espectadores (com a marca HBO Now), apesar da importância contínua das empresas de cabo como distribuidores da HBO para a maioria dos consumidores. A segunda retrata a aquisição da Esurance pela Allstate. A adquirida é competidora assimétrica dos corretores de seguro da adquirente, que continua a vender com a intermediação de seus corretores de seguro, sob a marca empresarial Allstate.

---

[47] DEDRICK, Jason; KRAEMER, Kenneth L. *Asia's Computer Challenge: Threat or Opportunity to the World?* Nova York: Oxford University Press, 1998. p. 152-157.

Você pode analisar outros planos de intermediação, desintermediação ou substituição de canal similares, a fim de prever seu impacto potencial sobre a competição e a cooperação entre empresas.

Orientação detalhada sobre como desenhar e usar o Trem de Valor Competitivo pode ser encontrada em: http://www.davidrogers.biz, na aba Ferramentas.

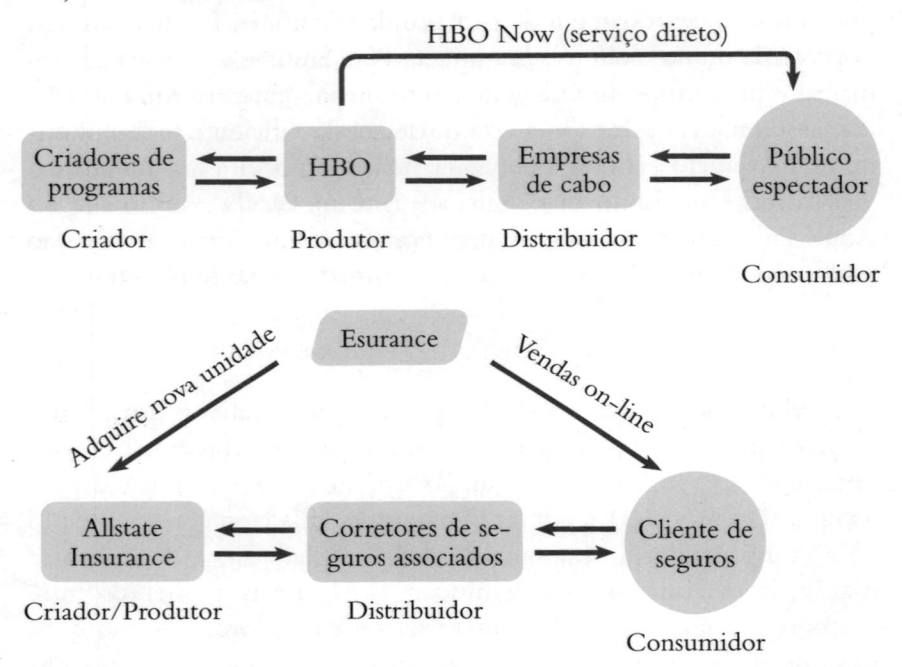

Figura 3.5: Análise pela abordagem do Trem de Valor de manobras competitivas da HBO e da Allstate

Desafios organizacionais da competição

À medida que as empresas se adaptam à importância crescente das plataformas e à mudança no panorama da competição e da cooperação entre as empresas, muitos dos desafios emergentes não são apenas desafios estratégicos, mas também desafios organizacionais.

Mudanças de papéis em pleno curso

A mudança das funções e dos relacionamentos no trem de valor de uma empresa pode ser difícil para um empreendimento com um modelo de negócios duradouro e com relacionamentos com fornecedores, fluxo acima, e com distribuidores, fluxo abaixo. "Conflito de canais" é um termo comum para designar uma situação em que um negócio está indeciso entre manter ou contornar um importante canal de vendas. A mudança das estratégias de canais é muito difícil para as empresas, em razão dos interesses constituídos entre os canais existentes e o risco de canibalização das vendas em curso, em busca de novas oportunidades.

Os *trade-offs* são muito reais. Quando o comércio eletrônico acenou com a promessa de vender diretamente aos consumidores, muitas marcas embarcaram em planos de constituir suas próprias lojas on-line. A maioria fracassou, devido à falta de demanda suficiente (os consumidores não queriam ir a um site diferente para substituir cada item de seu guarda-roupa ou gabinete), de capacidade técnica (para criar uma ótima experiência de compras on-line), ou ambos. A Levi Strauss mudou de curso, depois de gastar milhões de dólares com seus planos de comércio eletrônico, e optou por formar parcerias com varejistas tradicionais, como Macy's, que estava desenvolvendo lojas on-line para vendas multimarcas.[48] Só mais tarde a Levi Strauss voltou a lançar seu próprio canal on-line. Outras empresas, como a fabricante de móveis Ethan Allen, optaram por usar seus parceiros de vendas off-line para apoiar a execução das vendas efetuadas diretamente aos consumidores. Essa solução lhes permite constituir canais on-line, mas manter os atuais parceiros off-line.

Quando as empresas lançam um canal de vendas diretas aos consumidores, em competição com o principal canal de vendas, elas precisam definir fronteiras claras. Podem ser fronteiras geográficas: algumas seguradoras que recorrem a corretores de seguro constituíram o primeiro canal de vendas diretas aos consumidores em mercados geográficos onde não estão bem estabelecidas. Também podem ser fronteiras por marcas: quando a Allstate comprou a Esurance, ela optou por dirigir o negócio de vendas diretas aos consumidores como unidade independente, sob marca diferente.

Mentalidade de guerra

Tanto a "coopetição" quanto a busca de poder em Trens de Valor exigem líderes que vejam a competição como mais que um confronto de soma-zero.

---

[48] KING, Julia. Disintermediation/Reintermediation. *Computerworld*, v. 54, 13 dez. 1999.

Em organizações onde a metáfora e a mentalidade "competição é guerra" são profundas, cooperar com rivais e competir com parceiros podem impor desafios culturais. Quando Doreen Lorenzo, ex-presidente da Frog Design, assumiu o leme da empresa, um colega lhe deu um livro: *A arte da guerra*, de Sun Tzu. "Eu não gostaria de parecer uma adolescente pacifista", disse-me Doreen, "mas, às vezes, a guerra não é a resposta. Ou, pelo menos, não é a única resposta".

Sun Tzu não está sozinho. Entre os muitos manuais de gestão belicosos, encontram-se livros como *Segredos de liderança de Átila, o Huno*, de Roberts Wess. Esse conquistador de terra arrasada é famoso por citações como "Lá, onde passei, a grama nunca crescerá de novo".

Por certo há tempos de competição feroz com os rivais. Para ser bem-sucedido em ecossistemas dinâmicos, porém, os líderes precisam saber quando combater e quando conciliar. Os criadores do PayPal certamente aprenderam esse princípio. Eles, na verdade, começaram como líderes de duas startups que competiam entre si com ferocidade, Confinity e X.com, com produtos que eram imagens reflexas. "Em fins de 1999, estávamos em guerra total", escreve Peter Thiel, que prossegue para descrever fins de semana de cem horas, sob o jugo da competição. "Sem dúvida, aquilo era contraproducente, mas o foco não era em aumentar a produtividade, mas sim em derrotar a X.com. Um de nossos engenheiros chegou a projetar uma bomba com esse propósito...Ainda bem que prevaleceram cabeças mais frias." Finalmente, em 2000, ao se defrontarem com uma bolha tecnológica em rápido esvaziamento, os fundadores das duas empresas se reuniram em solo neutro e negociaram uma fusão 50-50. "Desarmar a rivalidade depois da fusão não foi fácil, mas... como equipe unificada fomos capazes de nos ejetar do estouro da bolha 'ponto-com', e, então, construir um negócio bem-sucedido."[49]

Abertura

Um dos maiores desafios de um modelo de negócios de plataforma é abrir mão de parte do processo de criação de valor. Por sua natureza, as plataformas crescem ao permitir que suas diferentes partes externas tragam seu próprio valor para a plataforma e interajam com

---

[49] THIEL, Peter. *Zero to One: Notes on Start-ups, or How to Build the Future*. Nova York: Crown Business, 2014. v. 42.

alto grau de interdependência. Isso exige uma abordagem de não intervenção, que talvez não seja possível para alguns líderes ou para algumas culturas organizacionais.

Os mais valiosos negócios de plataforma do mundo combateram com tenacidade a propensão à interferência. A Apple e seu fundador, Steve Jobs, sempre se distinguiram pelo foco obsessivo em controlar todos os aspectos da experiência dos clientes com produtos como os computadores Macintosh, os tocadores de música iPod, e a loja iTunes. Essa integração sem emendas parecia girar em torno do controle total e absoluto de tudo pela Apple.

Quando do lançamento do iPhone, a empresa seguiu essa mesma filosofia: tudo foi projetado e construído pela Apple. Em seu primeiro ano, os usuários logo reconheceram o poder admirável do computador, que se ocultava na retaguarda da tela luminosa, sensível ao toque, do iPhone, e os hackers começaram a "arrombar" os iPhones, para que pudessem experimentar e adicionar novos programas de projeto próprio. A Apple logo se defrontou com uma decisão: combater os hackers (que eram, na verdade, os primeiros adeptos e clientes ávidos da Apple) ou mudar de curso e fornecer as ferramentas para que desenvolvedores externos programassem diretamente para o iPhone. A virada atípica de Jobs redundou na liberação do kit de desenvolvimento de software que lançou a semente da App Store. Essa manobra inesperada desencadeou incrível onda de inovação, converteu o iPhone em negócio de plataforma, e liderou o crescimento da Apple para tornar-se a mais valiosa companhia aberta do mundo.

Para os líderes que hoje navegam no atual panorama inconstante da competição, saber dosar o grau de abertura ou fechamento do seu modelo de negócios é fundamental.

■ ■ ■

Para operar com sucesso na era digital, as empresas precisam desenvolver uma compreensão dinâmica de como competir e cooperar. Em vez da visão simplista de inimigos viscerais e parceiros fraternais, as empresas devem encarar todos os relacionamentos interorganizacionais como uma combinação matizada e mutante de competição e colaboração. Elas precisam entender o valor da cooperação com rivais diretos, a ameaça de concorrentes assimétricos em nada semelhantes, a importância da influenciação nos relacionamentos com negócios parceiros e o poder de modelos de negócios de plataforma digitais para reunir diferentes partes e impulsionar nova criação de valor.

Os relacionamentos com novas empresas, em síntese, se tornaram tão enredados e tão interconectados quanto os relacionamentos com clientes. Em ambos os relacionamentos, a digitalização crescente das interações também está gerando outro produto: dados. Todas as interações com clientes e empresas estão produzindo fluxos de informações que agora podem ser registrados, captados e analisados de uma maneira que era impossível apenas pouco tempo atrás. A compreensão de como usar esses dados para fins estratégicos, como fonte de novo valor para as empresas, é o nosso próximo domínio importante da transformação digital.

CAPÍTULO 4

Converta dados em ativos

Dados

O papel dos dados para negócios, hoje, está mudando drasticamente. Muitas empresas que, durante anos, usaram dados como parte específica de suas operações estão agora descobrindo uma revolução dos dados: os dados estão sendo fornecidos por novas fontes, estão sendo aplicados a novos problemas e estão se tornando importante vetor de inovações.

Uma dessas inovações no uso de dados é a The Weather Company (TWC). Essa empresa de mídia começou em 1980 com um canal de televisão, The Weather Channel. Desde então, ramificou-se para plataformas de mídia de terceiros, para sites de internet e para dispositivos móveis, inclusive o que uso todas as manhãs para decidir se levo um guarda-chuva. Como a maioria das empresas de mídia, a TWC atua no negócio de produção de conteúdo, que atrai o público e vende anúncios que são entremeados nesse conteúdo. Dados sempre foram parte desse modelo de negócios: todos os dias, grande quantidade de dados sobre o clima precisam ser captados, analisados e convertidos em mapas coloridos, em gráficos animados e em previsões confiáveis que mantêm o público ligado.

A TWC, porém, descobriu que seus dados podem ser muito mais que apenas matéria-prima para a criação de conteúdo para os seus espectadores. Os mesmos dados que a empresa coleta, gerencia e analisa constituem importante ativo estratégico e, cada vez mais, fonte de inovação e de criação de valor.

Aprendi tudo isso, detalhadamente, com Vikram Somaya, que foi gerente geral da WeatherFX (depois renomeada WSI), nova divisão da

TWC, cujo foco é pensar de forma diferente sobre dados de clima. Somaya especializou-se em história da arte na faculdade e gosta de citar Shakespeare, mas, na TWC, ele liderou as equipes de cientistas de dados que analisam os dados da empresa a fim de gerar valor adicional tanto para os clientes empresariais quanto para os consumidores finais.

O clima exerce impacto poderoso sobre vasta gama de negócios. Com base em uma estimativa, até um terço da economia dos Estados Unidos é influenciada por variações no clima.[50] O Walmart disse que o clima local é um dos principais fatores de seus modelos de previsão de vendas das lojas. Os cientistas de dados da TWC trabalham com grandes varejistas para identificar quando devem prever altas ou baixas nas vendas, para que também ajustem suas verbas de propaganda, atribuindo-lhes mais ou menos recursos, assim como as verbas para merchandising.

A empresa também trabalha diretamente com os anunciantes de marca – em categorias como medicamentos para alergia, jaquetas de lã e pneus para neve – a fim de prever o melhor momento para a colocação de anúncios. Mesmo nossas compras de salgadinhos para determinado dia são influenciadas pelo clima ensolarado, nublado ou chuvoso. Com os anúncios digitais (inseridos em sites ou em aplicativos, como os da própria TWC), as marcas, agora, têm a oportunidade de direcionar e de segmentar suas mensagens em tempo real, escolhendo que imagens mostrar a espectadores específicos, com base nas condições climáticas do momento em suas localidades.[51]

A TWC até está usando seus dados para criar novos produtos e serviços, destinados a setores de atividade como seguros. Por exemplo, ela desenvolveu um aplicativo denominado Hailzone (Zona de Granizo, ou chuva de pedra), para seguradoras como State Farm e Travelers, a ser oferecido a seus clientes de seguro de automóveis, advertindo-os para proteger seus veículos. Isso evita fortes dores de cabeça para os motoristas e danos dispendiosos para as seguradoras.

A empresa também está colaborando com alguns de seus clientes mais ávidos para ampliar e melhorar seu ativo em dados. Todos os

---

50 DUTTON, John A. Opportunities and Priorities in a New Era for Weather and Climate Services. *Bulletin of the American Meteorological Society*, v. 83, n. 9, p. 1303-1311, 2002.

51 SOMAYA, Vikram. *The Invisible Impact of Weather on Brands.* In: CONGRESSO DA CIÊNCIA DE PROPAGANDA E DADOS. Nova York: 26 de janeiro de 2013. Discurso.

dias a TWC recorre à colaboração coletiva (*crowdsourcing*) de uma comunidade de 25 mil autodenominados "viciados em clima", que pagam para assinar um serviço chamado The Weather Underground. Esses adictos ávidos gastam milhares de dólares para comprar os próprios equipamentos de monitoração climática, que instalam em suas propriedades. As descobertas da comunidade são compartilhadas e discutidas entre os participantes entusiastas da rede. Tipicamente, os membros da comunidade fazem o upload de suas medidas, nas próprias comunidades, a cada 2,5 segundos. Esses inputs ajudam a empresa a melhorar em muito a qualidade de seus próprios conjuntos de dados.

A TWC deixou de ser apenas empresa de mídia que simplesmente produz dados como parte da execução de suas operações centrais para converter-se em negócio que trata os dados como fonte de inovação, de aumento da receita e de vantagem estratégica.

Repensando dados

O terceiro domínio do guia da transformação digital são os dados. O crescimento dos negócios na era digital exige a mudança de alguns pressupostos fundamentais sobre o significado e a importância dos dados (ver Tabela 4.1). No passado, embora desempenhassem papel importante em todos os negócios, os dados eram usados para avaliar e gerenciar processos de negócios e para ajudar nas previsões e no planejamento de longo prazo. Os dados eram dispendiosos de produzir, por meio de levantamentos, de pesquisas e de mensurações estruturadas. Era caro armazená-los em bases de dados separadas, que reproduziam os departamentos das operações de negócios, para serem usados, basicamente, na otimização das operações em curso.

Hoje, as funções e as possibilidades dos dados são aparentemente ilimitadas. A geração de dados é, com frequência, a parte mais fácil, com a criação contínua de grandes quantidades por fontes externas à empresa. O maior desafio é a exploração e a conversão desses dados em ideias úteis. As análises tradicionais baseadas em planilhas eletrônicas foram substituídas pelo *big data*, em que informações não estruturadas são processadas por novas e poderosas ferramentas de computação. Para que os dados se transformem em autênticas fontes de valor, no entanto, as empresas precisam mudar a maneira como pensam em dados. Elas precisam tratar os dados como ativo estratégico.

Mudanças nos pressupostos estratégicos, da era analógica para a era digital

De	Para
Dados são dispendiosos de gerar nas empresas	Dados são gerados continuamente em todos os lugares
O desafio dos dados é armazená-los e gerenciá-los	O desafio dos dados é convertê-los em informações valiosas
As empresas usam apenas dados estruturados	Os dados não estruturados são cada vez mais úteis e valiosos
Os dados são gerenciados em departamentos operacionais	O valor dos dados é conectá-los entre os departamentos
Os dados são ferramentas para gerenciar processos	Os dados são ativo intangível importante para criar valor

Este capítulo explora como o papel dos dados em negócios está mudando e quais são os desafios daí decorrentes para os líderes. Examinaremos o valor dos dados como ativo, os componentes de uma estratégia de dados eficaz, assim como o poder e os equívocos a respeito da revolução do *big data*. Veremos onde as empresas estão encontrando os dados de que necessitam e como elas os estão convertendo em novas fontes de valor. Este capítulo também apresenta uma ferramenta de ideação ou concepção estratégica, o Gerador de Valor dos Dados. Essa ferramenta permite que as empresas usem dados de clientes para criar novo valor em áreas específicas de suas operações.

Mas, primeiro, vejamos o que significa gerenciar e investir em dados como ativo intangível das empresas.

Dados como ativo intangível

Para muitos dos titãs do mundo dos negócios de hoje, parece claro que os dados que captam referentes a seus clientes são um de seus mais valiosos ativos. Grande parte do valor de mercado do Facebook decorre do valor da profusão de dados que a empresa coleta sobre seus usuários e de sua capacidade de explorar esses dados como ferramentas inovadoras para os anunciantes, ajudando-os a compreender e a dirigir-se exatamente ao público certo.

Outros tipos de dados, porém, também podem ser valiosos. Ao construir seu serviço de dados, o Google investiu muito, durante anos, no desenvolvimento de um conjunto de dados cartográficos da melhor qualidade. Nesse esforço se inclui enviar carros equipados com câmeras mundo afora, para medir vias públicas e tirar as fotografias do Street View (Recentemente, o Google instalou câmeras em camelos para mapear os desertos da Arábia.) A empresa está sempre atualizando e "limpando" seus dados, com equipes humanas de caubóis de dados. Para tanto, rastreia até 400 pontos de dados por segmento de vias públicas (o trecho de asfalto entre duas interseções). Dependendo do ritmo do desenvolvimento econômico, esses dados sobre vias públicas devem ser atualizados com regularidade desafiadora.[52]

Por outro lado, vimos o fracasso da Apple em investir o suficiente em dados sobre mapas – o que acarretou famosa mancada competitiva em 2012. Como parte de sua rivalidade contínua com o Google, a Apple optou por remover o Google Maps como aplicativo de mapas padrão de todos os iPhones. Em seu lugar, ofereceu aos usuários do iPhone seu próprio aplicativo de mapas, baseado em dados adquiridos pela Apple de vários fornecedores terceirizados. Correspondendo às expectativas, a empresa de Cupertino tinha projetado impressionante interface do usuário para o seu aplicativo. A Apple, porém, havia subestimado a qualidade do ativo de dados do Google. Milhões de usuários de iPhones que foram forçados a usar os novos mapas da Apple inundaram a empresa com queixas. Nomes de cidades foram mal soletrados ou apagados, atrações turísticas foram mal localizadas, construções históricas desapareceram, e vias públicas literalmente sumiram no ar. Os erros foram tão grosseiros, que impuseram a primeira carta de desculpas de um CEO da Apple para os clientes. Nela, Tim Cook chegou ao ponto de aconselhar os clientes a baixar da App Store e a usar aplicativos dos concorrentes, até que a Apple melhorasse seus próprios mapas.

Os dados são valiosos não só para empresas como Google e Facebook. Para muitos negócios, hoje, os dados – como propriedade intelectual, patentes e marcas – são importante ativo intangível. A importância relativa desse ativo é variável, dependendo da natureza do negócio (da mesma maneira como a marca é mais importante para empresas de moda do que para empresas industriais). De qualquer maneira, porém, hoje, os dados são importantes para qualquer negócio, e negligenciá-los é perigoso.

---

[52] MADRIGAL, Alexis. In: CONGRESSO DA CIÊNCIA DE PROPAGANDA E DADOS. Nova York: 26 de janeiro de 2013. Discurso de abertura.

Uma das maneiras mais comuns de as empresas construírem ativos com base em dados de clientes é por meio de programas de fidelidade. Durante anos, varejistas e empresas de aviação ofereceram aos clientes milhas, pontos, recompensas e até um décimo sanduíche gratuito, na esperança de aumentar a retenção e os gastos totais dos clientes ao longo do tempo. Hoje, contudo, grande parte do valor dos programas de fidelidade decorre do acúmulo de dados de clientes por eles gerados. Quando me inscrevo num programa de fidelidade, estou pedindo explicitamente que rastreiem meus comportamentos de compra para ganhar recompensas. Isso oferece à empresa muito mais que um endereço para mala direta; os dados da empresa a meu respeito aumentam com o passar do tempo para ajudar a empresa a compreender melhor meus comportamentos e interesses exclusivos como cliente.

Ao conceber novas experiências para os clientes considerando os dados, as empresas podem expandir esse modelo de oferecer benefícios aos clientes em troca de dados sobre os clientes. Veja o caso da Walt Disney Park and Resorts e suas novas pulseiras MagicBand. Promovidas como maneira de estender a conveniência dos smartphones à experiência dos parques temáticos tradicionais, esses braceletes de borracha, vermelhos, equipados com etiquetas RFID, de identificação por radiofrequência, permitem que os usuários entrem nos parques, tranquem e destranquem as portas dos quartos, comprem refeições e mercadorias, e contornem as filas nos parques em até três atrações por dia. A MagicBand é o centro de uma iniciativa de um bilhão de dólares para levar a interatividade digital aos parques temáticos da Disney, e pretende recuperar esse investimento por meio do aumento da "fatia da carteira" (*share of wallet*) que os visitantes deixam na Disney. Mas também se destina a oferecer à Disney dados até então inacessíveis sobre os comportamentos dos hóspedes: aonde eles vão, quando? Quais são as atrações mais populares entre cada categoria de hóspedes? Que ofertas de refeições seriam mais adequadas em diferentes áreas de seus vastos parques espraiados? As MagicBands até permitem que os hóspedes optem por ser identificados pela equipe dos parques para que as crianças recebam cumprimentos pessoais dos personagens fantasiados ou ganhem presentes de aniversário de animais robóticos nas atrações. Esses e outros tipos de experiências de serviços personalizados serão cada vez mais acessíveis, à medida que a Disney acumula mais dados em torno de seus convidados, tanto em larga escala quanto no nível individual. O truque consiste em elaborar a experiência certa para que, exatamente como nos programas de fidelidade, os clientes se disponham a trocar seus dados por valor adicionado pela empresa.

Você não precisa ser uma empresa tão grande quanto Disney ou Google para começar a construir seu ativo de dados. Mesmo pequenas empresas, agora, podem usar ferramentas de gestão do relacionamento com os clientes, via internet, para acompanhar quem abriu que e-mails, confeccionar mensagens de acompanhamento, analisar que ofertas são as mais adequadas para cada cliente, e mais. Como veremos em nossa análise do *big data*, o deslocamento para a computação na nuvem está disponibilizando ferramentas cada vez mais poderosas para empresas de pequeno e médio porte.

Todas as empresas precisam de uma estratégia de dados

Para tratar os dados como ativo, você precisa desenvolver uma estratégia de dados em sua organização. Isso inclui compreender de que dados você necessita e como você os aplicará.

Uma estratégia de dados explícita pode parecer óbvia em setores como serviços financeiros e telecomunicações, que estão acostumados a lidar com grandes quantidades de dados de clientes. As empresas menores, porém, e os setores menos ricos em dados também devem desenvolver estratégias prospectivas para seus dados.

Os cinco princípios seguintes devem orientar qualquer organização no desenvolvimento de sua estratégia de dados.

TABELA 4.2:

Principais tipos de dados para a estratégia de negócios

Tipo de dados	Exemplos	Utilidade
Dados sobre processos de negócios	Estoques e cadeia de fornecimento Vendas Faturamento Recursos humanos	Gerenciar e otimizar as operações de negócios, reduzir riscos, elaborar relatórios externos
Dados sobre produtos ou serviços	Dados sobre mapas (para o Google) Dados sobre empresas (para Bloomberg) Dados sobre clima (para TWC)	Cumprir a proposta de valor central dos produtos ou serviços da empresa

Tipo de dados	Exemplos	Utilidade
Dados sobre os clientes	Compras Comportamentos e interações Comentários e revisões Demografia Respostas em pesquisas	Oferecer uma visão completa do cliente e permitir interações mais relevantes e valiosas.

- *Reúna diversos tipos de dados*: todas as empresas devem encarar seu ativo de dados de maneira holística e nele incluir diversos tipos de dados que atendam a diferentes propósitos (ver Figura 4.2). Os dados sobre processos de negócios – como aqueles sobre cadeia de fornecimento, faturamento e gestão de recursos humanos – são usados para gerenciar e otimizar as operações de negócios, reduzir riscos e cumprir as exigências de apresentação de informações aos órgãos de fiscalização. Os dados sobre produtos e serviços são essenciais para o valor central de seus produtos e serviços. Nessa categoria se incluem, por exemplo, dados sobre condições climáticas, para a TWC; dados cartográficos, para o Google Maps; e os tipos de dados sobre negócios que a Bloomberg fornece a clientes empresariais. Os dados de clientes são muito variados - como dados sobre transações, pesquisas de opinião, avaliações e comentários em mídias sociais, comportamentos de busca pelos clientes e padrões de navegação em seu site. As empresas que não vendem diretamente aos consumidores (por exemplo, empresas de bens embalados) tradicionalmente podiam coletar dados sobre os clientes somente por meio de pesquisas de mercado. Como veremos mais adiante, até essas empresas estão descobrindo novas oportunidades de reunir dados para obter visão muito mais clara de seus clientes, como nunca antes foi possível.
- *Usar os dados como camada preditiva na tomada de decisões*: o pior que as empresas podem fazer com os dados é reuni-los e não aplicá-los na tomada de decisões. É preciso planejar como a organização usará seus dados para tomar decisões mais esclarecidas em todas as áreas do negócio. Os dados sobre as operações podem ser usados em modelagem estatística para planejar e otimizar o uso de seus recursos. Os dados sobre os clientes podem ser usados para prever que mudanças em seus serviços ou

comunicações podem produzir melhores resultados. Com dados detalhados oriundos de suas MagicBands, a Disney pode tomar decisões mais esclarecidas sobre que produtos oferecer perto das diferentes atrações e como gerenciar a demanda variável e o tráfego de pedestres. A Amazon usa seus comportamentos passados de navegação no site para definir que produtos ela deve oferecer ao cliente em sua próxima visita.

- *Aplicar dados à inovação de novos produtos*: os dados podem energizar os seus produtos e serviços existentes, mas também podem ser usados como trampolim para imaginar e testar inovações de novos produtos. O aplicativo móvel Hailzone, da TWC, é o caso perfeito de uma empresa que usa seus atuais dados de produtos (para seus programas de TV e aplicativos) para desenvolver um novo serviço que agregou valor para vários clientes (seguradoras e segurados). Contribuiu para esse resultado o fato de a TWC ter abandonado sua perspectiva normal de empresa de mídia e ter refletido sobre diferentes modelos de negócios, baseados em fatores como utilidade e gestão de riscos, em vez de basear-se apenas no interesse dos espectadores e na receita de propaganda. A Netflix usa sua grande quantidade de dados sobre as preferências dos espectadores — por gêneros, atores, diretores e mais — para ajudá-la a desenvolver novas séries de televisão, como *House of Cards*. Essa prática possibilita que a Netflix evite a prática tradicional das redes de TV de investir em experimentos de numerosos programas novos, na esperança de que um ou mais façam sucesso. Isso é usar dados para inovar com mais rapidez, a custo mais baixo.
- *Observe o que os clientes fazem, não o que dizem*: os dados comportamentais são algo que mede diretamente as ações dos clientes. Podem incluir coisas como transações, buscas on-line (indicador poderoso das intenções dos clientes), fluxo de cliques (que páginas visitaram, onde clicaram, e o que deixaram nos carrinhos de compra dos sites), e medidas diretas de dados sobre engajamento (em que artigos de sua newsletter clicaram para ler). Os dados comportamentais são sempre os melhores dados sobre os clientes — são muito mais valiosos que relatos de opiniões ou qualquer coisa que os clientes digam a um pesquisador de mercado num levantamento. E assim é não só porque as pessoas mentem nas pesquisas, mas também porque

como seres humanos, somos extremamente falíveis ao nos lembramos de nossos comportamentos, ao prevermos nossas ações futuras ou ao considerar nossas motivações. Por isso é que a Netflix mudou seu sistema de recomendações, deixando de lado as próprias avaliações dos clientes e passando a observar dados comportamentais, assim que deslocou os clientes dos DVDs para os vídeos em *streaming*, passando a medir o que efetivamente vemos na tela, muito melhor que os envelopes fechados sobre a nossa cômoda. A Netflix sabe que são grandes as diferenças entre os filmes que avaliamos com cinco estrelas e aqueles a que de fato acabamos assistindo, enquanto preparamos o jantar numa noite de quarta-feira.

- *Combine os dados entre os departamentos*: tradicionalmente, as empresas permitiam que seus dados fossem gerados e armazenados em diferentes unidades organizacionais. Um dos aspectos mais importantes da estratégia de dados é procurar meios e modos de combinar conjuntos de dados até então segregados e ver como eles se relacionam uns com os outros. Exemplo memorável dos benefícios de combinar conjuntos de dados é do governo municipal da cidade de Nova York. Scott Stringer, secretário de Finanças municipal, estava procurando uma maneira de reduzir os custos das ações judiciais contra a cidade. Desenvolveu, então, um programa para comparar os dados sobre ações judiciais e indenizações pagas com outros conjuntos de dados da cidade, inclusive os orçamentos de diferentes departamentos, ao longo do tempo. Descobriu, então, uma correlação surpreendente: depois que as verbas para os parques da cidade foram reduzidas, poucos anos antes, e, em consequência, as podas periódicas das árvores foram diminuídas, os pedidos de indenização, por via judicial, de cidadãos que sofreram lesões corporais por quedas de galhos dispararam. O custo para a cidade decorrente de uma única condenação foi maior que toda a economia, durante três anos, resultante do corte de verbas! Depois dessa descoberta e do restabelecimento das verbas originais, as ações judiciais caíram drasticamente.[53] À

---

[53] MCGRATH, Rita. To Make Better Decisions, Combine Datasets. *Harvard Business Review*, 4 set. 2014. Disponível em: <https://hbr.org/2014/09/to-make-better-decisions-combinedatasets/>. Acesso em: 3 jul. 2017.

medida que seu ambiente de negócios se torna cada vez mais complexo, sua capacidade de encontrar, combinar e aprender com diversas fontes de dados será cada vez mais importante.

Ao montar uma estratégia de dados, também é importante compreender que muitos dos atuais conjuntos de dados são muito diferentes das planilhas eletrônicas e das bases de dados relacionais que impulsionaram as melhores práticas de setores intensivos em dados da era pré-digital. Toda a natureza dos dados disponíveis, e como eles podem ser usados e aplicados pelas empresas, passou por uma revolução nos anos recentes. Essa revolução é, em geral, denominada *big data*.

O impacto do *big data*

O termo *big data* apareceu pela primeira vez em meados da década de 1990, lançado nos meios técnicos por John Mashey, cientista-chefe da Silicon Graphics, mais ou menos na época do nascimento da World Wide Web (WWW, a rede mundial).[54] A frase, porém, só se tornou lugar comum nas conversas por volta de 2010, quando empresas de todos os tipos começaram a manejar a vasta oferta de dados gerados pelas tecnologias digitais. De início, o termo pareceu meio que um modismo, um estratagema de marketing usado pelas empresas de armazenamento de dados para levar os departamentos de TI a aumentar seus gastos com servidores de dados. As verdadeiras mudanças em curso, porém, foram muito mais profundas que o aumento no tamanho dos discos rígidos ou das fazendas de servidores.

Não se iluda: o tamanho dos conjuntos de dados está aumentando em ritmo acelerado. Qualquer gráfico que represente a quantidade de dados digitais armazenados em todo o mundo a cada ano mostra o salto estratosférico de uma curva exponencial. No sentido inverso, todos esses aclives despencam em declive exponencial ao mergulharem no passado. A quantidade em si de dados armazenados, em outras palavras, vem crescendo há muito tempo – provavelmente desde a origem dos computadores, talvez desde o início da escrita.

---

[54] LOHR, Steve. The Origins of "Big Data": An Etymological Detective Story. *New York Times*, 1 fev. 2013. Disponível em: <http://bits.blogs.nytimes.com/2013/02/01/the-origins-of-big-data-an-etymological-detective-story/>. Acesso em: 3 jul. 2017.

O que, então, é novo no *big data*, além da "grandeza" em rápido crescimento?

O fenômeno do *big data* é mais bem compreendido em termos de duas tendências inter-relacionadas: o rápido crescimento de novos tipos de dados não estruturados e o avanço acelerado de novas capacidades para o gerenciamento e a compreensão desse tipo de dados pela primeira vez. O impacto dessas tendências é arrematado por uma terceira tendência: a ascensão de uma infraestrutura de computação na nuvem, que torna o potencial do *big data* cada vez mais acessível para cada vez mais empresas.

Big data são realmente dados não estruturados

Tradicionalmente, os processos de dados de uma empresa se baseavam na análise de dados *estruturados* – o tipo de conjunto de dados que enche uma base de dados com fileiras e colunas bem organizadas (por exemplo, com endereços de clientes, estoques de produtos, e receitas e despesas ou créditos e débitos de várias contas financeiras ou contábeis). A era do *big data*, porém, tem sido marcada pela profusão de novos tipos de dados *não estruturados* – informações que são registradas mas não se encaixam com facilidade em fileiras e colunas bem organizadas. Uma empresa pode ter acesso a posts de textos agramaticais das mídias sociais, ao dilúvio de imagens geradas por smartphones, aos sinais de mapeamento e localização em tempo real, ou aos dados oriundos de sensores que se espalham rapidamente pelo nosso corpo e pelo mundo inteiro; todos esses tipos de dados são ricos em significado – mas difíceis de interpretar por ferramentas comuns, como planilhas eletrônicas.

Uma das maiores fontes de dados não estruturados são as mídias sociais. Mais de um bilhão de pessoas em todo o mundo, que participam de redes como Facebook, Twitter e Weibo, estão produzindo constantemente vastas quantidades de dados, na forma de posts, comentários e atualizações. Esses dados sociais são atitudinais (o que as pessoas estão dizendo reflete suas opiniões e o que curtem e não curtem) e podem ser usados para medir afinidade (de quem são amigos, quem seguem e com quem se conectam refletem laços sociais e permitem que as empresas infiram relacionamentos nas redes). Esses dados são contínuos e ininterruptos, permitindo que as empresas analisem em tempo real mudanças de opinião, de sentimentos e de conversas, com detalhes longitudinais exatos. Em consequência, numerosas organizações procuram gerar *insights* a partir das análises dos dados sociais. As marcas acompanham a evolução de sua reputação no tempo, com base no que os clientes estão dizendo, os Centros para Controle de Doenças usam as mídias sociais para rastrear a difusão de epidemias, Hollywood prevê o desempenho de um novo filme em sua estreia no fim de semana com base no buzz depois da noite de abertura, e os economistas até usam as mídias sociais para projetar o desempenho do mercado de ações.

Outro tipo de dados não estruturados são os dados sobre localização. Os dados gerados por dispositivos móveis, como smartphones, chegam com marcadores de geolocalização, que fornecem registros contínuos de onde estamos e para onde vamos, em tempo real. A inclusão de dados sobre localização, com outros tipos de dados comportamentais, aumenta em muito o contexto. Cada vez mais, os resultados dos mecanismos de busca são constituídos não somente pelas palavras que usamos em nossas pesquisas, mas também por onde estamos ao fazer a pesquisa. (Se "dermos um Google" na palavra *pizza*, é provável que os resultados mostrem pizzarias mais próximas, com links para números de telefones e endereços, em vez de história da pizza e receitas). Pesquisas conduzidas por meu colega Miklos Sarvary mostraram que os padrões de nossos itinerários ao longo de semanas (apresentados por nosso telefone) revelam muito do que somos. Ao analisar esses padrões de "co-location", "colocalização", ou "compartilhamento da localização", Sarvary e coautores mostraram que clientes com "pegadas" de localização semelhantes tendiam a comprar produtos semelhantes e podiam ser segmentados com eficácia para finalidades de marketing, apenas com base nesses dados.[55]

A maior fonte emergente de dados não estruturados são os sensores que estão sendo embutidos em tudo ao nosso redor, à medida que nos deslocamos para um mundo de fato permeado por redes onipresentes. Por volta de 2020, segundo as expectativas da Cisco, mais de 50 bilhões de dispositivos estarão conectados e compartilharão informações via internet – e a grande maioria desses dispositivos não será de computadores, tablets, smartphones, nem servidores de internet. Esse fenômeno, conhecido como Internet das Coisas, abrange automóveis inteligentes, fábricas e cadeias de fornecimento de produtos, lâmpadas e aparelhos

---

[55] SARVARY, Miklos. In Mobile Marketing, the Value Is in the Journey, Not the Destination. *Columbia Business School Ideas at Work*, 24 set. 2014. Disponível em: <http://www8.gsb.columbia.edu/ideas-at-work/publication/1690/in-mobile-marketing-the-value-is-in-the-journey-not-the-destination>. Acesso em: 3 jul. 2017.

domésticos, assim como sensores em relógios e roupas, além dos medicamentos que ingerimos. Juntas, todas essas aplicações em breve resultarão em bilhões de dispositivos, gerando e transmitindo novos conjuntos de dados que podem ser usados pelas empresas. Por exemplo, a GE instalou sensores em seus motores de jatos que fornecem dados contínuos sobre as condições e sobre os detalhes operacionais das turbinas. (A GE chama o sistema de "Facebook para motores de jatos"). Esses dados em tempo real possibilitam que os mecânicos das empresas de aviação monitorem o *status* de equipamentos críticos das aeronaves, para que possam fazer os ajustes e as substituições quando de fato forem necessários, não conforme programações baseadas em estimativas. Isso torna a manutenção da frota mais eficiente e as viagens aéreas mais seguras e acessíveis.

Novas ferramentas para lidar com dados não estruturados

A segunda tendência que contribui para a formação do *big data* é o surgimento de novas capacidades tecnológicas para manejar e compreender todos esses dados não estruturados. Se assim não fosse, o *big data* não passaria de um grande emaranhado, em que a agulha de esquadrinhamento das empresas mal seria percebida. Felizmente, uma grande variedade de avanços tecnológicos está ampliando nossa capacidade de usar dados não estruturados produzidos pela própria tecnologia.

O crescimento exponencial contínuo da capacidade de processamento dos computadores é fator-chave da melhoria de nossa competência para usar dados. A Lei de Moore, formulada por Gordon Moore, cofundador da Intel, em 1965, prevê a duplicação do desempenho dos chips de computador a cada 18 meses, à medida que os transistores se tornam mais rápidos e menores. Durante 50 anos, a previsão se sustentou, e os resultados transformaram o mundo. O ENIAC, o primeiro computador moderno, foi construído em 1946, e ocupava toda uma sala do tamanho de um pequeno ginásio. Em 1983, porém, quando estudei computação pela primeira vez, minha calculadora de bolso da Texas Instruments tinha mais poder de processamento que o ENIAC. A Lei de Moore significa que o supercomputador desta década é o dispositivo de bolso da próxima década.

As tecnologias recentes aumentaram ainda mais a capacidade de processamento de dados, em grande escala e a custos aceitáveis. A computação em memória (*in-memory computing*) pode acelerar a análise de dados para o tipo de computação em tempo real que permite aos anunciantes selecionar os anúncios vistos por cada visitante de uma página de internet, considerando as condições climáticas em suas localidades, naquele momento; os sites mais frequentados pelo visitante; e qualquer outro fator crítico suscetível de identificação através dos dados. *Hadoop* é uma estrutura de software de código aberto que possibilita o processamento paralelo distribuído de enorme quantidade de dados, armazenada em vários servidores, em diferentes localidades. Com o *Hadoop*, mesmo os maiores conjuntos de dados podem ser gerenciados a custos acessíveis.

Outras ferramentas deslocam o foco do poder de processamento para a capacidade de interpretação do caos de dados não estruturados. Novos recursos de mineração de dados possibilitam que os programas peneirem a matéria-prima a granel das mídias sociais e identifiquem padrões a serem analisados por gestores humanos, para reconhecer tendências e palavras-chave.

Talvez os maiores avanços no gerenciamento de dados não estruturados tenham decorrido de novos desenvolvimentos no campo da computação "cognitiva". O processamento da linguagem natural, por exemplo, pode interpretar a linguagem humana normal, de comandos verbais, de conversas nas mídias sociais, de livros e artigos, sem adaptação. É fundamental para o desenvolvimento de sistemas que sejamos capazes de identificar padrões de linguagem humana nos conjuntos de *big data*, como gravações de telefonemas de clientes para *call centers*. Outro progresso importante é o *machine learning* – que possibilita sistemas de computação capazes de reconhecer padrões e, com o tempo, melhorar a própria capacidade, com base na experiência e no *feedback*. À medida que a computação segue o modelo das redes neurais, ela vai além da localização de padrões em dados não estruturados: a computação passa a alimentar-se de *feedback* do próprio ambiente ou dos treinadores humanos (indicando os acertos e erros) e a reprogramar-se a si própria, iterativamente.

O processamento da linguagem natural e a capacidade de aprendizado das máquinas se combinam num sistema como o Watson, da IBM, capaz de ler grandes volumes de linguagem escrita e de desenvolver interferências cada vez mais exatas, usando o *feedback* e o coaching de especialistas humanos. O Watson estreou no palco mundial ao atuar no programa de perguntas *Jeopardy!* – no qual superou os melhores campeões humanos, ao combinar a memória de enciclopédias e a capacidade humanoide de "intuições" esclarecidas (por exemplo, ao estimar que a probabilidade de sua melhor resposta estar correta era de 42%). Desde então, Watson se deslocou para o mundo real. Equipes de médicos treinaram Watson, com base numa biblioteca de milhões de casos de pacientes, a ponto de torná-lo mais eficaz que muitos médicos no diagnóstico inicial de um paciente com câncer. O Watson e as tecnologias semelhantes são a linha de frente de uma nova onda na análise do *big data* – participar de todos os processos empresariais, como serviços aos clientes, detecção de fraudes e o planejamento de mídias de propaganda.

Big data da nuvem para as torneiras

Outra tendência está configurando o impacto do *big data*: a revolução no armazenamento e na acessibilidade dos dados em si e do planejamento de dados. No velho paradigma de dados, as empresas, para gerenciar dados, precisavam investir na própria infraestrutura, para coletar e armazenar todos os dados, assim como para montar a própria caixa de ferramentas, a fim de analisar esse emaranhado de dados. Essa grande necessidade de capital gerava disparidades entre as empresas, e, para muitas organizações, a sofisticação do processamento de dados era um luxo inacessível. Hoje, as empresas não mais precisam armazenar os próprios dados, e até pequenos negócios têm condições de acessar as ferramentas necessárias para o uso de dados não estruturados. O principal fator de mudança foi o desenvolvimento da computação na nuvem.

Pense nos sistemas de reconhecimento de voz, como Siri e Google Now, dos nossos smartphones. Existe um motivo para a Siri não funcionar quando os iPhones estão off-line: a computação necessária para compreender e reagir à linguagem falada é pesada demais para ser gerenciada pelos processadores dos atuais dispositivos móveis. A Siri, porém, funciona perfeitamente bem quando é capaz de acessar a nuvem. Todos os nossos dispositivos precisam de conexão contínua para enviar a voz ao servidor remoto, com todo o poder necessário para processar dados não estruturados e responder em tempo real.

Cada vez mais, maiores quantidades de aplicações e serviços de computação são entregues sem emendas pela internet, com o verdadeiro poder de processamento situado na nuvem, não em nossos dispositivos e computadores. A Amazon Web Services (a enorme divisão de serviços de computação B2B, 'business to business', ou exclusivamente para empresas) da Amazon, além de Microsoft, Google e outras, todas estão impulsionando o deslocamento da computação para um ambiente em que as empresas cada vez mais atendem às suas necessidades por meio de ofertas de subscrição e de SaaS (*software-as-a-service*), em vez da compra e da instalação dos computadores mais poderosos em suas próprias dependências.

A computação na nuvem tem profundas implicações para a expansibilidade e para pequenos negócios. Serviços como o Watson estão disponíveis "na torneira", para as empresas, da mesma maneira como o armazenamento na nuvem e a base de dados de clientes para pequenos negócios. Isso significa que o *big data* não é exclusividade de empresas de classe mundial, com enormes departamentos de TI. Qualquer empresa pode acessar ferramentas analíticas de alta qualidade – fornecidas por provedores de serviços na nuvem, como SAP e IBM – pagando apenas pelos dados e pelo processamento. O *big data* não custa caro.

Três mitos sobre o *big data*

Embora a ascensão do *big data* – os novos conjuntos de dados não estruturados e as ferramentas para interpretá-los – esteja influenciando todos os setores de atividade, ainda restam alguns mitos e equívocos sobre o que exatamente mudou para as empresas.

Mito 1: O algoritmo resolve tudo

É o que denomino o mito do algoritmo mágico. Os primeiros relatos sobre o *big data* criaram a falsa impressão de que bastaria reunir supercomputadores, deixá-los processar todos os conjuntos de dados não estruturados e revelar padrões inesperados, e abracadabra! Os melhores *insights* e inspirações apareceriam na tela. Na verdade, não é assim que a análise de dados funciona.

Compreender o *big data* ainda exige grande envolvimento de analistas humanos qualificados. Muitas são as razões para essa dependência. A qualidade e a exatidão dos dados são fundamentais. De que maneira os dados foram coletados? Certa margem de erro seria admissível? Esta amostra é de fato representativa? Os diferentes conjuntos de dados estão no mesmo formato, para serem comparados com exatidão? Muitas controvérsias sobre dados ainda são resolvidas por analistas humanos, uma vez que certas questões não estão totalmente automatizadas pelo software.

Os algoritmos usados para analisar os dados ainda estão sujeitos aos vieses dos seus programadores. É possível projetar um algoritmo para filtrar os currículos e encontrar os que mais se encaixam no perfil dos empregados de sua empresa. Também é possível, porém, que as contratações do passado não reflitam a diversidade de competências que você está buscando nos futuros empregados. Mais importante, você precisa de gestores para fazer as perguntas certas aos dados. Em que resultados a empresa está mais interessada? Com base em que padrões de dados você poderia fazer alguma coisa? Os algoritmos são cada vez mais capazes de encontrar respostas, mas eles ainda precisam de seres humanos para fazer as perguntas certas. Tariq Shaukat, executivo-chefe comercial da Caesars Entertainment, se expressa nos seguintes termos: "Se você parte dos dados, você termina com os dados. A questão que levanto com as minhas equipes, o tempo todo, é 'A que pergunta estamos tentando responder?'."[56]

Mito 2: Correlação é tudo o que importa

A identificação de um padrão não (nem sempre) é suficiente. Alguns comentaristas do *big data* relataram que não mais se interessam por causalidade, mas sim por correlação. A crença é que os padrões subjacentes nos conjuntos de dados são verdades evidentes por si próprias, que dispensam a necessidade de recorrer a ideias humanas nebulosas de causa e efeito.

Isso simplesmente não é verdade. É extremamente importante que os gestores compreendam a diferença entre simples correlação e causalidade – e saibam quando essa diferença importa e quando não importa. Uma regra prática simples: se você só estiver fazendo previsões, a *correlação* de dados é suficiente. Se, porém, você estiver procurando mudar a precondição, é preciso verificar se há *causalidade*. Lembre-se de Stringer, o secretário de Finanças da cidade de Nova York, que descobriu a correlação de dados entre redução da verba para poda de árvores e aumento das ações judiciais contra a cidade, reivindicando indenização por lesões corporais. Se as verbas para poda de árvores não estivessem realmente *causando* os acidentes que levavam às ações judiciais, a decisão dele de restaurar as verbas para a poda de árvores não teria ajudado. No caso de Stringer, a causalidade importava muito.

Por outro lado, imagine que sua agência de propaganda tenha concluído que as mulheres casadas de Ohio são mais sensíveis aos anúncios para seu novo produto para cabelo. Você não vai tentar aumentar as vendas de xampu encorajando as mulheres de Ohio

---

[56] MCKINSEY on Marketing & Sales. CMO View: Making Data Easy to Use. *YouTube*, 2:44, 26 ago. 2014. Disponível em: <https://www.youtube.com/watch?v=GwB6LWwifLg>. Acesso em: 3 jul. 2017. Vídeo (2:44).

a se casarem (isso seria influenciar a precondição). Você apenas vai usar essa informação para direcionar mais propaganda às mulheres casadas, em vez de às mulheres solteiras. Nesses casos, apenas o conhecimento da correlação de dados já é suficiente.

Mito 3: Todos os *"good data"* são *"big data"*

Seria um equívoco confundir *big data* com estratégia de dados. Em muitos casos, as empresas podem construir valiosos ativos de dados e aplicá-los para fins estratégicos, sem vasculhar o mundo confuso do *big data*.

Os dados nem sempre precisam ser *"big"* *data* (isto é, não estruturados) para ser úteis para os negócios. É possível extrair ideias poderosas da análise e da aplicação de dados tradicionais, mais estruturados, como o comportamento do fluxo de cliques dos clientes (no site, onde os clientes clicam, onde rolam a página para baixo, onde passam mais ou menos tempo, onde enchem o carrinho de compras, etc.?). Mesmo em potências do *big data*, como o Facebook, onde se situam alguns dos maiores aglomerados de servidores do mundo, a maioria das pesquisas dirigidas pelos engenheiros em determinado dia é de tal porte que lhes permitiria serem processadas num laptop.[57] O ponto de sua estratégia de dados deve ser gerar valor para os clientes e para a empresa. Às vezes, isso envolverá *big data*, mas nem sempre.

Onde encontrar os dados de que você precisa

Na montagem da estratégia de dados, o ponto de partida são os dados gerados nos processos de negócios. É provável, porém, que você identifique lacunas nos dados de que precisa para alguns de seus objetivos. Descobrir as fontes certas de dados adicionais é fundamental para preencher as lacunas e, com o passar do tempo, construir seu ativo de dados. Entre as importantes fontes de dados de fora da organização, incluem-se troca de dados sobre valor para o cliente, participação dos usuários principais, parceiros da cadeia de fornecimento, conjuntos de dados públicos e acordos de compra ou troca.

---

[57] MIMS, Christopher. Most Data Isn't "Big" and Businesses Are Wasting Money Pretending It Is. *Quartz*, 6 maio 2013. Disponível em: <http://qz.com/81661/most-data-isnt-big-and-businesses-are-wasting-money-pretending-it-is/>. Acesso em: 3 jul. 2017.

Troca de dados sobre valor para o cliente

Uma das melhores maneiras de gerar dados adicionais é convidar os clientes a contribuir com dados, como parte da interação com a empresa ou em trocas diretas pelo valor que recebem da empresa. Conforme mencionado no Capítulo 2, o aplicativo de navegação Waze construiu os dados sobre os mapas e os dados sobre as condições do trânsito, em tempo real, com base nas contribuições dos usuários. O Waze desde o início foi projetado em torno da geração de dados. Sempre que o cliente deixa ligado o aplicativo, o GPS é acessado pelo Waze a cada segundo. Em áreas de alta intensidade demográfica, esse recurso oferece alto nível de percepção, em tempo real, das condições do trânsito e possibilita alterações nos itinerários muito mais eficazes que os aplicativos dos concorrentes. (Depois de atingir 30 milhões de usuários, o Waze foi comprado pelo Google por US$ 1,3 bilhão.) Como não vende diretamente aos consumidores, a Coca-Cola, historicamente, tinha muito poucos dados sobre os consumidores. No entanto, com a ajuda do programa de fidelidade My Coke Rewards, a empresa acumulou dados referentes a 20 milhões de clientes, o pivô de seu ativo de dados. O Metropolitan Museum of Art, de Nova York, conseguiu reunir 100 mil novos endereços de e-mails válidos, simplesmente pedindo aos visitantes seus endereços de e-mails, em troca de acesso ao seu Wi-Fi gratuito. O que leva os clientes a compartilhar suas informações com as empresas? Numa pesquisa global que conduzi na Columbia University com Matt Quint, observamos quatro fatores-chave: o tipo de valor ou de recompensas oferecidas, a presença de relacionamento de confiança com a empresa, o tipo de dados que é solicitado e o setor de atividade da empresa.[58]

Participação dos usuários principais

Os usuários principais (termo cunhado por Eric von Hippel)[59] são seus clientes mais ativos, ávidos ou engajados. Por terem mais

---

[58] QUINT, Matthew; ROGERS, David. What Is the Future of Data Sharing? Consumer Mindsets and the Power of Brands. *Columbia Business School/Aimia*, out. 2015. Disponível em: <http://www8.gsb.columbia.edu/globalbrands/research/future-of-data-sharing>. Acesso em: 3 jul. 2017.

[59] HIPPEL, Eric Von. Lead Users: A Source of Novel Product Concepts. *Management Science*, v. 32, p. 791–806, 1986. Disponível em: <doi:10.1287/mnsc.32.7.791>. Acesso em: 3 jul. 2017.

necessidades, eles têm mais interesse em interagir com a empresa e com seus produtos e, frequentemente, podem ser a única fonte de dados poderosa. Vimos um exemplo no The Weather Underground: o exército de voluntários entusiastas pela meteorologia, que enviam para a TWC, em tempo real, felizes da vida, feeds de dados adicionais sobre as condições meteorológicas, como participantes da comunidade. Outras empresas recorrem à exclusividade para identificar e explorar ao máximo seus usuários principais. Alexandre Choueiri, presidente das coleções de designer internacionais da L'Oréal, explicou-me que a empresa de cosméticos cria e engaja comunidades de clientes confidenciais para marcas de designer Viktor & Rolf. A atração de associar-se a um clube especial (chamado, literalmente, de "serviço secreto"), é um apelo para os consumidores, e a exclusividade ajuda a marca a aprender mais sobre seus clientes fiéis – bem mais do que com compradores acidentais e impulsivos. "Você reúne poucas pessoas", disse-me Choueiri. "Mas elas são realmente engajadas. Como vendemos essa marca através de varejistas, essa ferramenta de engajamento é a maneira de conseguirmos dados."[60] Ao engajar os usuários principais, as marcas podem solicitar inputs e *feedback* de comunidades muito mais seletivas e importantes.

Parceiros da cadeia de fornecimento

Os parceiros de negócios são fontes cruciais de dados adicionais para a construção de seu ativo de dados. As empresas que produzem bens de consumo embalados agora trabalham em estreito relacionamento com grandes varejistas e com serviços de dados de varejo, como Dunnhumby. Poder, uso dos relacionamentos e níveis de confiança podem exercer forte impacto sobre quem compartilha dados com quem, em numerosos setores de atividade. No setor de viagens, as grandes empresas de aviação, como a Delta, não raro têm mais de 100 milhões de clientes inscritos em seus programas de fidelidade. No entanto, as empresas de aviação e as agências de viagem on-line (como Travelocity e Orbitz) compartilham apenas alguns dados. Portanto, nem as agências, nem as empresas de aviação têm acesso a todo o panorama dos comportamentos de viagem dos clientes, quando querem customizar preços e ofertas nos pontos de venda. Cada vez

---

[60] CHOUEIRI, Alexandre. Entrevista por telefone com o autor em 10 jun. 2014.

mais, as parcerias em torno de dados serão elemento-chave de como as empresas negociam as condições do trabalho conjunto.

Conjuntos de dados públicos

Outra fonte importante de novos dados são os conjuntos de dados acessíveis ao público. Alguns deles se encontram em fóruns públicos on-line. O site de avaliações de automóveis Edmunds.com, por exemplo, reúne muitos anos de fóruns de discussões – oferecendo enorme quantidade de dados não estruturados oriundos de conversas de clientes sobre modelos de carros, características, preferências e experiências. É fácil pesquisar dados em tempo real em muitas plataformas de mídias sociais, como o Twitter. Além disso, os governos estão oferecendo, cada vez mais, acesso público a grandes conjuntos de dados, em formato legível por máquina. Os dados censitários do governo dos Estados Unidos, por exemplo, estão sendo objeto de grande demanda desde que foram disponibilizados. Além disso, os governos municipais, cada vez mais, estão abrindo APIs (interface de programas aplicativos) para deixar que empresas inovadoras usem os dados do governo e ofereçam novas oportunidades de negócios.

Acordos de compra ou troca

Finalmente, muitas são as oportunidades de as empresas comprarem ou trocarem dados autênticos e valiosos umas com as outras. No entanto, é importante evitar conjuntos suspeitos de registros de clientes, coletados por meios questionáveis. Em vez disso, as interessadas devem procurar os muitos serviços confiáveis que possibilitam comparações de dados anônimos. Esse anonimato cria condições para que as empresas aprendam aspectos importantes, como taxas de aceitação de ofertas (propórção de clientes que aceitam as ofertas recebidas). Os dados das empresas identificam os clientes que receberam ofertas, os dados do varejo mostram quem fez a compra e os serviços de terceiros medem a taxa de aceitação, sem revelar as identidades dos clientes (o que poderia ser violação das condições de privacidade).

Às vezes, os dados podem ser recebidos por meio de troca ou doação. Durante a Copa do Mundo de 2014, no Brasil, o Waze compartilhou dados de motoristas anônimos com os governos municipais do país, para ajudá-los a identificar e a responder com mais rapidez aos aumentos de trânsito e aos riscos nas estradas. Só no Rio de Janeiro, até 110 mil motoristas por dia ofereciam dados sobre trânsito através da API do Waze. Desde então, o Waze vem desenvolvendo parcerias com outros governos, como o do estado da Flórida. A empresa não está reivindicando pagamento, mas sim procurando trocas por mais dados. Ao receber dados em tempo real oriundos de sensores de rodovias e informações sobre projetos de construção ou obras e sobre eventos na cidade, o Waze está melhorando seu próprio ativo de dados.

Hoje, muitas são as fontes de dados disponíveis. O desafio para o seu negócio é, muitas vezes, simplesmente escolher quais dessas fontes atendem melhor às suas necessidades. Pesquisa recente, publicada pelo *Journal of Advertising Research,* resumiu as mudanças previstas nas pesquisas de mercado: na medida em que as empresas se defrontam com um "rio" de dados gerados continuamente, o objetivo da pesquisa não é fabricar dados a qualquer custo, e sim encontrar as ferramentas certas para "pescar" nesse rio, a fim de extrair os *insights* e as informações necessárias.[61]

Convertendo os dados de clientes em valor para a empresa: Quatro paradigmas

À medida que as organizações reúnem mais dados e os convertem em ativos poderosos, o desafio passa a ser, cada vez mais, aplicar continuamente esses ativos para criar novo valor para elas mesmas.

Já vimos exemplos de como os dados sobre produtos e serviços geram valor para a empresa ao possibilitar a prestação de serviços fundamentais aos clientes: lembre-se do uso pela TWC de dados sobre o clima e do uso pelo Google de dados sobre mapas. Também vimos que os dados sobre os processos de negócios podem criar valor, melhorando a tomada de decisões, até de maneira surpreendente – como o uso por Stringer de dados sobre o orçamento da cidade de Nova York.

Se olharmos para os dados de clientes, encontraremos padrões recorrentes sobre melhores práticas, usadas para agregar valor entre diferentes setores e organizações. Podemos ver essas melhores práticas

---

[61] MICU, Anca Cristina *et al*. Guest Editorial: The Shape of Marketing Research in 2021. *Journal of Advertising Research*, v. 51, n. 1, 213-221, mar. 2011.

como quatro paradigmas para a criação de valor com dados de clientes: insights: *revelando o invisível*; *segmentação: estreitando o campo*; *personalização: fazendo sob medida*; e *contexto: fornecendo um referencial*.

Examinemos cada um desses quatro paradigmas do valor dos dados e vejamos como eles se aplicam a diferentes setores para criar novo valor.

Insights: revelando o invisível

O primeiro paradigma da criação de valor é *insights*. Ao revelar relações, padrões e influências até então invisíveis, os dados de clientes podem oferecer imenso valor para as empresas. Os dados podem fornecer *insights* sobre a psicologia dos clientes (Como as minhas marcas ou produtos são percebidos no mercado? O que motiva e influencia as decisões dos clientes? Será que eu posso prever e medir o boca a boca dos clientes?). Os dados podem revelar padrões no comportamento dos clientes (Como os hábitos dos clientes estão mudando? Como os clientes estão usando o meu produto? Onde a fraude ou o abuso está ocorrendo?). Os dados também podem ser usados para medir o impacto de ações específicas sobre a psicologia e o comportamento dos clientes (Quais serão os resultados de mudanças nas mensagens, nas despesas de marketing, no mix de produtos e nos canais de distribuição?).

Hoje, muitas empresas têm acesso a grande quantidade de dados de clientes, na forma de conversas on-line sobre seus produtos e marcas. Bom exemplo disso são os fabricantes de automóveis. Meu colega Oded Netzer, da Columbia Business School, junto com três pesquisadores coautores,[62] esquadrinhou os dados criados por fóruns de discussão para analisar o que eles revelam sobre a estrutura do mercado automotivo e sobre o comportamento dos consumidores. A equipe de Netzer aplicou várias ferramentas de mineração de texto, ou seja, algoritmos que são treinados em linguagem humana e que aplicam fórmulas para detectar padrões em enorme quantidade de textos não estruturados, extraídos de conversas on-line. Uma área dessa pesquisa examinou como os clientes percebem as marcas de produtos ou serviços. Ao examinar os padrões de "lift" estatístico, eles identificaram os atributos específicos que se associam com mais frequência a certa

---

[62] NETZER, Oded *et al*. Mine Your Own Business: Market-Structure Surveillance Through Text Mining. *Marketing Science*, v. 31, n. 3, p. 521-543, 2012.

marca de carro, em comparação com seus concorrentes mais próximos. Os padrões revelaram oportunidades referentes a públicos a alcançar, conteúdo de mensagens e ideias para o desenvolvimento de produtos.

A equipe de Netzer também usou os dados para avaliar o impacto da propaganda de longo prazo. Eles se concentraram em um período em que a Cadillac tinha gastado milhões de dólares em propaganda da marca, para mudar a percepção do Cadillac pelos clientes, de "carro clássico americano" (como Lincoln) para "marca de luxo" (como Lexus e Mercedes). Análise textual das conversas ao longo de vários anos mostrou que, em consonância com o objetivo da campanha, a marca Cadillac aos poucos se deslocou – nas percepções associativas dos clientes – do primeiro grupo (marcas clássicas americanas) para o segundo grupo (marcas de luxo). Quando os pesquisadores compararam esse resultado com dados públicos sobre transações de troca com os revendedores, em que o carro usado é dado como parte do pagamento, eles conformaram que a mudança de percepção também era indicador antecedente dos comportamentos de compra. Em vez de trocar Lincolns por Cadillacs, cada vez mais clientes passaram a trocar carros de luxo por Cadillacs.

Em outro caso, a Gaylord Hotels usou *insights* de dados de clientes para aprimorar sua estratégia de referências. A empresa tem alguns hotéis em prédios amplos, adequados para grandes eventos, assim como para hospedagem pessoal. Com verba limitada para propaganda, a empresa sabia que as referências de clientes (propaganda boca a boca de hóspedes satisfeitos) eram as melhores fontes de novos clientes. Assim, a administração definiu a prioridade de aumentar a propaganda boca a boca, melhorando ainda mais a experiência dos hóspedes, que já era considerada boa. O primeiro passo foi uma revisão interna das operações, que identificou oitenta áreas de foco, que poderiam não só reforçar a satisfação dos clientes, mas também levá-los a efetivamente elogiar o hotel para outras pessoas. O objetivo seguinte, obviamente, era a priorização: que itens nessa longa lista eram os mais importantes? Para ajudar, a empresa analisou dados de mídias sociais, examinando todos os casos em que o nome do hotel era mencionado pelos clientes em plataformas públicas como o Twitter. As recomendações e os elogios dos clientes foram esquadrinhados, em busca de pistas que revelassem os fatores que as induziram e em que momento da estada do cliente no hotel ocorria essa indução. Os resultados foram esclarecedores. Uma breve lista de apenas cinco elementos da experiência dos hóspedes parecia exercer grande parte da influência em disparar a propaganda boca a boca, e todos eles ocorriam nos primeiros vinte minutos depois da chegada do hóspede ao hotel.[63]

Segmentação: estreitando o campo

O segundo paradigma para a criação de valor com os dados é *segmentação*. Ao estreitar o campo dos possíveis públicos e ao identificar o público mais relevante para a empresa, os dados de clientes podem ajudar a obter melhores resultados em todas as interações com os clientes. No passado, os clientes, em geral, eram divididos em poucos segmentos amplos, com base em fatores como idade, CEP e uso do produto. Hoje, esquemas avançados de segmentação podem basear-se em dados muito mais diversificados sobre os clientes e podem gerar dezenas ou até centenas de microcategorias. O critério de segmentação dos clientes também pode mudar em tempo real, na medida em que são atribuídos a um ou outro segmento, com base em dados comportamentais, nos e-mails clicados, nas recompensas resgatadas e no conteúdo compartilhado. O ideal é que o valor vitalício do cliente (como analisamos no Capítulo 2) seja incluído como critério de segmentação, com base no valor de longo prazo para a empresa.

A Custora é uma empresa de análise de dados que ajuda os negócios de comércio eletrônico a estimar o provável valor vitalício dos clientes (CLV – *customer lifetime value*) de seus sites na internet – ou seja, não só a probabilidade de compra numa visita específica, mas o provável potencial de lucro no futuro. O método consiste em analisar dados históricos do cliente e aplicar tanto o modelo CLV quanto modelos probabilísticos Bayesianos. Por exemplo, quando um cliente faz só uma compra num site, a Custora prevê que ele provavelmente fará seis compras nos 12 meses subsequentes, totalizando US$ 275, o que o inclui entre os 5% mais promissores dos clientes. Outras previsões com base em dados históricos são as categorias de produtos em que se incluirão as próximas compras prováveis do cliente (por exemplo, utensílios para a casa *versus* produtos para jardinagem). O modelo

---

[63] KING, Rachael. Sentiment Analysis Gives Companies Insight Into Consumer Opinion. *Business Week*, 1 mar. 2011. Disponível em: <http://www.bloomberg. com/bw/stories/2011–03–01/sentiment-analysis-gives-companies-insight-into-consumer-opinionbusinessweek-business-news-stock-market-and-financial--advice>. Acesso em: 3 jul. 2017.

pode até fornecer sinais de alerta – como prever que, se o cliente não fizer uma compra nos três meses seguintes, a empresa pode assumir probabilidade de apenas 10% de retorno do cliente.[64]

O InterContinental Hotels Group usa com cuidado dados sobre os 71 milhões de membros de seu programa de fidelidade Priority Club, para compreendê-los e segmentá-los com mais eficácia. Esses dados abrangem muito mais que CEP e preferências por quartos. Mais de 4.000 atributos diferentes – como nível de renda, canal de reserva preferido, uso de pontos de recompensa e tendência para se hospedar em fins de semana – são usados para enquadrar cada membro em um grupo de clientes. Esse nível de segmentação permitiu que o hotel aumentasse de algumas dezenas para mais de 15 centenas a variedade de mensagens de marketing enviadas para os clientes, com base em comportamentos no passado e em ofertas especiais, como eventos locais. Essas novas campanhas de marketing geraram taxas de conversão (proporção de clientes que aceitam a oferta enviada) 35% superiores às de campanhas menos segmentadas de um ano antes.[65]

O uso de dados para segmentação pode exercer impacto poderoso até em áreas como assistência médica sem fins lucrativos, graças a uma prática conhecida como *hot spotting* (agrupamento de comportamentos semelhantes por localização). O Dr. Jeffrey Brenner, médico de família, em Camden, New Jersey, estudou registros de faturas de assistência médica em sua cidade natal e descobriu que 1% da população da cidade era responsável por 30% dos custos da assistência médica. "Uma pequena fatia de pacientes respondia por grande parte dos custos, mas, na realidade, nós os ignorávamos", explicou Brenner.[66] Com base nesses dados, e mediante pequenas contribuições de organizações filantrópicas,

[64] HEUSSNER, Ki Mae. Meet the Startup Helping Sites Like Fab and Etsy Court Their Customers. *Gigaom*, 4 jun. 2012. Disponível em: <https://gigaom.com/2012/06/04/meet-the-startup-helping-sites-like-fab-and-etsy-court--their-customers/>. Acesso em: 3 jul. 2017.

[65] ROSENBUSH, Steven; TOTTY, Michael. How Big Data Is Changing the Whole Equation for Business. *Wall Street Journal*, 11 mar. 2013. Disponível em: <http://www.wsj.com/news/articles/SB20001424127887324178904578340071261396666>. Acesso em: 3 jul. 2017.

[66] LEE, Alice. How Health Care "Hotspotting" Can Lower Costs, Improve Quality. *The Aspen Institute*, 2 out. 2014. Disponível em: <http://www.aspeninstitute.org/about/blog/how-health-care-hotspotting-can-lower-costs-improve-quality>. Acesso em: 3 jul. 2017.

ele constituiu a Camden Coalition of Healthcare Providers (Coalizão Camden de Provedores de Assistência Médica), com foco em localizar (*spotting*) esses pacientes e neles concentrar o atendimento. Em três anos, a organização conseguiu reduzir em 40% as visitas a salas de emergência e em 56% as contas hospitalares no grupo inicial dos "piores dos piores" pacientes.[67]

Personalização: fazendo sob medida

Depois que a empresa passa a adotar microssegmentos de clientes, a oportunidade seguinte é diferenciá-los, tratando-os da maneira mais relevante e valiosa para eles. Esse é o terceiro paradigma da criação de valor: *personalização*. Ao desenvolver sob medida mensagens, ofertas, preços, serviços e produtos para atender às necessidades de cada cliente, as empresas possibilitam a entrega de mais valor.

A Kimberly-Clark, que vende algumas das mais conhecidas marcas de fraldas (entre outros produtos de cuidado pessoal), usa uma plataforma de gestão de público que integra dados de vendas e de canais de mídia para desenvolver uma visão integrada da "jornada do cliente" para cada usuário de seus produtos. Para a empresa, isso significa rastrear o progresso da família ao longo de vários produtos – abrangendo a Huggies para recém-nascidos, fraldas de tamanho Extra Grande, modelos de transição para a fase de treinamento no banheiro e, finalmente, as "Little Swimmers" (para crianças que estão começando a nadar na piscina). O rastreamento de cada cliente permite o anúncio do produto certo para a família certa.[68]

A British Airways lançou um programa de personalização do serviço conhecido internamente como Know Me (Me Conheça). O objetivo é reunir diversos dados para criar uma "visão única do cliente", que ajudará a equipe da empresa a desenvolver ligações mais pessoais com cada cliente. O Know Me começou com um projeto de dois anos para interligar dados de sistemas comerciais, operacionais e de engenharia, e colocá-los na ponta dos dedos dos diretores de atendimento aos clientes. O programa, porém, só funciona porque a análise de dados

---

[67] GAWANDE, Atul. The Hot Spotters. *New Yorker,* 24 jan. 2011. Disponível em: <http://www.newyorker.com/magazine/2011/01/24/the-hot-spotters>. Acesso em: 3 jul. 2017.

[68] KAUSHIK, Mukund. *Client Perspective.* Nova York, 10 abr. 2014. Grupo de discussão no IBM Think Marketing CMO Executive Leadership Forum.

está associada ao julgamento e à "inteligência emocional" da equipe de serviços da British Airways. Os dados do Know Me são usados para aprofundar a conscientização da equipe quanto às necessidades e às preferências pessoais dos clientes, cujos membros têm poderes para lançar as próprias observações e registros que ajudem a personalizar as viagens futuras. Esse *loop* de *feedback* ajuda a empresa de aviação a fazer ofertas mais relevantes a cada cliente e a oferecer reconhecimento e serviços personalizados durante a viagem. Aí se inclui reconhecer um cliente VIP de classe executiva – mesmo quando está viajando em classe econômica com a família – para que a equipe de serviço lhe dê as boas-vindas, lhe agradeça e lhe ofereça uma taça de champanhe. Também pode consistir em tranquilizar um cliente que já indicou ter medo de viajar de avião. Com atualizações urgentes entrando no sistema em minutos, uma equipe de voo localizou o iPad de um passageiro, esquecido a bordo, e passou a informação à equipe de conexões, para que notificasse o cliente. Um dos toques de serviço mais populares é o de cumprimentar a bordo os clientes que alcançam o *status* Silver Ties, o primeiro nível que oferece acesso a salas de espera especiais. A empresa tem visto respostas extremamente positivas dos clientes, não só avulsas, mas também no rastreamento contínuo do nível de satisfação e da probabilidade de recomendar a British Airways a outras pessoas. Além disso, o Know Me criou condições para que a empresa ampliasse sua percepção dos clientes, muito além da percepção de membros dos programas de fidelidade, com o objetivo de conhecer as necessidades de seus 50 milhões de passageiros.[69]

Um dos desafios da personalização é a proliferação de diferentes desafios e plataformas, em que os clientes interagem com a empresa. Como a empresa sabe que está falando com a mesma pessoa num telefone, tablet ou PC, para não falar em Facebook, em seu portal de compras, ou em anúncios na tela incluídos pelo Google em páginas espalhadas por toda a internet? A boa notícia é que esse desafio está diminuindo rapidamente, em consequência da "*addressability*" do mesmo cliente através de inúmeras plataformas. Como explicou David Williams, CEO da Merkle, potência em base de dados, estamos ficando cada vez mais capazes de nos comunicar com os consumidores individuais, com "*addressability at scale*" (uso de dados e de análises para alcançar segmentação e personalização altamente eficientes, em nível

---

[69] BOSWELL, Jo. Entrevista por telefone com o autor em 9 ago. 2015.

individual e em escala maciça), através de Google, Facebook, Amazon, e todas as outras plataformas dominantes na internet.[70]

Contexto: fornecendo um referencial

O último paradigma para a criação de valor com os dados é *contexto*. Ao oferecer uma estrutura de referência – e mostrar como as ações ou os resultados de um cliente se acumulam contra os da população mais ampla –, o contexto pode criar novo valor para as empresas e para os clientes.

Contextualizar os dados é a essência do movimento "eu quantificado" – resultante do interesse crescente dos clientes em medir dietas, exercícios, batimentos cardíacos, padrões de sono e outros marcadores biológicos. A Nike foi uma das primeiras empresas a explorar essa tendência, com a sua plataforma Nike +, que, de início, usava sensores nos calçados; depois, a pulseira Nike Fuel; e, mais tarde, aplicativos de software para dispositivos móveis. Em cada estágio de seu desenvolvimento, a Nike + foi projetada para capacitar os clientes a captar seus dados e compartilhá-los com suas comunidades on-line. Os clientes da Nike que acompanham seus dados de corrida não querem conhecer apenas seu desempenho hoje; também querem saber como seu desempenho de hoje se compara com o seu desempenho durante a semana ou no mês passado, com os objetivos que estabeleceram para si mesmos e com os resultados de amigos nas redes sociais. Contexto é tudo.

Comparar os próprios dados com os dados alheios também pode agregar valor, ajudando os clientes a compreender as probabilidades de diferentes resultados. A Naviance é uma plataforma popular para alunos de ensino médio que se preparam para os processos de busca e matrícula numa faculdade. Um de seus serviços básicos é uma ferramenta que capacita os alunos a fazer o upload de seus dados (resultados de testes, currículo escolar, registros de frequência) e compará-los com a enorme base de dados de alunos que se matricularam na faculdade por meio da Naviance. Com base nos resultados passados de outros candidatos, a plataforma pode mostrar aos estudantes a probabilidade de serem aceitos em diferentes faculdades. Em vez de se candidatarem no escuro

---

[70] WILLIAMS, David. Connected CRM: Delivering on a Data-Driven Business Strategy. In: ANNUAL "BRITE" CONFERENCE, 2014. Nova York: Columbia Business School, 2014. Discurso.

(como fazíamos nos meus tempos), os alunos podem usar a Naviance para descobrir as faculdades de sua lista em que têm poucas chances, aquelas em que a aprovação é quase certa, e as que ficam no meio.

Compartilhar e comparar dados de clientes pode ser recurso muito eficaz para identificar os riscos. O BillGuard é um aplicativo de proteção financeira popular que rastreia os demonstrativos dos cartões de crédito dos clientes e os ajuda a identificar lançamentos fraudulentos (por exemplo, se o cartão foi um dos 50 milhões que foram hackeados no último ciberescândalo) e cobranças "cinzentas" (tarifas ocultas que os clientes até então ignoravam). Os algoritmos do BillGuard são eficazes exatamente porque comparam as contas dos clientes com contas anônimas de outros usuários e com quaisquer cobranças que tenham sido consideradas questionáveis por outros clientes da comunidade.

Outros exemplos de empresas que usam dados contextualizados são Glassdoor, em que os usuários comparam seus salários com as médias de outros profissionais em setores e funções equivalentes, e Pricing Engine, que ajuda pequenas empresas a melhorar seus gastos com propaganda digital (em plataformas como Google AdWords), comparando as próprias taxas de sucesso com as dos pares.

Ferramenta: Gerador de Valor dos Dados

Já vimos os diferentes tipos de dados que estão sendo usados pelas empresas hoje. Também examinamos as fontes em que os negócios podem encontrar mais dados para preencher as próprias lacunas. E apresentamos quatro paradigmas para criar valor, usando dados de clientes. Vejamos agora como aplicar esses conceitos à geração de novas opções estratégicas referentes a dados em sua organização. Esse é o foco de nossa próxima ferramenta, o Gerador de Valor dos Dados.

A ferramenta segue um processo de cinco passos para gerar novas ideias estratégicas referentes a dados (ver Figura 4.1). Examinemos cada um desses passos em detalhes.

1º passo: Área de impacto e Indicadores-Chave de Desempenho (KPI)

O primeiro passo é definir a área do negócio que você está querendo impactar ou melhorar por meio de nova iniciativa de dados. Você pode defini-la como uma unidade de negócios específica (por exemplo, uma linha de produto), uma divisão (por exemplo, marketing), ou um novo empreendimento. Talvez você conclua que está tentando aplicar dados para aprimorar o atendimento aos clientes num resort, para aumentar a eficácia das recomendações de produtos, para dinamizar as comunicações com os atuais clientes, para reformular o *call center* dos clientes, ou para desenvolver novo aplicativo capaz de reforçar o engajamento dos clientes.

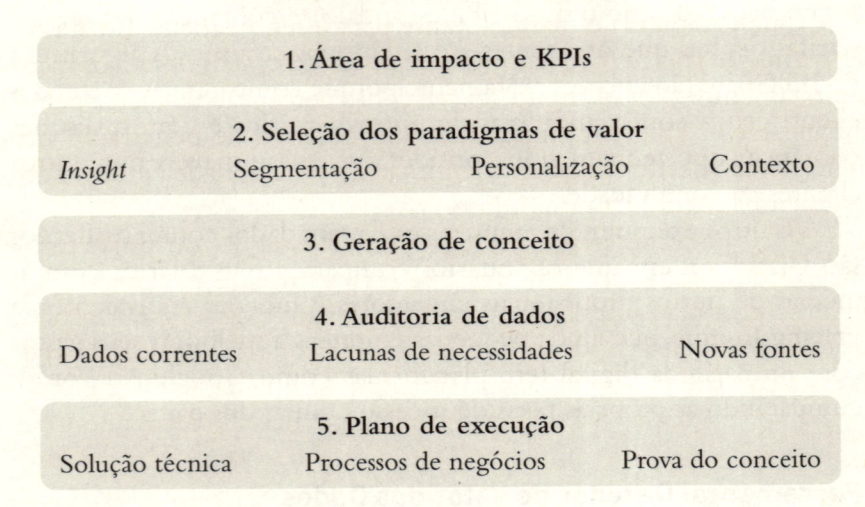

Gerador de Valor dos Dados

1. Área de impacto e KPIs

2. Seleção dos paradigmas de valor

| *Insight* | Segmentação | Personalização | Contexto |

3. Geração de conceito

4. Auditoria de dados

| Dados correntes | Lacunas de necessidades | Novas fontes |

5. Plano de execução

| Solução técnica | Processos de negócios | Prova do conceito |

Figura 4.1: Gerador de Valor dos Dados

Depois de definir a área de impacto, é preciso identificar os objetivos do negócio nessa área. Que objetivos você está querendo apoiar? Além dos objetivos amplos, quais são os seus indicadores-chave de desempenho (KPI) que estão sendo usados para avaliar os resultados? Como se trata de projeto baseado em dados, é bom pensar em resultados altamente mensuráveis, aqueles cujo impacto você será capaz de medir com clareza. Tudo bem se você identificar, nesta fase, vários objetivos e KPIs; talvez você acabe tentando influenciar um ou mais, à medida que você gera suas ideias estratégicas.

2º passo: Seleção dos paradigmas de valor

Agora que você definiu o domínio em que está focado, reveja os quatro paradigmas de criação de valor e identifique um ou mais que talvez seja mais relevante para os seus objetivos:

- *Insight*: compreender a psicologia dos clientes, seus comportamentos, e o impacto das iniciativas de negócios.
- *Segmentação*: estreitar o público, saber a quem alcançar, usar segmentação avançada.
- *Personalização*: tratar diferentes clientes de maneira diferente, para aumentar a relevância e os resultados.
- *Contexto*: relacionar os dados de um cliente com os dados da população mais ampla.

Que paradigma é mais relevante para o seu negócio? E para os KPIs em que você está focado? O que pode afetar seus objetivos mais indiretamente? (Por exemplo, *insights* sobre percepção da marca pelos clientes talvez ajudem a influenciar um objetivo de penetração no mercado, se você for capaz de identificar a oportunidade certa para o reposicionamento de seu produto.)

Você pode optar por perseguir um paradigma ou uma combinação de paradigmas. Observe que segmentação e personalização geralmente atuam juntos. Enquanto as iniciativas de segmentação às vezes focam apenas na identificação do público certo, a personalização eficaz exige que você tenha algum sistema de segmentação direcionada. Talvez você já tenha um ou outro paradigma mais desenvolvido (por exemplo, você é forte em segmentação, mas fraco em *insights* sobre os consumidores). A questão é: "Que área de criação de valor será o próximo foco de sua estratégia de dados?".

3º passo: Geração de conceito

Agora que você selecionou um paradigma de valor (ou mais que um), você o usará para idealizar ou conceber maneiras específicas pelas quais os dados poderão gerar mais valor para os clientes e para o negócio.

Por exemplo, se você selecionar contexto, como lhe será possível usar melhor as informações contextuais para influenciar os comportamentos desejados? A economia contextual revelou que contextualizar os dados pode ser motivador muito poderoso. É mais provável que os eleitores sejam persuadidos a votar quando são lembrados do histórico do seu próprio comparecimento às urnas e do comparecimento dos vizinhos. Usando esse *insight*, a Opower desenvolveu um serviço baseado em dados para influenciar o consumo de energia pelas famílias. A empresa, que trabalha com as concessionárias de serviços públicos locais, mostra aos consumidores dados sobre o próprio uso de energia em comparação com o dos vizinhos. Resultado: é muito mais provável que os consumidores reduzam o próprio uso de energia quando veem os dados comparativos.

A geração de conceito deve almejar esse nível de aplicação concreta, para que realmente seja possível definir a estratégia de dados. No caso de uma estratégia de personalização, quais são os momentos específicos da interação com os clientes que você está tentando personalizar? Por exemplo, a empresa de hotéis e de cassinos Caesars Entertainment adotou uma estratégia semelhante à da British Airways – usando dados para a personalização de serviços, começando com um programa de fidelidade, com o objetivo de aumentar a repetição de negócios. A Caesars, porém, focou em diferente conjunto de momentos. Por exemplo, a Caesars pode determinar quando um visitante frequente está tendo uma noite ruim na sala de jogos e envia um membro da equipe para oferecer-lhe um presente inesperado – um jantar de churrasco, tíquetes para um espetáculo – para que o cliente não vá embora com o sentimento de que teve azar no Caesar's e tente outro cassino.

Na fase de geração de conceito, a intenção é produzir ideias específicas a fim de pôr os dados para trabalhar em benefício do negócio.

4º passo: Auditoria de dados

Agora que você tem em mente uma estratégia, é preciso juntar os dados necessários. O ponto de partida é um levantamento dos dados já disponíveis que poderiam ser usados para possibilitar ou impulsionar a estratégia. Talvez você já tenha um grande conjunto de dados, baseado em seu produto ou serviço central (como a TWC). Talvez você esteja começando com um conjunto de dados sobre os visitantes do site ou quem sabe você tem acesso a dados do programa de fidelidade. Para algumas empresas, os únicos dados talvez sejam uma lista incompleta de clientes, com os respectivos endereços de e-mail.

Em seguida, é preciso identificar os dados de que você ainda precisa. Para fins da estratégia escolhida, que dados ainda estão faltando? O que será preciso para alcançar a visão completa do cliente de que você necessita em sua nova iniciativa? Talvez você tenha de aumentar seus dados, em termos de:

- mais registros ou linhas (por exemplo, expandir de uma amostra limitada dos clientes para uma lista muito mais ampla);

- mais tipos de dados (por exemplo, adicionar dados sobre preferências e dados sobre transações aos dados sobre contato com o cliente); ou
- mais dados históricos (por exemplo, retroceder muitos meses no tempo, a fim de desenvolver ferramentas eficazes de analítica de dados capazes de modelar e prever resultados futuros).

Finalmente, agora que as lacunas foram identificadas, é preciso definir maneiras de preenchê-las. É aqui que você pode aplicar as opções já discutidas: troca de dados sobre valor para o cliente, participação dos usuários principais, parceiros da cadeia de fornecimento, conjuntos de dados públicos e acordos de compra ou troca.

5º passo: Plano de execução

Para que a sua estratégia de dados seja eficaz, é preciso fazer mais do que juntar os *bits* de dados certos (os zeros e uns). É necessário pôr a estratégia para funcionar nas operações da organização. O último passo é planejar a execução das principais peças do plano de dados.

Que questões técnicas devem ser resolvidas? Aqui talvez se incluam armazenamento de dados, latência, ou a rapidez com que os dados precisam ser atualizados. Nesse ponto, a sua equipe de TI terá de entrar em ação.

Que processos de negócios deverão ser mudados? A maioria das iniciativas referentes a dados presume que os empregados da empresa tomarão decisões diferentes e agirão de maneiras diferentes com base em seus dados. Será necessário identificar essas mudanças antes de adotar alguma solução técnica.

Como você pode testar a sua estratégia e angariar apoio interno? Uma das melhores maneiras é integrar a nova estratégia de dados em alguma iniciativa em andamento na empresa. Jo Boswell, líder do programa Know Me, da British Airways, sabia que seria difícil arregimentar as equipes de serviço de bordo se a iniciativa fosse vista como mais uma prioridade concorrente. Em vez disso, ela integrou a Know Me como parte dos programas de serviço aos clientes já existentes, mostrando como os seus dados ajudariam as tripulações de cabine a cumprir os mesmos quatro "princípios de serviço aos clientes", em que se ancorava todo o treinamento de que participavam essas equipes.[71] As estratégias de

---

[71] BOSWELL, 2015.

dados devem ser compatíveis com tudo o que o negócio está fazendo e ajudar as pessoas a executar melhor as suas tarefas.

■ ■ ■

O Gerador de Valor dos Dados, delineado nos cinco passos aqui descritos é uma ferramenta de ideação (ou concepção); seu objetivo é capacitá-lo a gerar várias ideias, para possíveis iniciativas referentes a dados em alguma área da sua empresa. Depois de desenvolver essas ideias estratégicas, será preciso testar os pressupostos de cada uma delas. Você poderá, de fato, obter os dados? Você será capaz, realmente, de conseguir a adesão das unidades de negócios de sua organização para acionar as suas descobertas? Os resultados serão realmente importantes para os clientes? Você terá condições de executar um projeto-piloto inicial para testar a sua estratégia de dados como prova do conceito? Analisaremos em profundidade, no Capítulo 5, a questão de como desenvolver iterativamente, ou por repetições sucessivas, inovações como esta.

Antes de deixarmos de lado a discussão sobre dados, porém, consideremos alguns dos desafios que os empreendimentos tradicionais da era pré-digital podem enfrentar ao se reinventarem em torno dos atuais recursos do *big data*.

Desafios organizacionais dos dados

Quando Mike Weaver assumiu como diretor de estratégia de dados da Coca-Cola Company, a missão dele era clara. "Precisamos compreender as paixões, as preferências e os comportamentos dos consumidores para podermos dirigir-lhes o marketing como indivíduos", disse-me ele. Como especialista na área de análise de dados aplicada, Weaver concluiu que isso exigia o desenvolvimento de um ativo de dados num setor de atividade que, por tradição, não é muito rico em dados sobre os consumidores. Ao combinar o programa de fidelidade My Coke Rewards com vários outros conjuntos de dados – comportamentos observados nos sites de internet, log-ins sociais via Facebook e dados oriundos de vários parceiros – a empresa foi capaz de avançar rápido rumo ao seu objetivo de praticar um marketing mais movido a dados.

Os maiores desafios, porém, conforme me disse Weaver, foram organizacionais, não técnicos. Ele comparou o processo de mudar as práticas de negócios na "maior empresa de mídia/massa do mundo" ao de mudar o rumo de um porta-aviões em uma baía congestionada. Ele sabia que os modelos de dados certos podiam ser usados para desenvolver esquemas de segmentação avançados dos clientes da Coca-Cola, para compreender as diferentes necessidades e desejos dos clientes e para permitir à empresa melhor servi-los e se comunicar com eles. No entanto, antes de instalar todos os centros de dados e os vários modelos de analítica de dados, que possibilitariam a segmentação dos clientes em tempo real, a empresa antes precisava planejar as mudanças em seus processos de negócios. Antes de a marca tirar proveito de sua capacidade de diferenciar os segmentos de clientes em tempo real e de dirigir-lhes mensagens segmentadas, ela primeiro deve aprender a criar mensagens de maneiras muito diferentes. Esse tipo de segmentação não exige que a Coca-Cola desenvolva um único anúncio "arrasa-quarteirão" para a final do campeonato de futebol americano. Em vez disso, ela deve criar dezenas de versões da mesma mensagem e testá-las para identificar as que mais despertam interesse e recebem respostas nos diferentes segmentos de clientes. O primeiro passo da jornada, insistiu Weaver, é planejar as mudanças nos processos de negócios – antes de começar a comprar os mais avançados hardwares e serviços na nuvem.[72]

Em minhas palestras, aulas e trabalhos, em ampla variedade de empresas, observei numerosos desafios organizacionais comuns com que as empresas se defrontam ao adotar estratégia mais movida a dados. Cada um deles deve ser considerado ao se desenvolver a estratégia de dados.

Construir o arsenal de habilidades

O primeiro desafio na transição para uma organização mais movida a dados é encontrar pessoas com o conjunto de competências certas.

O processo começa com os cientistas de dados – os caras capazes de executar o trabalho técnico de análise de dados, seja depurar os dados brutos, programar algoritmos para a aplicação automática dos dados em tempo real, ou projetar e processar rigorosos experimentos com dados. Dependendo da organização, talvez seja o caso de recorrer a

---

[72] WEAVER, Mike. How Data and Insights Are Evolving Digital Consumer Engagement. In: IBM THINKMARKETING CMO EXECUTIVE LEADERSHIP FORUM, 2014. Nova York: IBM, 10 abr. 2014. Discurso.

um parceiro externo para fazer a analítica de dados, contratar um único analista, ou formar toda uma equipe. Bons cientistas de dados possuem fortes competências em estatística e em programação e geralmente têm antecedentes acadêmicos ou científicos. Também atuam como arautos da verdade nas organizações. Eles têm consciência de que os dados podem mentir com muita facilidade e garantem a honestidade da empresa em relação a fatores como tamanho das amostras, testes de significância e qualidade dos dados (a velha regra "entra lixo/sai lixo").

Os especialistas em dados, contudo, não podem ser as únicas pessoas na organização que compreendem ou pensam em dados. Para realmente transformar os dados em ativo estratégico, todas as pessoas da empresa precisam desenvolver a mentalidade de dados, ou seja, considerar os dados e as questões por eles impostas como parte do dia a dia das operações. Para tanto, a primeira providência é educar as equipes internas sobre as maneiras como os dados são importantes para a empresa. Outra providência é desenvolver uma cultura organizacional que valorize os dados e o pensamento analítico. Para uma empresa de bens de consumo como a Coca-Cola ou a Frito-Lay, isso envolve a transformação de não mais encarar e aplicar o marketing como arte, mas sim como ofício pragmático e utilitário, com finalidades específicas, que envolve arte e ciência.

Finalmente, a empresa talvez necessite de alguém que interligue dois mundos: o mundo dos analistas quantitativos e o mundo dos tomadores de decisões. Esse novo personagem será o profissional capaz de conectar o trabalho de ciência de dados com o trabalho dos gestores de alto nível e dos artistas criativos no departamento de marketing. Lembre-se de Somaya, o especialista em história da arte que, na The Weather Company, aprendeu a falar a língua dos cientistas de dados e dos anunciantes e publicitários que eram seus clientes.

Interligar departamentos

Às vezes, os maiores desafios ao compartilhamento de dados estão dentro das próprias organizações. Na Coca-Cola, Weaver descobriu que os dados gerados pelo site eram acumulados em uma base de dados, enquanto os dados sobre os comportamentos de compra gerados pelos programas de fidelidade eram armazenados em lugar totalmente diferente. Para criar uma imagem completa do cliente, ele primeiro teve de reunir todos os dados de maneira unificada.

Em muitas organizações, essas barreiras são reforçadas pelos departamentos e pelo desejo de deter a "propriedade" de seus dados (dados de venda *versus* dados de marketing, etc.) Em estudo de pesquisa de que fui coautor, com meu colega Don Sexton, falamos com centenas de marqueteiros de alto nível, em empresas de ampla variedade de setores, que vendiam tanto para empresas quanto para consumidores. O obstáculo mais citado ao uso eficaz de dados foi a deficiência de integração e comunicação, com 51% dos respondentes relatando que "a falta de compartilhamento de dados na organização é um obstáculo à avaliação do ROI (retorno sobre o investimento) de nosso marketing".[73]

Em grandes organizações que operam em diferentes localidades, outra questão importante é centralizar ou descentralizar a análise de dados. Trata-se, em parte, de uma questão de onde armazenar os dados, mas também, em parte, de onde estão os cientistas de dados. Cada unidade de negócios deve ter a sua própria equipe de análise de dados, para mantê-la mais perto da tomada de decisões? Ou uma unidade central de analítica de dados deve atender às necessidades de todas as unidades de negócios? À medida que as grandes organizações amadurecem em relação à capacidade de dados, elas tendem a centralizar a analítica de dados, ao mesmo tempo que se esforçam para melhorar a acuidade e a argúcia dos gestores em cada unidade de negócios.

Compartilhar dados com os parceiros

O compartilhamento de dados é fundamental não só dentro das organizações; também está assumindo importância crucial nas negociações com os parceiros de negócios. Contratos e transações de todos os tipos não mais se limitam a quem paga o que a quem; também envolvem que dados serão compartilhados. Esse compartilhamento é ainda mais importante para empresas que não são as donas do ponto de venda final de seus produtos.

A Caterpillar, fabricante de equipamentos industriais, agora exige que seus 189 revendedores façam acordo de compartilhamento de dados; em troca, a Caterpillar lhes fornece parâmetros e ferramentas

---

[73] ROGERS, David; SEXTON, Don. Marketing ROI in the Era of Big Data. In: BRITE/NYAMA MARKETING IN TRANSITION STUDY, 2012. Nova York: Columbia Business School Center, 2012. Disponível em: <http://www8.gsb.columbia.edu/globalbrands/research/brite-nyama-study>. Acesso em: 6 jul. 2017.

para melhorar a própria eficiência das vendas, além de dicas ou pistas sobre clientes, geradas por sua análise de dados.[74]

Ann Mukherjee, diretora de marketing da Frito-Lay, consegue medir o impacto de todas as formas inovadoras de marketing digital para marcas populares, como Doritos e Lay's, mas essas avaliações só são possíveis devido às parcerias com os varejistas. "Os varejistas são fontes incríveis de compreensão analítica", e a capacidade de associar-se a eles em torno de dados e medidas é fundamental para aumentar o tráfego nas lojas e a venda dos produtos.[75]

À medida que os dados se tornam mais essenciais para a estraté-gia das empresas, o compartilhamento de dados passa a ser elemento mais importante de todas as parcerias de negócios importantes, com fornecedores, distribuidores, canais de mídia, e mais.

Cibersegurança, privacidade e atitudes dos consumidores

À medida que as empresas reúnem e utilizam cada vez mais dados, principalmente de clientes, elas também geram riscos de segurança adicionais. As ciberameaças, que costumavam ser tratadas pela área de tecnologia da informação, estão passando para a alçada da alta admi-nistração. Quando a Target sofreu enorme violação de dados, em 2013, com o roubo de 40 milhões de cartões de crédito de clientes, não foi apenas um problema de TI, mas, acima de tudo, uma grande perda para a reputação da marca. As vendas no varejo despencaram quando os consumidores se afastaram, no auge da estação de compras de Natal e Ano Novo, e o CEO foi forçado a renunciar, poucos meses depois. Desde então, assistimos a sucessivos roubos de dados de consumidores (Anthem); ataques a dados, como arma de guerra entre empresas (Sony Pictures and Ashley Madison); e hackeamento de dados como forma de espionagem contra governos (Escritório de Gestão de Pessoal dos Estados Unidos). O CEO da Sony Pictures, Michael Lynton, afirmou, no desfecho do hackeamento de sua empresa pela Coreia do Norte em 2014: "O sol por trás das nuvens é o toque de despertar para que

---

[74] DIJK, Jose van. *Client Perspective*. Nova York: 10 abr. 2014. Grupo de discussão no IBM Think Marketing CMO Executive Leadership Forum.

[75] MUKHERJEE, Anindita. Social Spending: Measuring the ROI of Tweets, Posts, Pics, and 6-Second Vids. The Economist's "The Big Rethink". In: THE 360-DEGREE CMO CONFERENCE. Nova York: 13 mar. 2014. Discurso.

os Estados Unidos entrem em ação e fiquem atentos – na verdade, já está acontecendo, a toda hora".[76]

Parte da estratégia de dados é desenvolver um plano de cobertura jurídica, de gestão de risco e de segurança de dados. Em vez de deixar que o medo adie a ação (sem realmente reduzir o risco), os líderes precisam fazer avaliações, assumir responsabilidades e elaborar planos, com o apoio de parceiros externos relevantes. Os riscos de roubos de dados são inevitáveis, mas podem ser reduzidos, se essa for a prioridade dos líderes.

As atitudes dos consumidores também são cruciais para a estratégia de dados. Além das ameaças de roubos de identidade e de outras formas de ciberdelinquência, os consumidores estão cada vez mais preocupados com questões de privacidade e com seus dados pessoais coletados pelas empresas. Grande parte dos dados sobre clientes é obtida por meios e modos praticamente desconhecidos pelos clientes. A defesa dos consumidores em relação à privacidade de seus dados pessoais suscitou a possibilidade de regulamentação governamental em muitos mercados. Startups como Datacoup, Handshake e Meeco argumentam que os indivíduos devem ser os proprietários de seus dados pessoais e receber remuneração por torná-los acessíveis. A esperança dessas empresas é criar ferramentas que permitam aos clientes armazenar seus dados sobre interesses, preferências, relacionamentos e transações comerciais e decidir quantas e quais dessas informações vender a empresas a determinado preço.

Com as preocupações crescentes sobre a propriedade dos dados pessoais, é cada vez mais importante que qualquer estratégia de dados se baseie em trocas de valor transparentes com os clientes: transações em que os clientes saibam que dados estão sendo coletados e vejam os benefícios que estão recebendo como retribuição. Esse é o fundamento dos programas de fidelidade, com pontos e recompensas. Também é a razão pela qual os clientes se dispõem a fazer avaliações pessoais sobre serviços como a Netflix e não se assustam quando a Amazon sugere produtos com base em seu histórico de navegação recente. Quando os clientes compreendem com facilidade como as empresas reúnem dados e quais os benefícios que lhes oferecem em

---

[76] De um relato privilegiado fascinante sobre o hackeamento de dados da Sony Pictures, em entrevista com o CEO Michael Lynton. (Cf. They Burned the House Down. *Harvard Business Review*, p. 113, jul./ago. 2015.)

troca, é mais provável que permitam o acesso contínuo das empresas aos seus dados, com a devida retribuição.

■ ■ ■

À medida que sensores, redes e computação se implantam em todos os contextos da vida, os dados disponíveis para as empresas continuam a crescer em progressão geométrica. Para alguns gestores, essa enxurrada de dados é esmagadora e opressiva. Outros gestores talvez digam a si próprios "não atuo em setor de atividade com grande intensidade de dados", simplesmente porque esse era o caso poucos anos atrás. Mas o mundo mudou. Todas as empresas hoje têm acesso a dados.

O desafio estratégico para as empresas é desenvolver visão clara e capacidade crescente para explorar a profusão de dados em proveito da inovação e da criação de valor. Tratando os dados como ativo intangível que se acumula ao longo do tempo, todas as empresas podem desenvolver uma estratégia de dados que ilumine as decisões críticas e gere novo valor para si próprias e para os clientes.

Os dados possibilitam a experimentação, o aprendizado e a verificação incessantes de nossas ideias. Daí se conclui que os dados podem fazer mais do que energizar produtos, otimizar processos e possibilitar interações mais relevantes para os clientes; também podem mudar a maneira como as organizações aprendem e inovam. Esse tipo diferente de aprendizado – por meio da experimentação constante – é o âmago de uma abordagem à inovação profundamente diferente. Essa nova abordagem à inovação é o tema do nosso próximo capítulo.

CAPÍTULO 5

Inove por experimentação rápida

Inovação

Pense na última vez em que você usou um mecanismo de busca. Sempre que você digita um pedido de busca no Google ou em serviço semelhante, você é o sujeito de um experimento humano. O Google lhe apresenta os resultados da busca e mede as ocorrências em que você clicou, em que sequência e com que rapidez. E, de maneira sutil, esses resultados que você vê estão em constante mutação. As mudanças ocorrem nas listagens básicas, nos anúncios que lhe são mostrados e nas sugestões de complementação da digitação que começam a aparecer depois da entrada da primeira letra. O Google tenta o tempo todo aprender mais sobre como inovar e melhorar seu serviço de busca para os usuários. Que links é mais provável que você esteja procurando? Como o Google deve agrupá-los? (Serviços locais *versus* serviços globais? Notícias recentes *versus* sites de empresas? Links para subseções de um site? Fragmentos biográficos sobre políticos cujo nome você digitou? Para melhorar seus produtos, o Google não se senta com grupos de foco de clientes para discutir as experiências deles com os seus mecanismos de busca. Tampouco convoca comitês para votar em que novos atributos incluir. Em vez disso, a empresa experimenta constantemente, testando todas as suas novas ideias, avaliando as respostas dos clientes e reiterando o aprendizado.

Podemos definir inovação como qualquer mudança no produto, serviço ou processo de um negócio que agrega valor. Essa mudança pode variar desde uma melhoria incremental até a criação de algo totalmente novo e sem precedentes. Para o Google, inovação pode ser lançar um produto totalmente novo, como Gmail, telefones Android,

Google Maps, ou sua linha de laptops Chromebook. Inovação no Google, porém, também inclui o processo de refinamento contínuo, adicionando e subtraindo atributos e aprimorando a interface e a experiência dos usuários. Como diz Scott Anthony, inovação não é apenas "big bangs"; tem a ver com qualquer coisa nova que tenha impacto.[77]

O quarto domínio da transformação digital é inovação – o processo pelo qual as empresas desenvolvem, testam e lançam novas ideias no mercado. Tradicionalmente, a inovação focava unicamente no produto acabado. Testar ideias era relativamente difícil e dispendioso, razão por que as decisões e as ideias preliminares se baseavam na análise, na intuição e na ascendência dos gestores que participavam do projeto. O *feedback* efetivo do mercado tendia a entrar muito tarde no processo (às vezes, depois do lançamento público). Nessas condições, evitar o fracasso no mercado era a preocupação predominante.

Na era digital, as empresas precisam inovar de maneira radicalmente diferente, por meio da experimentação rápida e do aprendizado contínuo. Em vez de se concentrar basicamente no produto acabado, essa abordagem enfoca a identificação do problema certo e, então, no desenvolvimento, teste e aprendizado, envolvendo múltiplas soluções possíveis. Como as startups enxutas do Vale do Silício, ela se concentra no desenvolvimento e na repetição reiterada de protótipos de viabilidade mínima – antes, durante e até depois do lançamento. Em todas as fases, testam-se os pressupostos e tomam-se as decisões com base na validação pelos clientes e nas respostas do mercado. Líder é quem sabe fazer as perguntas certas, não quem alega ter as respostas certas. Como as tecnologias digitais tornam mais fácil e mais rápido testar ideias, essa nova abordagem à inovação é essencial para lançar novas ideias no mercado com mais rapidez e a menores custos, com menos riscos e maior aprendizado organizacional (ver Tabela 5.1).

Este capítulo explora como a experimentação rápida está transformando a maneira como ocorre a inovação e como as tecnologias digitais estão tornando a experimentação ao mesmo tempo mais acessível e mais necessária. Consideraremos dois métodos complementares de experimentação para inovadores. Também examinaremos como as organizações devem mudar para experimentarem com eficácia e

---

[77] ANTHONY, Scott. Innovation Is a Discipline, Not a Cliché. *Harvard Business Review*, 30 maio 2012. Disponível em: <https://hbr.org/2012/05/four-innovation-misconceptions>. Acesso em: 6 jul. 2017.

quais são os reais benefícios financeiros de adotar uma abordagem experimental à inovação. O capítulo apresenta duas ferramentas de planejamento estratégico, cada uma oferecendo um método para projetar, executar e extrair valor dos experimentos inovadores. Também explora os quatro caminhos para expandir uma inovação e oferece diretrizes para escolher o mais adequado. Ao aplicar esses referenciais e ferramentas, as empresas poderão aprender mais rápido, fracassar a menor custo e com mais inteligência, e abreviar o período de maturação da inovação bem-sucedida.

TABELA 5.1:

**Mudanças nos pressupostos estratégicos,
da era analógica para a era digital**

De	Para
As decisões são tomadas com base na intuição e na autoridade	As decisões são tomadas com base em testes e validações
O teste de ideias é caro, lento e difícil	O teste de ideias é barato, rápido e fácil
Os experimentos são raros e conduzidos por especialistas	Os experimentos são contínuos e conduzidos por todos
O desafio da inovação é encontrar a solução certa	O desafio da inovação é resolver o problema certo
O fracasso é evitado a todo custo	Os fracassos são fontes precursoras e baratas de aprendizado
O foco se concentra no produto "acabado"	O foco se concentra em produtos de viabilidade mínima e em reiterações pós-lançamento

Antes, porém, vejamos um estudo de caso de uma empresa que usou a experimentação para repensar a maneira de inovar para os clientes.

Como aumentar o prêmio da inovação: a história da Intuit

Desde sua fundação, em 1983, a Intuit focou no projeto e na venda de ótimas ferramentas de contabilidade e finanças para pessoas físicas e pequenos negócios. Com uma história de produtos inovadores, o negócio cresceu de startup promissora a empresa madura, de bilhões de dólares. Depois de 24 anos, porém, o fundador Scott Cook concluiu que a empresa precisava mudar seu modelo de inovação de produtos se quisesse continuar crescendo. Partiu, então, para uma nova iniciativa com Kaaren Hanson, que focava na experimentação rápida. Quando conheci Hanson, em 2013, ela era a diretora de inovação, e a Intuit já havia executado 1.300 experimentos nos seis meses anteriores. Para mostrar como esse novo modelo funcionava, ela descreveu um projeto na Índia.[78]

Deepa Bachu era o líder da equipe de mercados emergentes da Intuit. A equipe tinha sido incumbida de desenvolver um produto para os agricultores da Índia, que compõem o grosso da economia. Depois de passar algum tempo entre os agricultores para sentir suas dores e necessidades, a equipe descobriu um problema premente para os que vendiam mercadorias perecíveis, como frutas, verduras e legumes. Eles descobriram que esses agricultores podiam viajar para apenas um mercado (ou *mandi*) quando precisavam encontrar um comerciante que comprasse seus produtos. Quando conseguiam, negociavam os preços com um agente *mandi*, mas o mercado era absolutamente opaco, sem transparência. Os agentes *mandi* chegavam ao ponto de colocar um pano sobre as mãos ao indicarem para um agricultor o preço que pagariam pelas mercadorias, para que o próximo agricultor na fila não visse o preço. Sem acesso a refrigeração, os agricultores tinham pouco tempo para vender as mercadorias perecíveis e não dispunham de meios para descobrir o melhor comprador com base na oferta e na demanda locais. Em muitos casos, os agricultores eram forçados a descarregar as mercadorias por preços com enormes descontos, só para levar algum dinheiro para casa. A equipe de Bachu estabeleceu um objetivo: desenvolver um produto que ajudasse os agricultores a aumentar em 10% a receita com a venda de produtos agrícolas. Puseram, então, mãos à obra para gerar ideias.[79]

A primeira solução da equipe foi criar um mercado como o eBay, onde compradores e vendedores se encontrassem e negociassem os preços antes de os vendedores carregarem seus produtos e partir para o mercado. Quando, porém, a equipe descreveu a proposta para os agentes *mandi*, eles relutaram em oferecer preços pelos produtos sem antes inspecioná-los fisicamente. A segunda solução da equipe foi criar um serviço que possibilitaria aos agricultores informar uns aos outros sobre o que

[78] HANSON, Kaaren. Creating a Culture of Rapid Experimentation. In: ANNUAL "BRITE" CONFERENCE, 2013. Nova York: Columbia Business School, 4 mar. 2013. Discurso.

[79] HANSON, 2013.

estavam plantando, para que cada um pudesse fazer melhor estimativa das lavouras que teriam maior demanda. Quando, no entanto, a equipe testou a ideia, logo constatou que os agricultores não sabiam o que fazer com as informações. A terceira solução foi desenvolver um serviço de notificação por SMS que informaria aos agricultores os preços que estavam sendo oferecidos em vários mercados antes que eles deixassem suas terras. Bachu concluiu que vários eram os pressupostos por trás da ideia do produto: os agricultores conseguiriam ler as mensagens de texto? Os agentes *mandi* forneceriam os preços correntes à Intuit? Eles manteriam esses preços quando os agricultores chegassem ao mercado? A equipe decidiu fazer um experimento e recrutou 50 agricultores e cinco agentes *mandi* dispostos a testar um serviço de notificação. Durante seis semanas, dois membros da equipe da Intuit foram aos mercados para reunir informações sobre preços, enquanto um terceiro membro da equipe ficou no escritório, transmitindo a cada agricultor os preços dos produtos em várias localidades. Essas operações elementares, como amostras da realidade, nunca foram expandidas, mas permitiram que a equipe verificasse se a premissa de uma eventual solução tecnológica móvel funcionaria no mundo real. No final do teste, eles descobriram que tanto os agricultores quanto os agentes *mandi* tinham adotado a premissa e que a receita dos agricultores havia aumentado em 20% – duas vezes a meta original. O impacto se confirmou depois que o produto final, denominado Fasal, foi desenvolvido e lançado como um serviço automático de envio de mensagens de texto personalizadas para mais de um milhão de agricultores participantes.[80]

Essa abordagem à inovação, baseada em sucessivos experimentos, não se limitou a mercados emergentes, e tornou-se o timbre das iniciativas da Intuit, em todas as áreas, para repensar a inovação. "Evoluímos de uma empresa de 8.000 empregados para outra de 8.000 inovadores", disse-me Hanson.[81] Ao longo dos últimos cinco anos, desde quando a empresa adotou essa nova abordagem, o prêmio ou ágio pela inovação – o acréscimo a seu valor de mercado decorrente do potencial de inovação – aumentou de 20% para 29%, representando hoje US$ 1,8 bilhão.[82] Ao desenvolver a cultura organizacional

[80] HANSON, 2013.
[81] HANSON, 2013.
[82] FURR, Nathan R.; DYER, Jeffrey H. *The Innovator's Method: Bringing the Lean Start-Up Into Your Organization*. Boston: Harvard Business Publishing, 2014. p. 13-14. A Intuit foi uma de várias empresas escolhidas numa pesquisa de Furr e Dyer

da experimentação rápida, a empresa fez uma aposta em dirigir um grande empreendimento como laboratório para o aprendizado contínuo. A aposta foi mais que compensadora.

Experimentação é aprendizado

A experimentação pode ser definida como processo iterativo (repetitivo) de aprendizado do que funciona e não funciona. O objetivo de um experimento de negócios é, na verdade, não um produto ou solução; é o aprendizado – o tipo de aprendizado sobre clientes, mercados e possíveis opções que o levarão às soluções certas.

Ao inovar por experimentação, você não tenta evitar ideias erradas; ao contrário, você procura testar tantas ideias promissoras quanto possível, com rapidez e baixo custo, para identificar as que serão eficazes. Isso é muito diferente do processo de inovação tradicional: analisar o mercado, gerar ideias, promover debates internos, escolher uma solução, e, então, desenvolvê-la ao longo de muitas fases de teste de qualidade, antes de lançá-la no mercado e receber *feedback* dos próprios clientes. Ao desenvolver o Fasal para o mercado indiano, a equipe da Intuit não convocou reuniões para debater qual de suas três soluções era a melhor. Para testar seus pressupostos, eles apresentaram suas ideias, ainda em forma bruta, aos próprios agricultores e comerciantes, que seriam os usuários do produto final. Essa abordagem exige uma mudança de paradigma, da inovação baseada em análise e *expertise* para a inovação baseada em ideação, ou concepção, e experimentação, para o aprendizado contínuo.

Essa mudança para um modelo mais iterativo, baseado em aprendizado, tem avançado há vários anos, em várias áreas. Ela é o âmago do modelo de validação de clientes, de Steve Blank, e dos trabalhos de Eric Ries sobre os métodos de startups enxutas. É parte integrante do modelo de *design thinking* que empresas de desenvolvimento de produtos, como a IDEO, têm usado com clientes como Apple, JetBlue, Target, Disney, Intel e SAP. Com o surgimento dos testes A/B, a experimentação constante tornou-se padrão para cada vez mais produtos, serviços e canais de comunicação. Hoje é moda assumir as atitudes de uma startup do Vale do Silício e afirmar que um produto

---

como praticantes de um método de inovação enxuto e interativo; os autores medem o impacto dessa abordagem com base no "prêmio de inovação" – o prêmio ou ágio (adicional) que os investidores pagam ao estimar o preço da ação da empresa, acima do valor presente líquido da projeção de receitas do negócio em curso.

nunca está acabado e que toda inovação deve ser lançada como versão beta, suscetível a melhorias contínuas.

A inovação de um empreendimento, contudo, ou seja, tentar lançar um novo negócio ou oferta de risco, ou melhorar as existentes, não equivale exatamente a uma inovação numa startup de três pessoas (cujo novo aplicativo pode atrair todo o foco da organização). E nem todos os produtos podem ser lançados para todo o público potencial em versão beta (por exemplo, imagine um automóvel revolucionário). Alguns dos princípios da experimentação, portanto, devem ser adaptados ou convertidos para o contexto de um empreendimento existente. E, de fato, nem tudo o que é chamado "experimento" é a mesma coisa. Diferentes tipos de experimentos de negócios não podem ser projetados ou executados da mesma maneira, nem ser usados para atender aos mesmos tipos de necessidades. No entanto, todos os tipos de experimentos de negócios realmente têm um aspecto em comum: todos procuram aumentar o aprendizado, testando ideias e vendo o que funciona e não funciona.

Dois tipos de experimentos

Lembre-se dos dois experimentos que já vimos até agora: a experimentação da Intuit, para desenvolver o Fasal, e a experimentação do Google, para garantir a melhoria contínua do seu mecanismo de busca. Ambas as empresas estão experimentando, mas muitas são as diferenças entre elas. O Google está testando no produto em si: o mecanismo de busca real usado pelos clientes. Com o Fasal, a Intuit, deliberadamente, testou maquetes simples e um protótipo rudimentar do que poderia ser o produto real. O Google testa em tempo real, com milhares ou milhões de usuários, cujos comportamentos podem ser comparados cientificamente para identificar diferenças estatísticas significativas. No caso do Fasal, os experimentos foram conduzidos com pequenos grupos de clientes, e os resultados dificilmente seriam aprovados por qualquer professor de estatística. ("Qual é o desvio padrão entre cinco agentes *mandi*?") Para o Google, o objetivo da inovação é melhorar algo conhecido. Para o Fasal, o objetivo foi desenvolver algo completamente novo.

De fato, várias práticas muito diferentes podem ser consideradas experimentos de negócios. A diferença fundamental é entre experimentação formal (científica) e o tipo de experimentação informal que é comum no desenvolvimento de novos produtos. Essa diferenciação não decorre apenas da cultura organizacional da empresa que está fazendo a experimentação (ou seja, o "estilo" de experimentação), nem resulta da pronta disponibilidade de uma grande amostra (mesmo que a Intuit tivesse acesso a mil agricultores, não faria sentido executar um experimento científico formal). Em vez disso, distinguimos dois tipos de experimentação de empresas adequados a dois tipos diferentes de aprendizado.

Chamarei esses dois tipos de convergente e divergente, porque prefiro nomeá-los pelas respectivas funções, em vez de pela forma (por exemplo, formal *versus* informal). Os experimentos *convergentes* são mais adequados para o aprendizado que elimina opções e converge para uma resposta específica a uma questão definida com clareza. (Por exemplo, "Qual desses três projetos é o preferido pelo cliente?") Os experimentos *divergentes* são mais adequados para o aprendizado que explora opções, gera *insights*, faz várias perguntas ao mesmo tempo, e, quando conduzido da maneira certa, gera novas questões a serem exploradas na próxima fase da iteração (ver Tabela 5.2.).

Ambos os tipos de experimentos aumentam nossos conhecimentos e testam nossos pressupostos. Os dois envolvem olhar para fora da organização em busca de respostas, e tanto um quanto o outro exige disposição para aprender, em vez de apenas planejar e decidir. As abordagens, porém, são muito diferentes. Vejamos cada um deles em detalhes.

TABELA 5.2:

Dois tipos de experimentos

Experimentos convergentes	Experimentos divergentes
Exemplo: teste A/B de atributos ou teste de preços.	Exemplo: pôr um protótipo nas mãos dos clientes
Projeto experimental formal (científico)	Projeto experimental informal
Faz uma pergunta exata ou um conjunto finito de perguntas.	Apresenta um conjunto desconhecido de perguntas
Procura dar uma resposta	Pode dar uma resposta ou fazer outras perguntas
Precisa de uma amostra representativa dos clientes (grupos de teste e de controle)	Precisa dos clientes certos (que podem não ser os clientes médios)

Experimentos convergentes	Experimentos divergentes
Precisa de uma amostra estatistica-mente válida	Tamanho da amostra pode variar
Foco na causalidade direta	Foco em efeitos e significados gestalt
O objetivo é testar a coisa em si	O objetivo é testar um protótipo rudimentar, na medida do possível, para a questão ("bom o suficiente")
Confirmatório	Exploratório
Útil para a otimização	Útil para a geração de ideias
Comum nas últimas fases de uma inovação	Comum nas primeiras fases de uma inovação
Em comum	
Aumenta o conhecimento	
Testa os pressupostos	
Olha para fora em busca de respostas	
Exige disposição para aprender, em vez de decidir.	

Experimentos convergentes

O principal elemento de todo experimento convergente é a hipótese causal inicial: "Se eu acrescentar esse atributo, os clientes ficarão mais tempo no meu site?". Ou: "Se eu mudar essa interação, os clientes gastarão mais dinheiro em minha loja?". Os experimentos convergentes são fundamentais em casos em que não basta conhecer a correlação entre dois eventos; também é preciso verificar que evento é causa do outro.

A experimentação convergente é aplicável em vários contextos. Pode ser usada com qualquer produto ou serviço digital (site, aplicativo móvel, software, etc.) para testar e melhorar qualquer elemento da experiência do cliente. Por isso é que não só o Google, mas também todos os serviços de internet relevantes, como Amazon ou Facebook, estão sempre rodando testes A/B, em que dois conjuntos de clientes veem a mesma página de internet (ou o mesmo e-mail), com uma diferença no design, e a empresa mede qualquer diferença no comportamento ou na resposta do cliente. O Facebook é famoso por fazer experimentos com o News Feed de seus usuários, para encontrar o equilíbrio certo de fotos *versus* posts de textos, *versus* vídeos, os amigos sobre os quais o usuário está mais interessado em ouvir notícias, e o tipo de conteúdo que atrai somente no curto prazo ou é significativo apenas para um amigo que só entra no Facebook vários dias depois.

A experimentação convergente, contudo, também pode ser aplicada em ambientes não digitais. Esses tipos de experimentos são o cerne das estratégias movidas a dados, para otimizar a experiência dos hóspedes e os prêmios por fidelidade oferecidos aos clientes em hotéis, empresas de aviação e resorts. Quando a Wawa, cadeia de lojas de conveniência, planeja mudanças no cardápio de refeições, ela executa experimentos para medir não só se os clientes compram o novo item, mas também para verificar se ocorrem alterações na lucratividade total das visitas dos clientes.[83]

A experimentação convergente geralmente é usada em comunicações e em marketing direto. Nas duas campanhas presidenciais de Barack Obama, experimentos contínuos e rápidos, na linha de assunto de e-mails e em projetos de páginas de sites, ajudaram a aumentar drasticamente a eficácia da arregimentação de novos apoiadores e da angariação de mais donativos. Constituído na era pré-internet, o banco Capital One recorreu a experimentos convergentes para testar a oferta promocional certa, o público-alvo certo e até a cor certa dos envelopes em que enviava pelo correio convites de cartões de crédito. Ao realizar dezenas de milhares de experimentos por ano, com foco na conquista de clientes e no valor vitalício dos clientes, o Capital One transformou-se de pequena divisão de outro banco em empresa independente, de US$ 42 bilhões.[84]

Os experimentos convergentes podem ser tão caros quanto testar dois *layouts* de lojas para uma cadeia de varejo ou tão baratos quanto enviar duas versões de uma promoção por e-mail, para dois grupos de clientes selecionados ao acaso, e comparar as respostas.

Como os experimentos convergentes precisam medir a causalidade, é necessário observar os princípios básicos dos experimentos científicos:

- *Hipótese causal* – para que você tenha uma *variável* independente (causa) e uma ou mais variáveis dependentes (efeito).

[83] THOMKE, Stefan; MANZI, Jim. The Discipline of Business Experimentation. *Harvard Business Review*, dez. 2014, Disponível em: <https://hbr.org/2014/12/the-discipline-of-business-experimentation>. Acesso em: 6 jul. 2017.

[84] ANDERSON, Eric T.; SIMESTER, Duncan, A Step-by-Step Guide to Smart Business Experiments. *Harvard Business Review*, mar. 2011. Disponível em: <https://hbr.org/2011/03/a-step-by-step-guide-to-smart-business-experiments>. Acesso em: 6 jul. 2017. (Nota: Atualizei a capitalização de mercado da Capital One, com base em seus números, para 9 set. 2015).

- *Grupos de teste e controle* – para que você veja a diferença entre quem está e quem não está exposto ao seu estímulo.
- *Participantes escolhidos ao acaso* – para que nenhum fator externo influencie os resultados de seu grupo de teste.
- *Tamanho da amostra com validade estatística* – para que as diferenças medidas prevaleçam sobre a influência de flutuações fortuitas.
- *Testes cegos* – para evitar o efeito Hawthorne, em que os participantes influenciam, sem intenção, os resultados do experimento.

Os erros comuns nos testes convergentes tendem a concentrar-se, em geral, na escolha inadequada de participantes para os grupos de teste e de controle. Por exemplo, um varejista pode selecionar um conjunto de participantes (seus principais clientes ou suas lojas com melhor desempenho) para uma nova experiência de atendimento e presumir, equivocadamente, que "todos os demais" (todos os outros clientes e lojas) podem servir como o equivalente a um grupo de controle.

Alguns dos principais autores sobre experimentação convergente em empresas são Stefan Thomke, Thomas Manzi, Eric T. Anderson e Duncan Simester.[85]

Experimentos divergentes

Os experimentos divergentes, em geral, não envolvem questões causais. Voltando ao desenvolvimento do Fasal, pela Intuit, no começo da experimentação a questão era muito ampla: "Como aumentar a receita dos pequenos agricultores na Índia?". Era cedo demais para formular qualquer hipótese específica sobre uma escolha entre dois atributos de produtos, ou mensagens de marketing ou *layouts* de projetos.

Depois que a equipe da Intuit imaginou uma solução inicial e começou a modelá-la e a apresentá-la aos possíveis clientes, a intenção deles não era medir as respostas dos clientes como um único número. O que queriam era receber vários *feedbacks* qualitativos. "Parece

---

[85] Recomendo a leitura do livro de Thomke, *Experimentation Matters*; do artigo de Thomke e Manzi, "The Discipline of Business Experimentation", e do artigo de Anderson e Simester, "A Step-by-Step Guide to Smart Business Experiments". (Informações bibliográficas sobre cada um podem ser encontradas nas notas de fim referentes a este capítulo).

confuso", "Só vou usar isso se outros já estiverem usando", "Não sei o que fazer com as informações que estou recebendo", "Gostei, mas preciso disso com mais rapidez". E assim por diante.

O processo de experimentação divergente é, portanto, mais informal que o de experimentação convergente. Mas isso não significa que a experimentação divergente seja casuística e improvisada. Ela também é estruturada e se beneficia muito com um processo claro de concepção de escolhas ou propostas, de criação de protótipos significativos, de testes para a obtenção de *feedback* realista sobre os pressupostos básicos e de uso das informações para tomar decisões sobre avançar ou retroceder e sobre propor uma solução final.

Os erros comuns nos testes divergentes tendem a concentrar-se, principalmente, em testar tarde demais, como quando "o teste do produto" de uma inovação só é feito depois que o processo de desenvolvimento está quase concluído. Nesses casos, por causa dos recursos já empenhados e em razão do impulso organizacional já desencadeado, o teste serve meramente como "validação" do curso de ação já em andamento.

Alguns dos principais autores sobre experimentação divergente são Nathan Furr e Jeff Dyer (para empresas tradicionais) e Eric Ries e Steve Blank (para startups).[86]

Por que você precisa dos dois

Para inovar com sucesso, você precisará de experimentos convergentes e divergentes, em diferentes fases e em diferentes partes do negócio. A inovação bem-sucedida deve equilibrar o aprendizado explanatório (para gerar e desenvolver novas ideias) e o aprendizado confirmatório (para verificar e refinar ideias). Os testes A/B nunca indicarão à Wawa os novos produtos alimentícios a serem oferecidos nas lojas, nem proporá as linhas de assunto dos e-mails a serem testados nas campanhas políticas. Do mesmo modo, mostrar protótipos de

---

[86] Recomendo enfaticamente o livro *The Innovator's Method: Bringing the Lean Start-Up Into Your Organization*, de Furr e Dyer, e o artigo deles "Leading Your Team Into the Unknown" (Informações bibliográficas sobre ambas as indicações podem ser encontradas em outras notas de fim referentes a este capítulo). Os leitores interessados em startups devem gostar dos livros *The Startup Owner's Manual* (Pescadero, Calif.: K & S Ranch, 2012), de Steve Blank e Bob Dorf; e *The Lean Startup* (Nova York: Crown, 2011), de Eric Ries.

projetos iterativos aos clientes num laboratório nunca lhe dirá qual deve ser o preço final, qual será o mix de marketing ótimo e como os clientes se comportarão com o seu produto quando o estiverem usando no mundo real.

Até certo ponto, o tipo de experimento a ser usado pode ser definido pela área do negócio em que você está inovando. Para as inovações destinadas a melhorar o seu atual negócio principal, é preferível usar experimentos convergentes. Para as inovações destinadas a desenvolver novas áreas de negócios e gerar novos produtos, serviços ou processos, é recomendável recorrer a experimentos divergentes.

Os dois tipos de experimentação também podem ocorrer em diferentes fases do mesmo projeto de inovação. Imagine que você seja uma empresa de serviços financeiros que esteja pretendendo oferecer um novo aplicativo para dispositivo móvel que ajude os clientes em seu planejamento financeiro. Você pode começar com um processo divergente iterativo (repetitivo) para testar ideias amplas, aprender o que funciona e não funciona, desenvolver a proposta de valor central e focar na inovação. Depois, ao finalizar o projeto, você pode mudar para um processo convergente, para testar e otimizar os elementos-chave (atributos, projeto, precificação, mensagens de marketing para o lançamento). Depois que o aplicativo chega ao mercado e a base de usuários já é grande, você pode fazer mais experimentos convergentes para definir os atributos que agregam mais valor para os clientes, reforçam o engajamento de clientes habituais e aumentam a fidelidade ou o valor vitalício dos clientes.

Por que as tecnologias digitais estão impactando ambos os experimentos

As tecnologias digitais estão tornando a experimentação rápida mais acessível e mais necessária do que nunca. Elas estão oferecendo novas ferramentas de experimentação e aumentando a velocidade com que as empresas devem inovar para acompanhar a mudança acelerada do ambiente.

A experimentação convergente está ficando cada vez mais poderosa e acessível em consequência das novas tecnologias. À medida que empresas de todos os setores de atividade desenvolvem produtos e serviços digitais para os clientes (e processos para os empregados e parceiros), essas inovações digitais, por suas próprias características, se tornam cada vez mais fáceis e baratas de testar em tempo real. (Pense em como é mais fácil para um banco testar o projeto de um aplicativo móvel do que testar o projeto de uma agência de varejo.) Ao mesmo tempo, novas ferramentas de software estão criando condições para que até pequenos negócios, com recursos limitados, realizem com facilidade testes A/B, executem análises multivariadas dos resultados e determinem o tamanho da amostra ótima para um experimento. A Optimizely, uma startup cofundada por um dos experimentadores iniciais da primeira campanha de Obama, permite que pequenos negócios realizem gratuitamente testes A/B em seus sites e dispositivos móveis. O foco cada vez mais concentrado na analítica de dados em empresas de todos os tamanhos está difundindo a experimentação convergente em todos os setores de atividade.

À medida que a computação digital se torna cada vez mais comum, ao lado da computação móvel e da Internet das Coisas, as possibilidades dos experimentos convergentes tendem a aumentar em ritmo acelerado. Imagine uma mercearia que queira testar quatro hipóteses de promoções para seu molho de churrasco com marca de loja. Na era analógica, ela precisaria de quatro conjuntos de lojas, cada uma oferecendo diferentes promoções. Hoje, porém, se a mercearia puder usar dispositivos móveis ou vestíveis para oferecer a promoção diretamente aos clientes, até uma loja isolada poderia testar as quatro versões, com amostras fortuitas de clientes.

Também a experimentação divergente está ganhando novas ferramentas das tecnologias digitais, sobretudo na forma de novas maneiras de construir protótipos baratos e rápidos para mostrar aos clientes. Para novas ofertas de produtos físicos, tanto a impressão 3D quanto as simulações em computador diminuem o tempo e o custo de criar protótipos. Para os produtos e serviços digitais, novas linguagens de programação e códigos reutilizáveis facilitam o desenvolvimento de protótipos "bons o suficiente" para serem testados com os clientes. Mesmo em setores de atividade como o farmacêutico, à medida que os sistemas robóticos assumem tarefas manuais até então executadas por técnicos de laboratório em início de carreira, a capacidade de executar testes rápidos e baratos de novas combinações moleculares e genéticas é cada vez maior.

Na era digital, até as maiores empresas estão lutando para inovar com mais rapidez e para ficar mais "ágeis" e "enxutas" como startups. Felizmente, graças às ferramentas digitais, todas as empresas são capazes de executar mais experimentos – convergentes e divergentes – baratos e rápidos, e acelerar o ritmo da inovação. À medida que a mudança tecnológica continua a impactar todos os setores de atividade, a experimentação se torna cada vez mais importante como meio de reduzir a incerteza e acelerar a inovação.

Sete princípios da experimentação

Aplicar a experimentação em uma empresa não é fácil. Com o objetivo de criar mais valor para os seus projetos de inovação, alguns princípios são fundamentais. Esses princípios foram formulados com base na observação de empresas inovadoras, em ampla variedade de setores de atividade, e nos resultados das principais pesquisas sobre inovação nos últimos dez anos. Esses sete princípios se aplicam a qualquer experimento de negócios, convergente ou divergente.

- Aprenda cedo
- Seja rápido e iterativo
- Apaixone-se pelo problema, não pela solução
- Receba *feedback* confiável
- Meça o que importa agora
- Teste seus pressupostos
- Fracasse com inteligência

Vejamos cada um deles em separado.

Aprenda cedo

O primeiro princípio é começar a experimentar desde o começo de sua iniciativa de inovação, para que você seja capaz de aprender tão cedo quanto possível durante o processo. A mesma lição que acarretaria grandes perdas financeiras no fim do processo de desenvolvimento de um produto ("nosso cliente não precisava dessa solução, nem pagaria por ela") pode ser muito mais barata se for aprendida nas primeiras fases do projeto. Você pode se lembrar desse efeito como "o valor de aprender cedo", ou, inversamente, "o custo de aprender tarde" (ver Figura 5.1).

Hanson descreveu esse fenômeno em termos da mudança na Intuit de um processo de inovação tradicional - em que os clientes são expostos ao produto apenas depois de uma longa fase de projeto e desenvolvimento – para um processo de experimentação rápida – em que os clientes são chamados muito mais cedo a oferecer *feedback* que ajude a empresa a decidir que ideias devem ser levadas avante. Com o aprendizado precursor, a taxa de fracasso das iniciativas da empresa referentes a novos produtos não diminuiu, mas o custo do fracasso diminuiu drasticamente."Podemos executar 50 ideias diferentes com o novo processo de experimentação rápida, no tempo e com os recursos necessários para executar três ideias com o processo anterior."[87]

Ciclo de inovação tradicional

Inovação por experimentação rápida

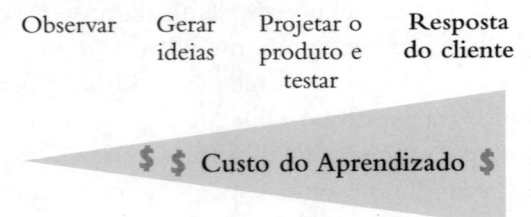

Figura 5.1: Impacto financeiro da experimentação rápida

Essa distinção é importante. Em qualquer iniciativa de inovação, você está lidando com a incerteza e inevitavelmente enfrentará taxa de fracasso significativa entre as suas novas ideias. (Se não, as ideias que você está testando não são realmente novas, e os ganhos potenciais serão limitados.) Com a experimentação, as ideias ineficazes devem fracassar *cedo* no processo de desenvolvimento, muito antes de o produto chegar ao público e enquanto o custo de mudar o curso é muito mais baixo. Esperar demais no processo de inovação para mostrar a ideia aos clientes exerce o efeito oposto: aumenta o custo do erro,

---

[87] HANSON, 2013.

reduz as chances de convocar a vontade organizacional para mudar o curso, e o desestimula a testar outras opções.

Numerosas empresas medem o custo de fazer experimentos (que, em alguns setores, pode ser alto); muito poucas empresas, porém, tentam medir as *economias* de custos quando aprendem com os experimentos – seja por causa do cancelamento cedo do que teria sido um fiasco dispendioso, seja em virtude de uma correção de curso que converte um projeto difícil em projeto vitorioso.

Seja rápido e iterativo

O segundo princípio da experimentação é velocidade. John Hayes, executivo-chefe de marketing global da American Express, falou comigo sobre o foco de sua empresa no aprendizado por meio da experimentação. Ele explicou que um de seus principais objetivos como líder é conseguir que suas equipes aprendam mais rápido – em ciclos iterativos, ou repetitivos, de dias, em vez de semanas ou meses.[88] Para uma organização ágil como a American Express, a institucionalização desse tipo de aprendizado rápido pode ser uma fonte real de vantagem competitiva.

As ideias de Hayes ecoam as de um experimentador famoso do passado, Thomas Edison, para quem "a verdadeira medida do sucesso é o número de experimentos que podem se acumular em 24 horas".[89]

Quando John Mayo-Smith era executivo-chefe de tecnologia da R/GA, ele trabalhou em numerosos projetos de inovação com marcas como Nike, inclusive Nike+, FuelBand e outros sucessos anteriores da *wearable technology* (tecnologia vestível). "Nosso objetivo na R/GA sempre foi construir com rapidez. Se você fosse nosso cliente, não passaríamos quatro meses avaliando um projeto. Nosso objetivo era construir alguma coisa em duas semanas, começar a mostrá-la a atletas de verdade e receber *feedback*."[90] O método de Mayo-Smith de desenvolver a tecnologia em sucessivas fases de iterações foi adotado por equipes de todos os tipos, da Caltech à NASA.[91]

---

[88] HAYES, John. Entrevista com o autor, na sede American Express. Nova York, em 29 maio 2012.

[89] MILLARD, Andre. *Edison and the Business of Innovation*. Baltimore: John Hopkins University Press, 1990. p. 40.

[90] MAYO-SMITH, John. Entrevista por e-mail com o autor em 4 ago. 2015.

[91] CUTRI, Roc; CONROW, Tim. *WISE Mission Operations System CDR*. 18-19 jul. 2007. Disponível em: <http://wise2.ipac.caltech.edu/staff/roc/docs/WISE_MOS_CDR_WSDC.pdf>. Acesso em: 7 jul. 2017.

Aumentar a velocidade da experimentação também pode exigir infraestrutura. Quando Edison construiu o laboratório dele, em West Orange, New Jersey, o *layout* físico foi projetado para facilitar a velocidade na movimentação de um *insight* ou hipótese para um teste operacional rápido. Suprimentos de todos os tipos – ferramentas, produtos químicos, minérios e minerais, filamentos – eram armazenados em pilhas, próximos a todos os laboratórios de experimentos, para que a demora na busca de materiais não retardasse a exploração de qualquer nova ideia.[92]

Para acelerar os próprios experimentos de inovação, a Mondelez (ex-Kraft), empresa global fabricante de salgadinhos, usa uma "garage" projetada para converter qualquer nova ideia, do conceito ao protótipo, e até as mãos de clientes visitantes, no prazo de dois dias.[93] A empresa de projetos IDEO instala as oficinas de protótipos tão perto quanto possível das equipes de desenvolvimento, para que as ideias de produtos físicos sejam materializadas em dias ou até em horas.

Apaixone-se pelo problema, não pela solução

Essa frase é um mantra com poderes mágicos em muitas empresas inovadoras, citada pelo cofundador do Waze, Uri Levine, assim como pelo CEO da Intuit, Brad Smith. Por que os inovadores devem apaixonar-se pelos problemas, não pelas soluções?

Primeiro, essa paixão pelo problema o mantém focado no cliente e em suas necessidades. Ao forçar-se a compreender primeiro o problema do cliente (em vez de apressar-se na busca de uma solução engenhosa), você assume uma atitude importante para garantir que o processo de inovação se concentre no valor para o cliente.

Segundo, o foco no problema o estimula a considerar mais de uma possível solução. Se o seu objetivo for a solução em si, é forte a tentação de interromper o processo de geração de novas ideias ao deparar com uma solução que parece promissora para a equipe e avançar prematuramente para o desenvolvimento dessa primeira solução.

---

[92] MILLARD, 1990, p. 15-16.

[93] FERA, Rae Ann. How Mondelez International Innovates on the Fly in 8 (Sort of) Easy Steps. *Fast Company*, 7 fev. 2013. Disponível em: <http://www.fastcocreate.com/1682100/how-mondelez-international-innovates-on-the-fly-in--8-sort-of-easy-steps>. Acesso em: 7 jul. 2017.

A terceira razão para apaixonar-se pelo problema é a consequência inevitável de engajar-se emocionalmente na busca de uma solução criativa. E o desengajamento é difícil. Quando a equipe do Fasal, na Intuit, se concentrou na solução do problema do reduzido poder de barganha dos pequenos agricultores da Índia, a atitude de prosseguir na busca depois de encontrarem a primeira solução foi fundamental para a eficácia dos resultados. Como Hanson explicou, "Quando você pensa que só tem uma ideia, você reluta em desistir dessa ideia. Quando você tem muitas ideias, você se abre para as evidências de que elas não são eficazes e parte para outra. No caso da equipe do Fasal – eles logo aprenderam que o mercado do tipo eBay não funcionaria; logo aprenderam que a ideia de ajudar os agricultores a cultivar lavouras mais lucrativas não funcionaria. Se eles só tivessem uma ideia? Francamente, eles provavelmente ainda estariam trabalhando nela até hoje".[94]

Receba *feedback* confiável

Depois de conceber as soluções, é fundamental reunir *feedback* confiável sobre as suas ideias. Essa credibilidade começa com as pessoas com quem você conversa. Elas devem ser clientes reais ou potenciais – não você próprio, seus colegas ou seus chefes.

O estímulo para o *feedback* confiável é o que você mostra a esses clientes. Precisa ser algo bastante real para gerar resultados significativos. Num experimento convergente, como vimos, o *feedback* se baseia no que será oferecido aos clientes, como produto, serviço ou experiência real. Para executar um teste A/B com os seus novos itens de cardápio, a Wawa testou as refeições em si em lojas reais.

Num experimento divergente, o objetivo é usar protótipos. Isso evita a despesa de construir uma oferta que você ainda não projetou, mas oferece ao cliente estímulo suficiente para responder e gerar *feedback*. Os protótipos podem ser feitos com materiais simples, como papel, papelão ou cerâmica, ou com insumos mais sofisticados. A GE tem fornecido impressoras de mesa 3D às equipes de empregados em várias funções, para ajudá-las a construir protótipos rápidos de novas ideias de projetos sem precisar se afastar do local de trabalho.

Equívoco comum em inovação é pedir a um grupo de foco de clientes para especular sobre um produto ou serviço que nunca viram,

[94] HANSON, 2013.

sem protótipo com o qual interagir. Joe Ricketts é o fundador da TD Ameritrade, agora uma das maiores corretoras de ações on-line do mundo. Na década de 1970, ele expandiu rapidamente o novo negócio, como um serviço de negociação de ações por telefone. Na época, ele logo percebeu que precisava reduzir custos. Na época, novos recursos de telefonia estavam sendo desenvolvidos, e ele queria explorá-los para oferecer autoatendimento aos clientes. Quando ele perguntou a grupos de foco se eles usariam a opção de autoatendimento, a resposta foi: "Não! Por que preferiríamos o autoatendimento, quando podemos conversar com um corretor?". Ricketts ficou nervoso e decidiu oferecer as duas opções, com um grande desconto para o autoatendimento. E não instalou um *backup* para o autoatendimento, imaginando que, se ele ficasse fora do ar durante algum tempo, os clientes simplesmente recorreriam aos corretores. E, então, ficou surpreso quando o autoatendimento saiu do ar e os clientes que já o estavam usando se queixaram de precisar voltar aos operadores! Como Ricketts salientou, você simplesmente não pode usar grupos de foco para receber *feedback* confiável sobre um produto ou serviço que nunca foi lançado no mercado.[95]

Meça o que importa agora

É importante fazer medições em qualquer experimento. Mas o que medir? À medida que as interações se tornam mais digitalizadas, o número de coisas que pode ser medido cresce cada vez mais – principalmente em um experimento real, com uma grande amostra de clientes.

Uma solução é tentar identificar a única métrica mais importante para o sucesso da inovação. Alistair Croll e Ben Yoskovitz chamam isso de "A única métrica que importa".[96] Eles salientam como essa única métrica que importa mudará com o passar do tempo, à medida que as startups avançam das primeiras fases de definição dos clientes para a fase de testes e, finalmente, para a geração de receita e ampliação do negócio. Também é assim quando se inova em empreendimentos tradicionais: a única métrica que mais importa mudará com o passar do tempo.

---

[95] RICKETTS, Joe. Entrevista por telefone com o autor em 25 set. 2014.

[96] CROLL, Alistair; YOSKOVITZ, Benjamin. *Lean Analytics: Use Data to Build a Better Startup Faster*. Sebastopol, Calif.: O'Reilly Media, 2013. p. 55-63.

No caso do Fasal, da Intuit, o objetivo final era aumentar em 10% a receita dos agricultores. E esse acabou sendo o critério de avaliação fundamental a ser medido (assim como métricas tipo receita de propaganda, depois que se torna parte do modelo de negócios). Nas fases anteriores do projeto do produto, porém, a empresa talvez tivesse pretendido focar em diferentes medidas, como, "Quantos dos agricultores que participaram dos primeiros testes são capazes de receber e usar as informações sobre preços?", e depois, "Quantos novos assinantes estamos recebendo por semana, à medida que avançamos na divulgação do produto?".

Embora seja importante conhecer a métrica mais crítica em sua atual fase de inovação, você também deve reunir dados sobre outras métricas. Esses dados podem ajudar a explicar as mudanças que você vê em sua métrica-chave. Quando a Wawa introduziu um sanduíche de pão plano em seu cardápio em numerosas lojas de teste, a cadeia mediu a aceitação pelos clientes e concluiu que o produto foi um grande sucesso popular. Mas ela também mediu o impacto na rentabilidade total das lojas e constatou que os clientes passaram a gastar menos com outros itens com margem mais alta, o que levava a Wawa a efetivamente perder dinheiro graças ao novo sanduíche popular. Em vez de lançá-lo em mais lojas, a cadeia o retirou totalmente dos cardápios.[97]

Teste seus pressupostos

Outro princípio básico da experimentação é testar seus pressupostos. Embora seja essencial para reduzir o risco em muitos novos empreendimentos, essa recomendação é ainda mais importante nas inovações que levam a empresa para territórios desconhecidos.

Quando Jenn Hyman ainda era aluna de MBA, ela desenvolveu uma ideia para uma nova empresa. Ao ver a irmã se autoflagelar na dúvida sobre comprar um vestido novo de US$ 1.500 para uma festa de casamento, ela percebeu uma grande oportunidade de negócios: por que não alugar vestidos de grife para ocasiões especiais? Juntou-se, então, a uma colega de turma, Jenny Fleiss, para lançar um novo negócio: Rent The Runway. No entanto, em vez de perder tempo desenvolvendo um plano de negócios com projeções detalhadas de

---

[97] THOMKE; MANZI, 2014.

preços, custos, fatia de mercado e receita, as duas decidiram fazer experimentos para ver se a ideia básica funcionaria.[98]

O negócio pareceu promissor para Hyman e Fleiss, mas elas logo perceberam que a ideia se baseava em pressupostos sobre clientes, seus interesses e sua disposição para pagar pelo serviço, sem mencionar seleção do produto, durabilidade dos vestidos ao longo de sucessivos aluguéis e o canal certo para comercializar os serviços. Fizeram, então, um plano e testaram metodicamente seus pressupostos numa série de experimentos. Os dos primeiros testes de mercado foram rodados em universidades (Harvard e Yale); em cada uma, enviaram convites aos alunos, alugaram uma sala e apresentaram ampla seleção de vestidos de grife para aluguel. Assim, rapidamente, validaram o pressuposto de que mulheres de renda média e alta pagariam um décimo do preço de um vestido de grife para vesti-lo em certas ocasiões especiais. Também testaram o impacto do tamanho da seleção (quanto maior fosse a variedade de estilos, maior era a probabilidade de alugar) e as condições da roupa na devolução (apenas 4% voltaram com manchas, que foram removidas com facilidade). No terceiro experimento, testaram se as clientes ainda alugariam os vestidos se não pudessem experimentá-los pessoalmente (o plano para o negócio era fazer as ofertas on-line). Em vez de contratar um designer para projetar o site, elas enviaram e-mails com fotos dos vestidos a mil mulheres da cidade de Nova York. Embora a proporção de aluguéis caísse de 35% para 5% das pessoas convidadas, ainda era bastante alta para avançar com a ideia de um negócio on-line. No quarto experimento, elas procuraram designers de moda. A esperança delas era convencer os designers de moda a promover o serviço de aluguel em seus próprios sites, para que as visitantes que procurassem um vestido no site de Diane von Furstenberg vissem que poderiam alugá-lo em vez de comprá-lo na Neiman Marcus. Elas se reuniram com vinte designers de moda, e grande parte das respostas foi muito negativa. Com medo da canibalização das vendas de vestidos, a maioria respondeu que não ajudaria o novo negócio, "nem que passem sobre o meu cadáver". Hyman e Fleiss concluíram que tinham de revisar o plano de marketing. Em vez de focar no atendimento do pedido e deixar o marketing do novo serviço por conta de designers de moda, elas comprariam um grande

---

[98] EISENMANN, Thomas R.; WINIG, Laura. *Rent The Runway*. Cambridge: Harvard Business School, 2011.

estoque de vestidos, construiriam um site de comércio eletrônico e direcionariam elas mesmas o tráfego para o site.[99]

Quando Hyman e Fleiss partiram em busca de investidores, a Bain Capital ficou impressionada com a velocidade dos testes dos parâmetros do novo modelo de negócios e embarcaram no empreendimento com a primeira rodada de financiamento. Rent the Runway foi lançada menos de um ano depois do primeiro *insight* de Hyman ao observar o dilema da irmã quanto ao vestido. Dois anos depois, Rent the Runway forneceu os trajes de mais de 85% das mulheres que assistiram à cerimônia de posse do presidente dos Estados Unidos em 2013.[100]

Rent the Runway foi uma nova startup, e, às vezes, é mais fácil reconhecer tudo o que você não sabe sobre o seu negócio quando você está apenas começando. Para uma empresa tradicional acostumada a operar em seu próprio território, é fácil ignorar a fase de teste dos pressupostos quando você está planejando uma inovação. No livro *Discovery-Driven Growth*, Rita McGrath e Ian MacMillan explicam como empresas de sucesso correm riscos indevidos ao não identificarem os pressupostos básicos de seus novos empreendimentos. Os autores sugerem métodos para identificar e testar esses pressupostos e incluem esse processo como uma das fases no desenvolvimento de qualquer novo projeto.[101] Essa mentalidade é essencial para a boa inovação movida a experimento.

Fracasse com inteligência

O fracasso é inevitável. Podemos definir fracasso como tentar alguma coisa que não funciona. Obviamente, esse não é o *objetivo* final da inovação, mas é parte inamovível do *processo* de inovação. O cofundador da Intuit, Scott Cook, disse que, ao entrarem no mercado indiano, eles executaram treze experimentos prévios; duas das ideias deles passaram nos testes, com boa probabilidade de êxito; uma teve de dar uma virada (sofrer mudança drástica no modelo de negócios), e as outras dez fracassaram.[102] E se a Intuit não tolerasse o fracasso

---

[99] EISENMANN; WINIG, 2011.

[100] EISENMANN; WINIG, 2011.

[101] MCGRATH, Rita Gunther; MACMILLAN, Ian. *Discovery-Driven Growth: A Breakthrough Process to Reduce Risk and Seize Opportunity*. Boston: Harvard Business Review Press, 2009.

[102] NOBEL, Carmen. Lean Startup Strategy Not Just for Startups. *Forbes*, 25 fev. 2013. Disponível em: <http://www.forbes.com/sites/hbsworkingknowledge/2013/02/25/lean-startup-strategy-not-just-for-startups/>. Acesso em: 7 jul. 2017.

nas inovações? Para evitar qualquer fracasso, você recuará para o que parecer mais seguro e jamais tentará qualquer inovação.

O desafio do fracasso é fracassar *com inteligência*. Podemos imaginar o fracasso inteligente como aquele que passa nos quatro testes seguintes:

- Você aprendeu com o fracasso no teste?
- Você aplicou o que aprendeu para mudar a estratégia?
- O fracasso ocorreu tão cedo e foi tão barato quanto possível? (Por exemplo, você não desperdiçou muitos recursos desenvolvendo um protótipo avançado demais, até descobrir que o cliente não queria o produto?)
- Você compartilhou o aprendizado (para que outros na organização não cometam o mesmo erro?)

Definido dessa maneira, o fracasso *inteligente* é, na verdade, parte essencial da experimentação. É necessário eliminar as más opções com rapidez e com base no aprendizado resultante dos testes (como o aprendizado precursor de Hyman e Fleiss de que seriam rechaçadas pelos designers de moda e de que precisavam comercializar diretamente aos consumidores). Os fracassos inteligentes são simplesmente uma série de testes baratos e eficazes que lhe mostram onde você está e aonde você precisa chegar. Como disse a lenda do beisebol Babe Ruth, "Todo *strike* me deixa mais perto do próximo *home run*".

Stefan Thomke faz uma distinção entre o que ele denomina "fracasso", de um lado, e "equívoco", de outro. Para ele, equívoco é não aprender com um teste que fracassou, repetir o erro, e gastar mais recursos sem gerar novo aprendizado.[103] Também podemos chamar de "fracasso burro" essa reincidência sem aprendizado.

Agora que vimos os sete princípios abrangentes da boa experimentação, vejamos o processo de cada tipo de experimento. Faremos isso com ferramentas de planejamento passo a passo: o Método Experimental Convergente e o Método Experimental Divergente.

Ferramenta: o Método Experimental Convergente

Esse método experimental é especialmente útil para inovar com produtos, serviços e processos existentes; para otimizá-los ou

---

[103] THOMKE, Stefan H. *Experimentation Matters: Unlocking the Potential of New Technologies for Innovation*. Boston: Harvard Business Review Press, 2003. p. 13.

melhorá-los continuamente; e para comparar versões nas últimas fases de um processo de inovação. Os experimentos convergentes, às vezes, podem ser rodados com muita rapidez – em questão de horas ou até de minutos (por exemplo, testar e-mails ou projetos sites). Outros testes (por exemplo, testar um conceito de varejo) serão mais demorados. A Figura 5.2 mostra o Método Experimental Convergente de sete passos.

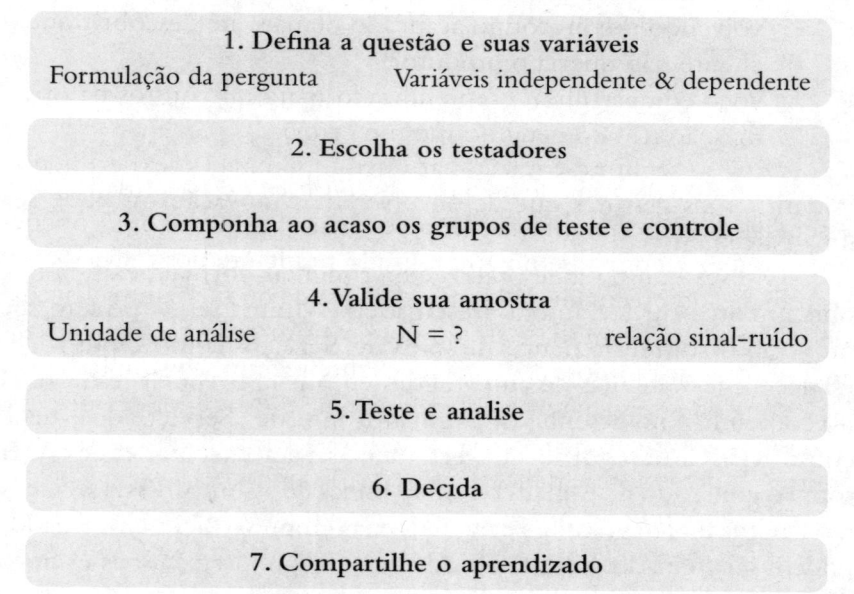

Método Experimental Convergente

1. Defina a questão e suas variáveis
Formulação da pergunta   Variáveis independente & dependente

2. Escolha os testadores

3. Componha ao acaso os grupos de teste e controle

4. Valide sua amostra
Unidade de análise   N = ?   relação sinal-ruído

5. Teste e analise

6. Decida

7. Compartilhe o aprendizado

Figura 5.2: O Método Experimental Convergente

1º passo: Defina a pergunta e suas variáveis

O primeiro passo de qualquer experimento convergente é definir a questão para a qual você está procurando resposta. Poderá ser, "Como nossa oferta de novo serviço afetará a fidelidade dos clientes?" ou "Qual desses dois níveis de preços gerará maior receita total para a nossa nova linha de produto?" ou "Como o plano de reformulação de nosso novo portal de serviços ao cliente afetará a satisfação dos clientes?".

Nos experimentos convergentes, a questão precisa ser tão específica quanto possível. Ela deve ser estruturada, se possível, como pergunta causal: "Se fizermos X, o que, então, acontecerá com Y?".

Depois de formular a pergunta, é preciso convertê-la em dois tipos de variáveis:

- *Variável independente (ou causa)*: este é o fator a ser testado no experimento. Tipicamente, é uma variação na atual prática de negócios. O objetivo do experimento é compreender o efeito de introduzir a inovação.
- *Variável dependente (ou efeito)*: este é o fator que se espera seja influenciado pela inovação. É uma medida do impacto do que você está mudando.

2º passo: Escolha os testadores

O passo seguinte é selecionar quem conduzirá o experimento. Podem ser os gestores que desenvolveram a inovação ou pode ser uma parte neutra.

O teste, como segue prática experimentais formais, exigirá conhecimentos ou ferramentas estatísticas. Muitos testes podem ser otimizados com ferramentas de software. Serviços como Optimizely fornecem ferramentas de autoatendimento para executar testes A/B no conteúdo e no desenho de páginas de internet. Serviços de e-mail, como MailChimp, fornecem ferramentas para executar testes A/B sobre o conteúdo de e-mails ou sobre linhas de assunto. (Esses serviços são baratos ou até gratuitos para pequenas empresas. Seus empregados podem ser treinados com facilidade para dirigir e registrar esses tipos de experimentos.

No entanto, para fenômenos mais complexos, como projetos de varejo concorrentes, os testes serão menos automáticos, exigindo mais conhecimento de estatística. Por essa razão, uma organização talvez queira constituir uma equipe de testes para executar experimentos válidos em projetos de inovação. Essa equipe interna pode ser convocada para garantir que o experimento seja configurado de maneira adequada e para ajudar na análise dos dados.

3º passo: Componha ao acaso os grupos de teste e controle

Antes de executar um experimento convergente, é preciso identificar a população cujas respostas você quer testar (em geral, seus clientes ou determinado subconjunto de seus clientes).

Em seguida, ao acaso, você designa membros dessa população para um de dois grupos:

- O grupo de teste (ou grupo de tratamento), que é alvo da experiência ou da oferta que você está testando
- O grupo de controle, que não é alvo de nada

A formação ao acaso dos grupos de teste e de controle é a fase em que ocorrem mais equívocos nos experimentos convergentes. Depois de definir a questão a ser testada, a empresa escolhe com cuidado os dois grupos. Quando conduzi pela primeira vez experimentos sobre inovações no varejo nas lojas da Petco, a empresa era reincidente nesse equívoco. Com o propósito de testar as inovações em condições "ótimas", a empresa as lançava nas trinta lojas com melhor desempenho em todo o país. Em seguida, comparava os resultados desse grupo com os resultados das trinta lojas com pior desempenho. Para surpresa de ninguém, as inovações que passaram nos testes como "benéficas" no grupo das superestrelas às vezes decepcionavam quando lançadas em âmbito nacional, em todas as localidades. A Petco, desde então, aprendeu a evitar esse equívoco.[104]

4º passo: Valide sua amostra

Em seguida, você precisa garantir que o tamanho da amostra seja válido. O ponto de partida é a identificação de sua unidade de análise. Por exemplo, se você está testando uma oferta enviada para indivíduos de sua base de dados, a unidade de análise é o respondente individual. Se, porém, você estiver testando duas versões de *layout* de loja de varejo, a unidade de análise é a loja. (Você só pode comparar os efeitos em uma loja com os efeitos em outra loja.)

Depois de conhecer sua unidade de análise, o tamanho da amostra é simplesmente o número de unidades que você inclui em cada um de seus grupos de teste e de controle. Por exemplo, se você tem 600 endereços de e-mail e envia 3 versões de um e-mail, cada uma para 200 destinatários, o tamanho da amostra é n = 200.

O que é tamanho de amostra estatisticamente válido? A regra prática típica é n = 100, no mínimo, em cada grupo que você está comparando. No entanto, dependendo de sua relação sinal-ruído, você

---

[104]THOMKE; MANZI, 2014.

talvez precise de uma amostra maior. Se o impacto da inovação for grande, você talvez consiga medi-lo com uma amostra de n = 100. Se, porém, o impacto for muito mais sutil (por exemplo, um pequeno aumento na taxa de conversão dos clientes), você precisará de uma amostra maior, para que o efeito de seu tratamento seja maior que a margem de erro. (A amostra maior gera margem de erro menor.)

5º passo: Teste e analise

Agora você está pronto para executar o teste. A equipe que está conduzindo o experimento reunirá dados referentes a um período de tempo predeterminado. Em seguida, eles analisarão os dados para verificar se há diferenças nas variáveis dependentes que estão sendo medidas e, se houver, se essas diferenças são estatisticamente significativas.

Quando você mede e analisa os resultados, é importante reunir dados além das variáveis dependentes que você escolheu no 1º passo para definir o sucesso de seu experimento. Mesmo que você tenha uma resposta certa ("sim" ou "não"), você também quererá saber por quê. Quando a cadeia de lojas de desconto Family Dollar testou um plano para criar nas lojas uma nova seção com alimentos congelados, ela mediu se os clientes comprariam quantidades suficientes de alimentos congelados para justificar o investimento. O teste disse que sim. A cadeia, porém, também descobriu que os clientes passaram a comprar mais alimentos secos depois que as lojas abriam a seção de alimentos congelados; o resultado foi impulso muito maior sobre a lucratividade.[105]

6º passo: Decida

Depois de analisar os resultados de seu experimento convergente, é hora de decidir com base nas descobertas. Este é o momento de colher os frutos de já ter concordado, no Passo 1, quanto à definição de sucesso.

Mesmo que você realmente encontre a melhoria almejada em seu teste de inovação, é possível que a história ainda não tenha chegado ao fim. Isso talvez leve a outras iterações e testes de outras ideias para

---

[105]THOMKE; MANZI, 2014.

verificar se daí podem resultar melhorias ainda maiores. Nas eleições presidenciais de 2008 nos Estados Unidos, a campanha de Obama realizou sucessivos testes, examinando os efeitos sobre os pedidos de contribuições para a campanha de mudanças de muitos elementos diferentes – temas dos pedidos, tipos de fotos e vídeos, as palavras de *"call to action"* nos botões que o levavam para uma página de doações. Cada teste subsequente gerava um pouco mais de aprendizado, mas o efeito cumulativo foi o aumento das taxas de conversões – de e-mails, passando para o site e daí para a oferta de doações – em 40%, gerando US$ 57 milhões em recursos adicionais para campanha.[106]

7º passo: Compartilhe o aprendizado

Depois de completar sua análise, é essencial capturar e compartilhar o aprendizado resultante do seu experimento. Se você estiver fazendo uma bateria de experimentos sobre as mesmas variáveis, esse processo pode ocorrer no final, em vez de após a conclusão de cada passo. É fundamental, porém, não só documentar o que você aprendeu, mas também transmitir sua descoberta a outras pessoas na organização em condições de beneficiar-se com esse aprendizado (e capazes de evitar qualquer um dos erros já cometidos).

Você encontra em: http://www.davidrogers.biz, na seção Tools, uma lista de perguntas que ajudam a capturar e a compartilhar com a sua equipe aprendizado resultante de qualquer experimento convergente.

Ferramenta: O Método Experimental Divergente

A segunda ferramenta é um guia para executar experimentos divergentes. Esse método é especialmente útil para inovações que são menos definidas desde o começo, como novos produtos, serviços e processos de negócios para a sua organização. Os projetos de inovação que usam experimentos divergentes tendem a ser altamente iterativos e podem prolongar-se por semanas ou meses.

---

[106]KOOMEN, Pete. Beat the Back Button: How Obama, Disney, and Crate & Barrel Use A/B Testing to Win. In: ANNUAL "BRITE" CONFERENCE, 2013. Nova York: Columbia Business School, 4 mar. 2013. Discurso.

A Figura 5.3 mostra os dez passos do Método Experimental Divergente. Esses passos se enquadram em três fases: preparação, iteração (passos que se repetem várias vezes), e ação.

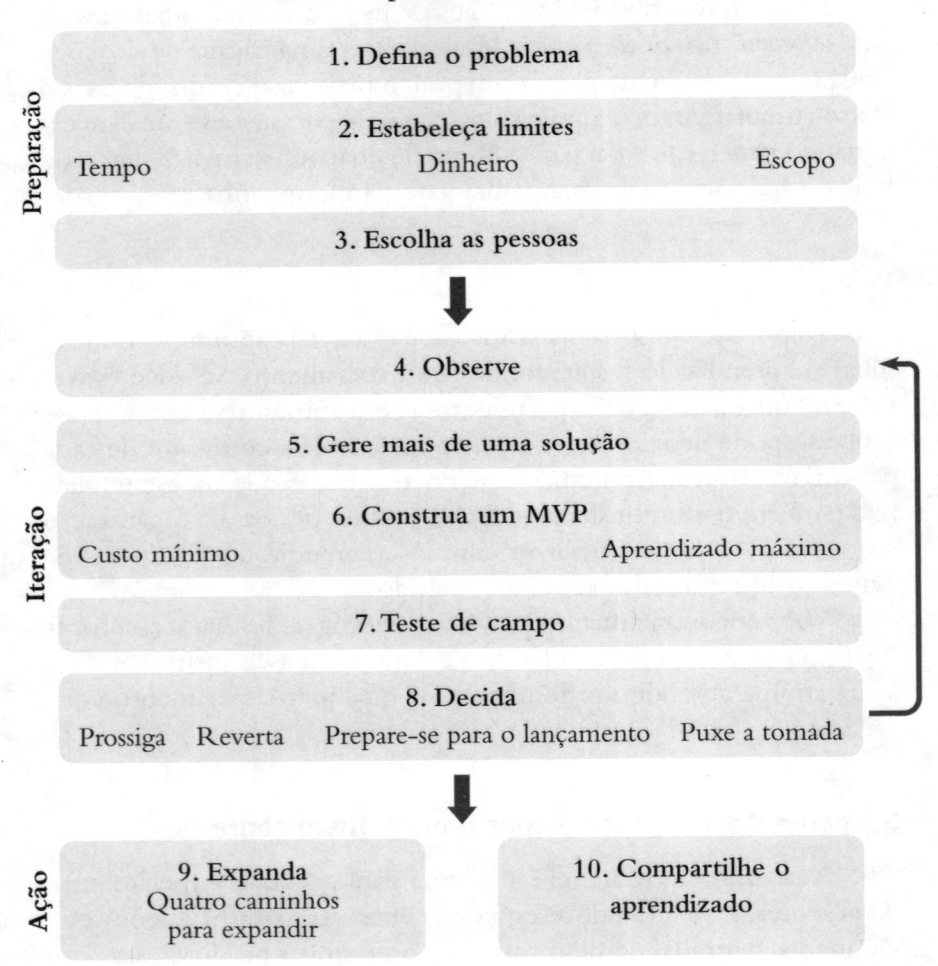

Método Experimental Divergente

Preparação

1. Defina o problema

2. Estabeleça limites
Tempo   Dinheiro   Escopo

3. Escolha as pessoas

Iteração

4. Observe

5. Gere mais de uma solução

6. Construa um MVP
Custo mínimo   Aprendizado máximo

7. Teste de campo

8. Decida
Prossiga   Reverta   Prepare-se para o lançamento   Puxe a tomada

Ação

9. Expanda
Quatro caminhos
para expandir

**10. Compartilhe o
aprendizado**

Figura 5.3: O Método Experimental Divergente

1º passo: Defina o problema

O primeiro passo de um experimento divergente é definir o problema que você está procurando resolver. O problema deve originar-se da observação de uma necessidade dos clientes ou de uma oportunidade do mercado e deve ser um desafio para cuja solução sua empresa esteja preparada. A vantagem de definir a inovação em termos de um problema é forçá-lo a adotar o ponto de vista do cliente. A inovação sempre deve focar em entregar valor para o cliente (mesmo que o cliente pertença ao público interno da organização), não em aplicar a mais recente e vibrante tecnologia, em adicionar um atributo ao produto ou em derrotar os concorrentes.

A definição do problema pode incluir um objetivo quantificado, mas esse objetivo sempre deve ser desafiador e abrangente. Lembre-se da experimentação que resultou no produto Fasal, da Intuit: o objetivo definido foi aumentar em 10% a renda dos pequenos agricultores indianos. Essa definição conferiu à equipe ampla liberdade para refletir como alcançar o objetivo. Quando Steve Jobs incumbiu sua equipe na Apple de desenvolver o primeiro iPod, ele a desafiou a ajudar os clientes a "pôr 1.000 músicas no bolso". Observe que o desafio não é técnico ("Encaixe essa memória num disco rígido deste tamanho"), mas sim descreve o objetivo ou a experiência sob a perspectiva do cliente.

2º passo: Estabeleça limites

O segundo passo é estabelecer limites para o processo de inovação. Como a experimentação divergente é iterativa (repetitiva) e como temos a inclinação natural para protelar ou adiar, antes de admitir o fracasso, muitas vezes o projeto de inovação continua em andamento, mesmo quando a probabilidade de sucesso é baixa. Portanto, é essencial estabelecer limites desde o início.

Qualquer experimento divergente deve começar com a definição de três tipos de limites:

- *Limite de tempo*: é importante restringir o prazo para a execução do projeto em si e de suas fases de aprovação. Muitas empresas, como Mondelez, AT&T, Intuit e Amazon, adotam o limite de três meses para o desenvolvimento de projetos iterativos, até se tomar uma decisão crucial quanto a prosseguir.[107]
- *Limite de dinheiro*: em geral é melhor definir orçamentos para projetos de inovação por fase de aprovação. A IDEO cobra dos clientes por fase do projeto iterativo de desenvolvimento de produtos, exigindo a concordância expressa dos clientes antes

---

[107] FURR; DYER, 2014, p. 175.

de passar para a fase seguinte. Só depois dos testes dos pressupostos e da redução dos riscos é possível liberar novas verbas.

- *Limite do escopo*: as empresas devem definir antecipadamente o que *não* pretendem fazer. Esse cuidado estabelece fronteiras úteis até para os experimentos mais amplos. No caso do projeto Fasal, da Intuit, o produto e o modelo de negócios almejados eram desconhecidos, mas o mercado-alvo (pequenos agricultores indianos) definia fronteiras importantes.

3º passo: Escolha as pessoas

O último passo da fase de preparação é escolher as pessoas que trabalharão no experimento de inovação.

A primeira questão é o tamanho da equipe. Como regra geral, a equipe de inovação deve ser tão pequena quanto possível – mas não menor. O SnapTax, produto popular da Intuit, foi desenvolvido por uma equipe de três pessoas.[108] Jeff Bezos é conhecido pela sua "Regra das 2 Pizzas", da Amazon: nenhuma reunião ocorrerá se o número de participantes for grande demais para serem alimentados com duas pizzas. Pela minha própria experiência, conduzindo seminários sobre estratégia dentro de empresas e entre empresas, uma equipe de cinco pessoas é geralmente o ideal em projetos de inovação. J. Richard Hackman estudou a colaboração em equipes e descobriu que o número de ligações em rede entre os membros da equipe impõe um limite superior ao tamanho dos grupos eficazes. À medida que o número de membros do grupo aumenta aritmeticamente, as linhas de comunicação entre os membros disparam exponencialmente, como $n(n-1)/2$. Hackman sugere que um grupo de cinco é o ideal e adverte contra ir além de dez membros.[109]

Além do tamanho, a diversidade da composição da equipe é fundamental. Aí se inclui a diversidade dos conjuntos de competências que se relacionam com a natureza do projeto (por exemplo, uma equipe de inovação que esteja trabalhando em opções de novos serviços para um banco poderia incluir membros com formação

[108] NEEDLEMAN, Sarah E. For Intuit Co-Founder, the Numbers Add Up. *Wall Street Journal*, 18 ago. 2011. Disponível em: <http://www.wsj.com/articles/SB10 001424053111903596904576514364142860224>. Acesso em: 7 jul. 2017.

[109] CHOI, Janet. *The Science Behind Why Jeff Bezos's Two-Pizza Team Rule Works.* set. 2014. Disponível em: <http://blog.idonethis.com/two-pizza-team/>. Acesso em: 7 jul. 2017.

em TI, comportamento dos consumidores, treinamento de pessoal e projeto de serviços). Você também deve se esforçar para incluir participantes com vieses (inclinações ou tendências) e antecedentes diversos. Procure pessoas que nem sempre trabalham juntas ou que venham de diferentes partes de sua organização. Inclua participantes que tenham sido contratados recentemente, assim como alguém com bons conhecimentos da cultura organizacional.

É importante mudar a equipe de inovação com o passar do tempo, em vez de manter o mesmo grupo durante toda a duração do projeto. Talvez você também queira introduzir um fator de competição, com várias equipes pequenas concorrendo entre si (pelo menos nas fases iniciais), a fim de desenvolver a melhor solução para um desafio comum.

Agora, você já concluiu a fase de preparação do Método Experimental Divergente. A fase seguinte é a de iteração, com os passos 4 a 8, o cerne do experimento. Eles serão executados não de uma vez, mas em ciclos iterativos, até que se tome a decisão final de terminar o projeto ou de avançar para o lançamento público.

4º passo: Observe

O desenvolvimento iterativo de ideias para a inovação começa com a observação. A observação esclarece e fornece os *insights* de que você precisa para resolver a fase seguinte do problema em que você está trabalhando. O objetivo da observação é *aprofundar* sua compreensão do problema em si e *ampliar* a variedade de ideias que você aciona em busca de uma solução.

Você deve focar primeiro em observar o contexto do cliente – para compreender melhor o problema que você está tentando resolver. Aprenda o máximo possível sobre o cliente, a natureza do problema e o contexto em que a solução deve se encaixar.

Além disso, procure ideias em campos mais distantes. Procure-as em outros mercados (como outros clientes lidam com a mesma questão) e em outros setores de atividade (referências além dos concorrentes diretos do mesmo setor). Você também pode buscar inspiração em esforços de inovação anteriores. A IDEO, por exemplo, mantém uma "Tech Box" em cada estúdio de design, na qual se armazenam protótipos e ideias de produtos interessantes, mas que não foram aproveitadas, para inspiração em novos projetos. Vasculhar ideias passadas que não foram aproveitadas pode levar a descobertas inesperadas em projetos posteriores.

5º passo: Gere mais de uma solução

O próximo passo é gerar ideias para resolver o problema definido. Essa é a fase em que sua própria intuição desempenha papel relevante na inovação: ajudar a criar novas ideias e possíveis soluções (sem avaliá-las, pois isso deve ser feito pelo cliente).

Numerosos livros já foram escritos sobre criatividade e técnicas eficazes de criação de ideias. Se sua empresa já não desenvolveu o próprio processo de ideação, recomendo enfaticamente que você leia alguns desses livros, incorporando em sua prática as ferramentas e os processos que você achar mais úteis. Alguns de meus livros preferidos são *Big Think Strategy*, de Bernd Schmitt; *Disrupt*, de Luke Williams; *Inside the Box,* de Drew Boyd e Jacob Goldenberg; *Creative Strategy*, de William Duggan; e *Estratégias arrasadoras*, de Rita Gunther McGrath e Ian MacMillan.

A única regra rigorosa aqui não se refere a *como* você gera ideias, mas exige que você gere *mais de uma ideia*. Seu propósito não é executar um processo intenso de *brainstorming* e concluir com uma única solução para o problema, que já era a preferida desde o início (talvez depois de um debate caloroso entre os membros da equipe, sobre os méritos relativos de outras soluções). Em vez disso, seu propósito na ideação (ou concepção) sempre deve consistir em gerar múltiplas *ideias viáveis*. (Lembre-se das três soluções muito diferentes que a Intuit propôs, de início, aos pequenos agricultores indianos.) Você, então, nos passos subsequentes, experimentará essas ideias e usará o *feedback* do mercado para definir as que devem ser perseguidas e como desenvolvê-las.

6º passo: Construa um MVP

A esta altura, você já deve ter algumas ideias promissoras. Até as ideias mais brilhantes, porém, não são suficientes. "Se você construir, eles virão" talvez tenha funcionado para Kevin Costner, no filme *Campo dos Sonhos*, mas, na inovação em negócios, as grandes ideias são apenas o começo do processo.

Neste passo, você precisa converter as suas ideias em protótipos. No mundo das startups, o foco se concentra em "produtos de viabilidade mínima", os MVPs, geralmente o lançamento público de um site ou de um aplicativo, ainda preliminar, para que os clientes comecem a usar e a responder, identificando defeitos e sugerindo atributos. No caso de empresas tradicionais, para as quais talvez não seja adequado compartilhar em público ideias sobre projetos experimentais, prefiro o termo "protótipos de viabilidade mínima". Ambos os termos podem ser abreviados como MVP.

O ponto mais importante é que o MVP não deve ser, de modo algum, um produto completo ou acabado. A maneira mais comum de estourar os orçamentos para inovação é desenvolver demais os protótipos (por meio de processos de desenvolvimento técnico longos e dispendiosos), antes de validá-los com clientes reais. Scott Cook afirma que um MVP deve ter "atributos apenas suficientes para permitir *feedback* útil dos primeiros adeptos".[110] Lembre-se do protótipo rudimentar usado para testar o serviço Fasal, da Intuit. A equipe não construiu uma plataforma de software que pudesse ser expandida para milhões de pequenos agricultores indianos. Nada mais fizeram que enviar dois empregados aos mercados para reunir dados, pessoalmente, enquanto um terceiro, sentado diante de uma mesa, enviava mensagens de texto aos pequenos agricultores para checar se usaram os dados e se os dados os ajudaram a ganhar mais dinheiro. Esse é o exemplo perfeito dos objetivos de um MVP: *custo mínimo + aprendizado máximo*.

Se o MVP for bem-sucedido, a ele se seguirão outras iterações. À medida que você progride, seus sucessivos projetos devem evoluir em fidelidade (por exemplo, um esboço, um modelo, um produto funcional) e em funcionalidade, de parcial para total (por exemplo, do teste de um atributo importante para o teste da oferta completa, com todos os atributos).

7º passo: Teste de campo

Depois de construir um protótipo de viabilidade mínima de sua ideia, o passo seguinte é testá-lo. É aqui que ocorre a validação do mercado, quando você recebe *feedback* sobre o seu MVP e testa os seus pressupostos.

Ao escolher como e onde testar, você deve mirar um ambiente tão natural quanto possível – isto é, tão próximo quanto possível do contexto real em que a solução definitiva será aplicada. Você também deve testar o seu protótipo com um público tão semelhante quanto possível aos clientes que, provavelmente, virão a usar a versão final.

A Mondelez, uma das maiores empresas de lanches do mundo, com operações também no Brasil, lançou o Fly Garage, para que

110 NOBEL, 2013.

clientes reais possam responder a seus protótipos de inovações em produtos. "Você capta a ideia, você a visualiza, você constrói um protótipo com recursos limitados e, dois dias depois, pessoas de verdade estão entrando e reagindo", diz Maria Mujica, diretora de marketing da empresa na América Latina. "Isso é surpreendente porque... olhamos para o rosto de pessoas de verdade e perguntamos do que gostaram e o que mudariam."[111]

Antes de cada teste de campo, é preciso identificar os pressupostos a serem validados, que devem incluir os seguintes:

- *Pressupostos sobre valor para os clientes*: os clientes valorizam suas soluções? Eles as usarão? O que pagarão por elas? Que clientes são o melhor encaixe? Que valor adicional eles ainda esperam de sua solução? Que partes eles não consideraram necessárias?
- *Pressupostos sobre o modelo de negócios*: como você fabricará as suas ofertas? Quanto isso custará? Como você a comercializará, a distribuirá e conquistará novos clientes? Como os concorrentes responderão?

Os pressupostos que você está testando serão orientados por onde você se encontra no desenvolvimento iterativo de sua inovação. Em geral, os pressupostos dos clientes são testados antes dos pressupostos do modelo de negócios.

8º passo: Decida

Ao fim de cada teste de campo de um MVP, você se defrontará com a necessidade de uma decisão: para as startups, a decisão é, frequentemente, "reverter ou prosseguir" (formulação de Riess), com o pressuposto de que seu esforço de inovação continuará avançando, até que o dinheiro acabe. Nas empresas tradicionais, porém, os diferentes projetos de inovação não envolvem o risco de falência da empresa.

Para uma empresa tradicional, a decisão depois de cada teste de campo é uma das quatro seguintes opções:

- *Prossiga*: seu teste de campo validou até agora as suas ideias. Você pode avançar para a próxima rodada de desenvolvimento de protótipos e teste de pressupostos. Volte para o 4º passo.

---

[111] FERA, 2013.

- *Reverta*: o seu teste de campo levantou algumas questões. Você talvez precise ajustar as suas ideias com base no que aprendeu ou retornar para testar outra solução que você gerou antes, para ver se ela é mais promissora. Volte para o 4º passo.
- *Prepare-se para o lançamento*: Parabéns! Você terminou vários protótipos, validou plenamente a sua inovação, e está pronto para lançá-la no mercado. Avance para o 9º passo.
- *Puxe a tomada*: se você testou todas as suas soluções ou se você atingiu os limites de prazo ou orçamento, agora é hora de parar o processo e avaliar o que você aprendeu. Avance direto para o 10º passo.

9º passo: Expanda

Se você completou as iterações dos Passos 4 a 8, com uma inovação considerada pronta para o mercado, a próxima fase é expandir. É aqui que você pega a solução que vinha testando como forma de viabilidade mínima e a converte em lançamento pleno no mercado.

No caso de inovações para os clientes, isso pode incluir um plano de fabricação (onde e como), de distribuição (que canais), e de marketing (promoção, lançamento, e outros). Se você desenvolveu uma inovação interna, o plano de lançamento pode focar em treinamento, integração dos processos de negócios e gestão da mudança. A expansão de qualquer inovação também envolve a obtenção de mais recursos: pessoal, verba e patrocínio executivo.

Mesmo com o lançamento, porém, o aprendizado iterativo com a inovação em si e com o aprimoramento da inovação ainda não terminou. Você pode se preparar para continuar aprendendo com o uso do produto pelo cliente, depois do lançamento, e aplicar esse aprendizado para continuar melhorando (embora seja possível mudar para um Método Experimental Convergente para otimizá-la).

No entanto, nem todos os produtos podem melhorar por iteração e evoluir aos olhos do público com a mesma intensidade. As formas de iteração adotadas pelas empresas depois do lançamento serão muito diferentes entre uma startup de bens de consumo, exclusivamente digital, e uma empresa que fornece elementos críticos a outras empresas. Para determinar qual é a abordagem certa para o seu projeto, veja a próxima seção deste capítulo: "Quatro caminhos para expandir uma inovação".

10º passo: Compartilhe o aprendizado

Não importa que o experimento tenha gerado uma solução eficaz, em vias de lançamento, ou não tenha encontrado uma resposta adequada para a questão em aberto; é fundamental preservar o aprendizado decorrente de todo o processo. Daí a importância de ter um método formal para a captura, exploração e compartilhamento do aprendizado oriundo de um experimento divergente. Aí se inclui arquivar ou documentar os protótipos que você desenvolveu, as soluções que você tentou (que talvez não tenham funcionado, mas podem ser úteis em outras circunstâncias) e as lições que você aprendeu.

Você encontra uma lista de perguntas a serem usadas para capturar e compartilhar o aprendizado de qualquer experimento divergente com sua equipe na seção Tools, de: http://www.davidrogers.biz.

Quatro caminhos para expandir uma inovação

Então você desenvolveu uma inovação bem-sucedida. E agora?

Uma das maneiras como a revolução digital mudou a inovação é na definição de seu ponto final. A inovação costumava focar em um produto pronto e acabado para ser lançado no mercado. Agora, com a adição de dados e software em quase todas as ofertas, as empresas têm a oportunidade de continuar experimentando com rapidez e de continuar melhorando suas inovações, mesmo depois do lançamento.

Empresas como o Google são famosas pelo lançamento de produtos explicitamente incompletos, para receber *feedback* dos usuários sobre como arrematar o projeto. Pierre Omidyar lançou o eBay depois de codificar a primeira versão de seu site em três dias. Esse é um exemplo clássico da filosofia das startups no lançamento de um produto de viabilidade mínima, diretamente aos consumidores – na essência, rodar o processo de experimentação aos olhos do público.

Lançar um MVP, no entanto, não é opção para todas as empresas e para todas as inovações. A Ford Motor Company, por exemplo, não tem como experimentar o MVP de um novo carro na estrada, para ser comprado pelos clientes, enquanto ainda está testando o seu *market fit*, ou encaixe no mercado. A Apple tem boas razões para manter o segredo em torno de seus produtos antes de revelá-los, em vez de lançar produtos beta para os primeiros adeptos.

Quatro são os caminhos gerais para expandir uma inovação até o lançamento em grande escala. Para compreender o caminho a seguir, é preciso responder a duas perguntas:

- *Você pode reiterar essa oferta com rapidez depois do lançamento?* Para os produtos de software, a reiteração quase sempre é fácil, por meio de atualizações. No caso de serviços, a reiteração, em geral, também é possível (por exemplo, lançar um novo processo de vendas, a ser adaptado, com base no *feedback*). Entretanto, para produtos ou projetos físicos, como ambiente de varejo, a reiteração rápida depois do lançamento raramente é uma opção. Se a sua inovação depende muito de parceiros ou é limitada por leis e regulamentos, também é provável que você não seja capaz de reiterar com rapidez.
- *Você pode escalonar o lançamento por fases, ou a inovação precisa ser liberada para todos os clientes de uma vez?* Talvez você seja capaz de limitar o lançamento da inovação a uma localidade específica (por exemplo, um projeto de varejo ou um serviço local). É até possível que você tenha condições de limitá-la a um subconjunto de clientes (por exemplo, apenas com convite). Outra hipótese possível é limitar a duração de uma nova oferta (por exemplo, um item de cardápio para o feriado ou um pré-lançamento limitado de seu próximo videogame). Para outros projetos, porém, será necessário oferecer a inovação de imediato a todos os interessados.

Suas respostas a essas duas perguntas o enquadrarão em um de quatro quadrantes (ver Figura 5.4).Vejamos os requisitos para o sucesso da expansão em cada quadrante:

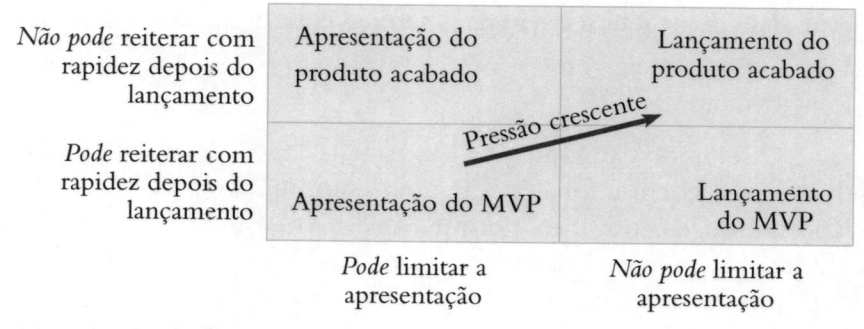

Figura 5.4: Quatro caminhos para expandir

Apresentação do MVP

Esse é o caminho mais fácil para a introdução de uma inovação porque você pode iniciar a apresentação em um mercado de teste limitado e, então, reiterar o processo rapidamente, à medida que recebe *feedback* dos clientes. Nesses casos, você pode avançar direto de seu protótipo de viabilidade mínima para o processo em si de desenvolvimento do produto. Ou seja, sua primeira apresentação pública será de um *produto* de viabilidade mínima, oferecido a um conjunto limitado de clientes. A facilidade relativa desse caminho é um lado positivo de ser uma startup pouco conhecida: você pode reiterar e aprender com os clientes reais, sem muito julgamento público.

Foi o que fez a Rent the Runway, depois de receber sua primeira rodada de capital da Bain. O primeiro site foi lançado com apenas 5.000 membros, composto somente de convidados. Essas condições permitiram que a empresa começasse com um estoque relativamente barato de 8.000 vestidos de trinta designers. Depois de constatarem que o modelo de negócios e que a cobertura pela imprensa tinham acarretado uma onda de pedidos de adesão, as fundadoras conseguiram uma segunda rodada de financiamento para que pudessem expandir com rapidez e atender à demanda. Exemplo de apresentação do MVP em localidade limitada é o lançamento do Zipcar. Esse foi um dos primeiros serviços que permite aos membros alugar carros por hora, recebendo os carros em locais identificados on-line, em vez de comparecer a uma loja de aluguel de carros. A fundadora Robin Chase lançou o Zipcar como um MVP, somente seis meses depois de começar a trabalhar no negócio, tendo levantado apenas US$ 75.000. Ela conseguiu esse resultado em parte porque começou somente em Boston, esperando mais de um ano para expandir-se para uma segunda localidade. Isso lhe permitiu testar o modelo de negócios e reiterar o serviço com o *feedback* dos clientes.

Lançamento do MVP

O segundo caminho para a expansão é mais difícil. Nesse quadrante, o negócio é forçado a reiterar com muita rapidez depois do lançamento da inovação, porque você não consegue limitar com eficácia o escopo do lançamento. (Em consequência, sua estreia pode deixar impressão duradoura em público mais numeroso.)

Uma razão pela qual esse caminho pode ser necessário, mesmo para um serviço digital, é o fato de o negócio depender dos efeitos de rede. Por exemplo, o eBay baseou-se em um modelo de negócios de plataforma que envolvia compradores e vendedores. Expandir ambos os lados da equação com o máximo de rapidez era essencial (ninguém quer vender em um site de leilões com poucos clientes, nem navegar em um site de leilões com poucos produtos). Omidyar não podia se dar ao luxo de restringir o site a um pequeno grupo de clientes, enquanto ele o reiterava e o aperfeiçoava.

Além disso, o negócio talvez não seja capaz de limitar a estreia de uma inovação, em face da alta visibilidade de sua marca ou da expectativa de que a iniciativa atraia muita atenção. A American Express lançou o Small Business Saturday, com a ideia de concentrar os refletores sobre os pequenos negócios locais dos Estados Unidos durante um dia. A campanha disparou em apenas uma semana, com o escopo ainda restrito. Ondas de energia e envolvimento foram desencadeadas pelas mídias sociais, consumidores, empresários e até por uma lei do Congresso. A empresa teve de movimentar-se com rapidez, mas conseguiu rapidamente avançar com a programação e seus objetivos, à medida que o Small Business Saturday logo se tornou um fenômeno anual durante a temporada de compras nos feriados de fim de ano.

Apresentação do produto acabado

O terceiro caminho para expandir é também mais difícil que o primeiro – mas por diferentes razões. Neste quadrante, você é capaz de lançar sua inovação somente em algumas localidades ou apenas para alguns clientes, mas você não pode reiterar com rapidez, uma vez que o lançamento é público. O produto, portanto, precisa estar muito mais acabado no momento da estreia.

Entretanto, você ainda é capaz de tirar vantagem de apresentar a inovação em fases, validando as descobertas iniciais e testando como ela é recebida por diferentes clientes, em diferentes mercados. Os projetos de varejo tipicamente seguem esse caminho. A Starbucks testou diversas ideias, como ofertas locais de vinhos e de cervejas artesanais, em um conjunto de lojas de Seattle. A empresa primeiramente testou tapetes (MATs) de carregamento sem fio para telefones em lojas de Boston, antes de lançá-los em âmbito nacional. Até testou um serviço de entrega de cafés (via aplicativo para dispositivos móveis), oferecendo-o exclusivamente aos clientes que trabalhavam no Empire State Building, em Nova York.

Quando a Settlement Music School, organização educacional sem fins lucrativos da Filadélfia, desenvolveu um plano inovador para um novo programa de música destinado a adultos, ela optou por apresentá-lo em uma localidade de cada vez. Depois que a apresentação foi bem-sucedida nas duas primeiras localidades, mas fracassou na terceira, a escola concluiu que o programa precisava ser adaptado, com base nos interesses musicais e nas redes culturais dos bairros em que se situavam as escolas.[112]

Lançamento do produto acabado

O quarto caminho para expandir uma inovação é o mais difícil de todos. Neste quadrante, você deve oferecer a inovação a todos os clientes de uma vez e você não será capaz de interagir com rapidez. Essa situação exerce o máximo de pressão sobre a empresa para aprimorar e testar cuidadosamente a inovação antes da estreia pública.

Esse é o caminho para inovações como novos automóveis, produtos farmacêuticos e hardware para computação. Nos casos em que um produto físico pode ser atualizado em um ano ou menos (por exemplo, alguns produtos eletrônicos de consumo), talvez seja o caso de apresentar uma primeira versão mais simples, retendo alguns dos atributos adicionais até o lançamento da versão seguinte. Esse é o padrão dos produtos mais bem-sucedidos da Apple, que, em geral, dão grandes saltos nos atributos, entre o primeiro e o segundo ano (nesse sentido, até se poderia dizer que os iPads e iPhones de primeira geração foram, ambos, "MVPs".

Em contraste, vejamos o caso do Google Glass. Esse dispositivo de computação que pode ser vestido, em forma de óculos, foi apresentado ao público com defeitos, quando a empresa ainda não tinha sido clara sobre a proposta de valor para os usuários. O Google não reiterou o Glass significativamente no ano seguinte, pois ainda estava tentando melhorar o desempenho do dispositivo. A empresa provavelmente estava acostumada a operar no quadrante *apresentação do MVP* (onde já havia lançado o Gmail e numerosos outros produtos de software), e subestimou a disciplina necessária para apresentar um produto de hardware, sobretudo uma inovação que atrairia atenção maciça da

---

[112] ANTHONY, Scott; DUNCAN, David; SIREN, Pontus M. A. Build an Innovation Engine in 90 Days. *Harvard Business Review*, dez. 2014. Disponível em: <https://hbr.org/2014/12/build-an-innovation-engine-in-90-days>. Acesso em: 7 jul. 2017.

mídia. Embora o Google tenha apresentado o Glass apenas para alguns milhares de clientes, a proeminência da marca e a natureza controversa do produto (com a capacidade de registrar vídeo sem ser percebido por outras pessoas próximas) contribuíram para que a apresentação se tornasse tema de análise prolongada e intensa. Seguiu-se um debate nacional sobre o significado do Glass para o futuro da computação e da privacidade, e a empresa, que crescera em meio aos mais espontâneos lançamentos em estilo beta, aprendeu que nem todas as inovações podem ser apresentadas da mesma maneira.

Saber em qual desses quadrantes a sua inovação se encaixa – acabado ou MVP, apresentação ou lançamento – esclarecerá o seu caminho para introduzi-la e expandi-la com sucesso. Toda inovação deve reiterar-se e expandir-se depois do lançamento. Conhecer a melhor maneira de fazê-lo é fundamental.

Desafios organizacionais da inovação

Integrar a experimentação rápida no cerne do processo de inovação não é fácil para muitas organizações grandes e tradicionais. À medida que crescia, a maioria das empresas confiou em decisões por comitês ou por nível de autoridade e cadeia de comando. No Vale do Silício, diz-se com frequência que HIPPO é o critério das decisões nas empresas mais tradicionais. Neste caso, HIPPO não se refere a hipopótamo (*hippopotamus*, em inglês), mas à sigla de Highest Paid Person's Opinion, ou seja, "Pessoa com a Mais Alta Remuneração". Reformular a inovação exige mudanças organizacionais significativas, a começar com a maneira de tomar decisões.

Desenvolver uma cultura de teste e aprendizado

O historiador Yuval Noah Harari descreve a eclosão da Revolução Científica como "a descoberta da ignorância". Segundo essa visão, o surgimento das sociedades humanas modernas é produto do credo: "Não sabemos tudo... o que supomos conhecer pode revelar-se errado... nenhum conceito, ideia ou teoria é sagrado e inquestionável".[113]

Para que uma empresa adote a experimentação é preciso um reconhecimento semelhante: "Não sabemos o que achamos que

---

[113] HARARI, Yuval Noah. *Sapiens: A Brief History of Humankind*. Nova York: Harper, 2015. p. 247-254.

sabemos". Essa verdade preocupante e instigante é especialmente clara para empresas que já imergiram na prática de executar experimentos. Um levantamento entre empresas praticantes de experimentos relatou que dois terços das novas ideias testadas pela Microsoft não entregaram nenhum dos benefícios esperados. Apenas 10% dos experimentos do Google foram bem-sucedidos o suficiente para promover mudanças nas empresas. E a Netflix estima que 90% de suas tentativas não dão certo.[114]

Como observou o jornalista de tecnologia Alexis Madrigal: "Ocorre que a nossa criatividade é boa, mas o nosso julgamento é péssimo".[115]

Há uma solução. As empresas podem compensar a falibilidade do julgamento da administração se elas desenvolverem nos empregados uma cultura de teste e aprendizado sobre todos os aspectos do negócio. Uma empresa que tomou essa iniciativa foi a Amazon. Vemos isso na experiência de Greg Linden, ex-desenvolvedor da Amazon. Ele estava trabalhando no processo de *checkout*, ou saída, do site, quando lhe ocorreu a ideia de oferecer aos compradores um conjunto final de recomendações de produtos com base nos itens que já estavam no carrinho de compras. Quando ele apresentou a ideia, a alta administração a detestou e a rejeitou. Uma regra básica do comércio eletrônico era não distrair ou não atrapalhar o comprador depois que ele iniciasse o processo de *checkout*. Linden, porém, ficou pensando em como as prateleiras junto aos caixas dos supermercados do mundo real são ideais para levar os clientes a apanhar só mais um item antes da saída. Embora ele tivesse sido proibido de trabalhar mais no projeto, ele prosseguiu e construiu uma rápida versão para teste dos atributos. O vice-presidente sênior que tinha vetado a ideia não ficou feliz, mas a empresa deixou Linden rodar o teste. (Na Amazon, era difícil até para um alto executivo impedir um experimento.) Os dados retornaram e a inovação de Linden revelou-se extremamente lucrativa. Logo a empresa liberou recursos para desenvolvimento e lançamento de uma versão integral.[116]

Em quantas empresas a história de Linden teria tido esse final feliz?

[114] KOHAVI, Ron et al. Online Controlled Experiments at Large Scale. In: PROCEEDINGS OF THE NINETEENTH ACM SIGKDD INTERNATIONAL CONFERENCE ON KNOWLEDGE DISCOVERY AND DATA MINING, 2013. Nova York: ACM, 2013. p. 1168-1176. Disponível em: <doi:10.1145/2487575.2488217>. Acesso em: 7 jul. 2017.

[115] MADRIGAL, 2013.

[116] LINDEN, Greg. *Early Amazon: Shopping Cart Recommendations*. 25 abr. 2006. Disponível em: <http://glinden.blogspot.com/2006/04/early-amazon-shopping-cart.html>. Acesso em: 7 jul. 2017.

Liderar sem decidir

A antítese de Greg Linden no mundo do varejo poderia ser Ron Johnson. Em 2011, Johnson deixou a Apple para assumir o cargo de CEO da JCPenney, varejista em dificuldade. Johnson cultivava a visão ousada de reinventar a loja de departamentos com um ambiente mais moderno, semelhante à Apple Store. A experiência de varejo seria transformada – com pequenas lojas dentro da loja, cafés acolhedores onde conversar ou ficar à toa, e novas marcas externas, como Martha Stewart. Finalmente, todas as caixas registradoras e todos os balcões de *checkout* seriam substituídos por sistemas de alta tecnologia de rastreamento de produto e de "autocheckout". Johnson também empenhou-se em reinventar a precificação, evitando o uso intenso de cupons e de promoções de vendas e adotando preços padronizados durante todo o ano. Era de fato uma hipótese ousada, mas será que os clientes da JCPenney responderiam positivamente a um tipo tão diferente de loja? Infelizmente, depois de anos de sucesso liderando a equipe de varejo da Apple, Johnson não achou necessário testar a hipótese. Em vez disso, ele simplesmente a lançou, sem projetos-piloto, nem testes de mercado limitados. O resultado foi uma catástrofe. A empresa, que enfrentava dificuldades havia anos, entrou em declínio muito mais acentuado. Pouco mais de um ano depois do início da admissão de Johnson, os resultados trimestrais apresentaram queda de 32% em vendas nas mesmas lojas – o que alguns observadores do varejo suspeitam tenha sido o pior declínio já reportado por uma grande empresa de varejo na história.[117] Depois de 17 meses de gestão, Johnson foi demitido como CEO.

Só se pode imaginar como teria sido se Johnson tivesse instruído sua equipe na JCPenney a testar os pressupostos por trás de sua nova estratégia, numa série de experimentos preliminares com foco estreito. A experimentação rápida exige mais que empregados curiosos e empoderados como Linden nas trincheiras; também exige um tipo diferente de liderança no topo. Nathan Furr e Jeff Dyer se referem a essa transformação como uma mudança de papel, de "Decididor-chefe" para

---

[117] BLODGET, Henry. TO BE CLEAR: JC Penney May Have Just Had the Worst Quarter in Retail History. *Business Insider*, 28 fev. 2013. Disponível em: <http://www.businessinsider.com/jc-penney-worst-quarter-in-retail-history-2013–2>. Acesso em: 7 jul. 2017.

"Experimentador-chefe".[118] Na organização movida a experimento, a liderança tem a ver cada vez menos com tomar grandes decisões em nome da organização. A função do líder, desde o CEO até o coordenador de uma pequena equipe, deixa de ser a de "provedor de respostas certas" e passa a ser o de "formulador das perguntas certas".

Envolvendo todos

O CEO da Intuit, Brad Smith, disse que a "Intuit tem 8.000 empregados, e queremos que todos pensem em como melhorar o projeto dos produtos e serviços, mesmo que se destinem exclusivamente a serviços internos".[119] Mas como converter a intenção em realidade? Será que a inovação realmente pode ser alguma coisa que toda a organização possa ou até deva fazer?

Algumas empresas acham útil segregar as equipes de inovação, isolando-as ao menos em parte das politicagens e prioridades do dia a dia dos negócios. Essa proposta talvez faça sentido se você estiver perseguindo uma inovação fora de seus atuais negócios e empreendimentos, capaz de canibalizar ou ameaçar parte do modelo de negócios existente. Já mencionei a inovação "Garage", da Mondelez, onde a empresa testa ideias de produtos que talvez pareçam muito ousadas para alguns gestores da organização. Do mesmo modo, a AT&T criou uma série de laboratórios de inovação, que ela denomina "Foundries" (Fundições), cada um com uma equipe de 40 a 45 pessoas.[120]

Outras empresas procuram engajar toda a organização, mas só o fazem em ocasiões especiais, tipo "corridas" ou "acampamentos". Em geral, são eventos abertos a todos os empregados, com um desafio de inovação, um processo de verificação coletivo, para a escolha de ideias a serem financiadas, coaching grupal sobre métodos de inovação e prazo certo para o anúncio dos resultados finais. Amy Radin atuou como chefe de inovação ou chefe de marketing em importantes empresas de serviços financeiros, como Citi, AXA e E★TRADE. Nesta última, ela

---

[118] FURR, Nathan; DYER, Jeffrey H. Leading Your Team Into the Unknown. *Harvard Business Review*, dez. 2014. Disponível em: <https://hbr.org/2014/12/leading-your-team-into-the-unknown>. Acesso em: 7 jul. 2017.

[119] SMITH, Brad. Intuit's CEO on Building a Design-Driven Company. *Harvard Business Review*, jan. 2015. Disponível em: <https://hbr.org/2015/01/intuits-ceo-on-building-a-design-driven-company>. Acesso em: 7 jul. 2017.

[120] FURR; DYER, 2014.

liderou uma iniciativa denominada Innovation Unleashed (Inovação à Solta), com o objetivo central de usar a inovação para reforçar o moral e a coesão cultural, e explorar os recursos dos empregados para criar novas oportunidades de crescimento. "O sucesso realmente consiste em empoderar os empregados", disse-me Radin. "Facilitar a participação. Garantir que os chefes saibam que suas equipes podem inovar durante o horário de trabalho. Deixar claro que os líderes apoiam as novas práticas". Ela concentrava os incentivos no reconhecimento, em vez de na remuneração. "Se a sua ideia ganhar, investiremos dez ou vinte mil dólares no protótipo, e você participará dos workshops para construí-lo." A resposta superou em muito a expectativa: 120 equipes registradas para participar do concurso de inovação, do total de 3.000 empregados em toda a empresa.[121]

A última abordagem, talvez a mais difícil, seja tentar treinar todas as pessoas na organização para adotar métodos experimentais durante todo o ano, em suas tarefas diárias. Essa é a abordagem da Intuit, que já treinou centenas de "catalisadores", que, por seu turno, trabalham com equipes de toda a empresa, ajudando-as a experimentar com eficácia. O mesmo método de experimentação que foi usado para desenvolver o produto Fasal para a Índia está sendo usado internamente para melhorar os processos, em departamentos como Jurídico, RH e Gestão de Pedidos. Ao difundir e instilar os métodos de inovação, as empresas podem beneficiar-se de um vasto leque de perspectivas, inclusive as do mais novo membro da equipe. A varejista Tesco treina os novos analistas em sua sede no Reino Unido para conceberem e conduzirem experimentos em pequenas amostras de clientes. Isso lhes dá liberdade para experimentar ideias não convencionais, que os executivos mais antigos na organização jamais imaginariam.[122]

Planejando para fracassar e comemorar

O desafio mais árduo para muitas organizações, à medida que aprendem a praticar a inovação por experimentação, é aceitar, planejar e até comemorar o fracasso.

Quero ser claro. Em alguns lugares, o culto do fracasso foi tão longe a ponto de confundi-lo com um objetivo nobre em si e por

---

[121] RADIN, Amy. Entrevista por telefone com o autor em 12 set. 2014.
[122] ANDERSON; SIMESTER, 2011.

si. Mas o fracasso – constatar que uma ideia para uma inovação não funciona – não é, efetivamente, o *objetivo*. Aprender com o fracasso é o *processo* que nos leva ao objetivo de uma grande inovação.

Reconhecer os méritos do fracasso, porém, quando conduzido da maneira certa, é, provavelmente, algo necessário na maioria das organizações. Afinal, é da natureza humana evitar e disfarçar o fracasso, para não ser visto como fracassado. A maioria das grandes organizações tende a reforçar essa atitude com sistemas de recompensas. No entanto, a cultura organizacional que rejeita o fracasso impõe três graves riscos a qualquer esforço de inovação:

- *Projetos de inovação incrementais*: o primeiro grande risco é a aversão ao risco. Quando os participantes de projetos fracassados são punidos ou estigmatizados, os empregados incumbidos de inovar se afastarão do desconhecido, inclusive de grandes oportunidades de crescimento para a empresa. Quando o Bank of America constituiu um grupo de agências na área de Atlanta a fim de servir como unidades de teste de tecnologias para reinventar a experiência bancária, estipulou-se como objetivo uma taxa de fracasso de 30%, na esperança de que as equipes efetivamente tentassem ideias novas e arriscadas. Na prática, porém, as equipes de inovação se ressentiram de pressões intensas para ostentar o sucesso e optaram por testar o que reconheciam como as ideias mais seguras. A taxa de fracasso real no primeiro ano foi de apenas 10%.[123]
- *Perda de aprendizado*: quando os fracassos são punidos, não há incentivos para revelar os fracassos. Até as equipes de inovação que encontram soluções bem-sucedidas relutam em revelar os primeiros fiascos e becos sem saída que enfrentaram ao longo do processo. Se as equipes não se sentem à vontade para compartilhar os erros, o aprendizado latente no cerne da experimentação nunca será captado pela organização. Os colegas serão condenados a repetir os mesmos erros.
- *Jogando dinheiro bom em cima de dinheiro ruim*: quando os fracassos são punidos, qualquer equipe com um orçamento encontrará maneiras de justificar os maus resultados de sua iniciativa como "só precisamos de mais tempo", ajustando as projeções futuras e adiando indefinidamente qualquer decisão de abortar o projeto. Scott Anthony, David Duncan e Pontus Siren chamam

[123]THOMKE, 2013, p. 121-122.

essa situação de "projetos zumbi" e os descrevem como iniciativas que "não cumprem a promessa e, no entanto, continuam vagando por aí, sugando recursos, sem nenhuma esperança de impacto significativo sobre a estratégia da empresa, nem sobre as previsões de receita".[124]

Para evitar esses três riscos, as empresas precisam planejar e comemorar o fracasso inteligente. Planejar o fracasso significa nada mais que desenvolver um processo para avaliar todos os projetos de inovação em programação predefinida, com base em critérios predeterminados, e com incentivos para encorajar os próprios empregados a sugerir que seus projetos sejam abandonados. O planejamento do fracasso deve ser estruturado para que o abandono de um projeto seja vinculado diretamente à liberação de recursos (na verdade, remanejamento da equipe) para novas oportunidades de inovação. Quando a empresa finlandesa Supercell, produtora de jogos, encerrou um projeto de desenvolvimento de TI que tinha perdido o rumo com um ano de duração, ela comemorou o trabalho árduo da equipe e transferiu seus membros para outro projeto. O novo projeto produziu o jogo *Clash of Clans*, para dispositivos móveis, de grande sucesso.[125]

Comemorar o fracasso inteligente significa criar ocasiões para que os líderes seniores reconheçam os projetos de inovação que falharam, junto com os que alcançaram o sucesso. (Festejá-los na mesma ocasião garante que os participantes percebam a conexão entre as duas categorias.) Ao comemorar os fracassos de inovação, é importante que a alta administração esclareça não só *por que* os empregados podem fracassar (ou seja, em busca de importantes oportunidades estratégicas), mas também *como* devem fracassar (ou seja, cedo e barato). Ao celebrar as *virtudes* do fracasso inteligente (isto é, aprender com os erros, aplicá-los na estratégia e compartilhar o aprendizado), os líderes podem impregná-las na organização. Essa abordagem é adotada pelo Tata Group, da Índia. Todos os anos, o conglomerado global celebra as

[124] ANTHONY, Scott; DUNCAN, David; SIREN, Pontus M. A. Zombie Projects: How to Find Them and Kill Them. *Harvard Business Review*, 4 mar. 2014. Disponível em: <http://hbr.org/2015/03/zombie-projects-how-to-find-them-and--kill-them>. Acesso em: 7 jul. 2017.

[125] BRUSTEIN, Joshua. Finland's New Tech Power: Game Maker Supercell. *Bloomberg*, 5 jun. 2014. Disponível em: <http://www.bloomberg.com/bw/articles/2014—06—05/clash-of-clans-maker-supercell-succeeds-nokia-as-finlands-tech-power>. Acesso em: 7 jul. 2017.

inovações de suas cem empresas operacionais em todo o mundo. Além de categorias como Inovações em Produtos e Inovações em Processos Essenciais, as equipes são incentivadas a concorrer em categorias como Ouse Tentar – prêmio que "reconhece e recompensa as ideias mais inéditas, corajosas e perseguidas com seriedade que não alcançaram os resultados almejados". Em seu primeiro ano, apenas três empresas ousaram inscrever projetos que não deram certo para o prêmio Ouse Tentar. Cinco anos depois, a categoria tinha 240 entradas (mais que algumas categorias de "sucesso"). A vencedora naquele quinto ano (Tata Consultancy Services) também venceu na categoria Inovação em Serviços. O exemplo mostrou aos empregados como as inovações reais e os fracassos inteligentes caminham de mãos dadas.[126]

■ ■ ■

Para inovar na era digital, as empresas precisam aprender a experimentar de maneira contínua e eficaz. Reiterando e testando continuamente novas ideias, e recebendo dados reais e *feedback* real dos clientes, até os maiores empreendimentos podem tornar-se tão ágeis quanto startups enxutas. Só então eles serão capazes de inovar de maneira bastante rápida, bastante barata e bastante inteligente para criar novo valor para os clientes, em um mundo em constante mutação.

Entretanto, lançar novos produtos e novos empreendimentos e aprimorar os existentes não é o fim da história se as empresas estiverem dispostas a inovar e evoluir. Ao se defrontarem com mudanças profundas e intensas nas necessidades do mercado, as empresas e indústrias talvez concluam que o valor por elas oferecido aos clientes já não é o mesmo de antes, nem tão relevante quanto antes. Essa incerteza significa que todas as empresas devem estar preparadas para adaptar sua proposta de valor às necessidades e expectativas dos clientes ao longo do tempo. Em vez de esperar até que uma transformação profunda se torne essencial para a sobrevivência, ou até que seja tarde demais para mudar, as empresas da era digital precisam desenvolver uma atitude prospectiva. O novo mandamento é que as empresas adaptem o valor que oferecem aos clientes enquanto podem, em vez de esperar que o ajuste imediato se torne condição necessária para a sobrevivência. O próximo capítulo explora como adaptar-se e progredir.

---

[126] Tata Innovista 2013 Receives Record Participation. *Tata Group,* 26 abr. 2013. Disponível em: <http://www.tata.com/article/inside/VWQX0UJo!$$$$!xI=/TLYVr3YPkMU=>. Acesso em: 7 jul. 2017.

CAPÍTULO 6

Adapte a sua proposta de valor

Valor

Um dos setores de atividade tradicionais mais gravemente afetado pela revolução digital é a indústria fonográfica. Ela agora está em recuperação – mas depois de alguns equívocos brutais e de um declínio profundo nos primeiros anos da internet. A retrospectiva dessa história pode ser instrutiva, enquanto as empresas refletem sobre o futuro.

Em 1993, uma entidade setorial denominada Moving Picture Experts Group publicou um novo padrão técnico que possibilitava a compressão eficaz da parte de áudio das produções cinematográficas, que veio a ficar conhecido como formato MP3. Esse novo formato permitiu que as gravações de músicas fossem comprimidas em arquivos digitais muito menores, com perda mínima da qualidade de áudio para os ouvintes. Naquele ano, o primeiro navegador de internet popular (Mosaic) lançou a World Wide Web, como mídia de massa para comunicações. As oportunidades criadas pelas duas inovações, em conjunto, eram inequívocas. Pela primeira vez, seria possível transmitir gravações musicais em formato digital quase instantaneamente e armazená-las com eficácia nos *drives* de disco dos dispositivos de computação daquela época.

Para a indústria de música, tudo isso abriu a porta para uma variedade incrível de novo valor a ser oferecido aos clientes. Com os arquivos e a distribuição digital, as gravadoras podiam oferecer aos clientes acesso instantâneo a vasta seleção de música, sem os limites de uma loja física e com a possibilidade de escolher apenas o álbum e até somente as canções desejadas. No entanto, em vez de oferecer novo valor aos clientes, a indústria fonográfica, representada pela Recording

Industry Association of America (RIAA), fez de conta que nada tinha acontecido. Na verdade, a RIAA até tomou uma iniciativa: processou as empresas que tentavam criar os primeiros dispositivos portáteis para armazenamento e reprodução de arquivos MP3.

Muitas são as possíveis lições a serem extraídas da queda dramática da indústria fonográfica, de 1999 a 2012, na medida em que as vendas mundiais caiam de aproximadamente US$ 28 bilhões para US$ 16 bilhões.[127] Uma das mais contundentes, porém, é que, se a sua empresa não aproveitar uma nova oportunidade de oferecer valor aos clientes, alguém ocupará o espaço vazio.

Nesse caso, esse alguém foi a startup chamada Napster. Lançado em 1999, a Napster oferecia serviço ponto a ponto, sem intermediários, para trocar arquivos de música MP3 pela internet, sem pagamento aos titulares de direitos autorais, quaisquer que fossem. Sim, era ilegal. A proposta de valor, contudo, era irresistível para muitos clientes. De um lado, eles tinham a RIAA, fornecendo-lhes ótimas gravações de suas músicas favoritas. De outro, tinham a Napster, dando-lhes todas aquelas mesmas ótimas gravações mais acesso instantâneo pela internet, seleção que superava a de qualquer loja de varejo física, além da capacidade de encontrar e escolher exatamente as canções desejadas – e, ah, sim, era tudo de graça.

Depois de quatro anos de declínio punitivo nas vendas, as principais gravadoras concordaram em deixar Steve Jobs e a Apple entrar no mercado com uma oferta competitiva: a iTunes Store, superloja de MP3 legal, conectada ao iPod, recém-lançado tocador portátil da Apple.

Os tocadores de MP3 eram produtos de nicho, até o lançamento do iPod, e mesmo depois os donos de MP3 não tinham uma maneira fácil e legal de comprar música. Com a experiência da Apple em projeto e marca, além do grande catálogo de música popular da RIAA, a iTunes Store tornou-se a primeira plataforma de mercado de massa para a venda legal de música digital.

De repente, uma nova proposta de valor estava disponível para os clientes, além dos CDs da RIAA nas lojas de varejo e a abundância

---

[127] SOMETHING to Sing About. *Economist*, 2 mar. 2013. Disponível em: <http://www.economist.com/news/business/21572811-first-time-13-years-music-business-growing-again-something-sing-about>. Acesso em: 7 jul. 2017. Os números referentes a vendas de música no mundo são da Federação Internacional da Indústria Fonográfica e incluem "físico, digital e direitos e licenciamento sobre desempenho".

digital ilegal do Napster. Com o iTunes e o iPod, os clientes tinham acesso a todos os benefícios de um serviço como o Napster, exceto a gratuidade, mas a um preço tão baixo (US$ 0,99), a ponto de parecer desprezível. Além disso, recebiam a oferta do primeiro tocador e da primeira loja de música digital de verdade, com marca de grife, além da interface do usuário intuitiva e agradável que tornava o iTunes acessível até para quem não tinha ideia do que era compartilhamento de arquivo ponto a ponto (ver Figura 6.1).

Adapte sua proposta de valor

	RIAA	Napster 1999	iTunes 2003
Música de qualidade	X	X	X
Acesso instantâneo		X	X
Vasta seleção na ponta dos dedos		X	X
Escolha as canções que você quer		X	X
Gratuito		X	
Dispositivo portátil popular			X

Figura 6.1: Três propostas de valor: música gravada

Desde sua abertura, em 2003, a iTunes Store cresceu em ritmo acelerado, enquanto as vendas de formatos de músicas físicas continuavam a cair. Aos poucos, as dificuldades da indústria diminuíram, até 2012, quando as vendas globais de música finalmente atingiram o fundo do poço e até registraram pequena alta, sobre os ombros do iTunes e de outros serviços on-line (como *streaming*, a próxima tendência crescente). "No começo da revolução digital, era comum dizer que a digitalização estava matando a música", disse Edgar Berger, CEO da Sony Music International, ao *New York Times*. Desde 2012, afirmou, "a digitalização está salvando a música".[128]

---

[128] PFANNER, Eric. Music Industry Sales Rise, and Digital Revenue Gets the Credit. *New York Times*, 26 fev. 2013. Disponível em: <http://www.nytimes.com/2013/02/27/technology/music-industry-records-first-revenue increase-since-1999.html>. Acesso em: 7 jul. 2017.

O desejo da RIAA de resistir à evolução do setor era compreensível. A indústria estava acomodada na trilha ascendente dos lucros recordes, com o modelo de negócios vigente, de venda de CDs. Em 1993, contudo, já estava claro que o modelo de negócios era insustentável na era da internet. Ao esperar o máximo possível para adaptar sua oferta aos clientes, a indústria fonográfica levou milhões de jovens ouvintes a esperar que a música digital seria gratuita, e retardou a adoção de uma estratégia eficaz para lidar com as mudanças que sacudiam o setor.

Repensando o valor: qual é o seu negócio

O quinto e último domínio da transformação digital é o valor do negócio para os clientes. Tradicionalmente, a proposta de valor de uma empresa tem sido considerada bastante constante, tanto quanto possível como fonte de vantagem competitiva sustentável no longo prazo. As empresas de sucesso encontravam uma oferta diferenciada, usavam-na para posicionar-se no mercado, e, então, faziam o melhor para otimizar o modelo de negócios por tanto tempo quanto possível. Na era digital, porém, o foco inflexível na execução e na entrega da mesma proposta de valor não é mais suficiente (ver Tabela 6.1).

Pense no negócio de imóveis, que se manteve relativamente constante durante décadas. Os corretores de imóveis eram intermediários indispensáveis entre os vendedores e os compradores de imóveis. Com a chegada da internet, o valor central do corretor – oferecer acesso às listagens de imóveis no mercado – desapareceu. Com a transparência da informação on-line, vendedores e compradores já não precisavam de um intermediário apenas para apresentar um ao outro. Nessas condições, o corretor de imóveis poderia ter percorrido o caminho do agente de viagens, que se tornou supérfluo para a maioria dos clientes, em quase todas as situações. Em vez disso, porém, as empresas de corretagem de imóveis se adaptaram, descobrindo novas maneiras de agregar valor para os vendedores e os compradores de imóveis. Os corretores de imóveis modernos vão além de fornecer ferramentas de busca das listagens certas (inclusive aplicativos para dispositivos móveis, com pesquisas personalizadas e alertas de geolocalização, além de eventos abertos de fácil aceso para os clientes). Eles usam ferramentas digitais para apresentar todos os tipos de informações a compradores que estão comparando bairros (mapas, *tours* em vídeo, informações sobre escolas, fóruns on-line, para ver como os residentes avaliam os prós e os contras da área). Assim, os corretores de imóveis se transformaram em assessores especializados, que usam blogs e mídias sociais para compartilhar informações sobre quando incluir sua casa nas listagens, sobre suas possibilidades de financiamento imobiliário e sobre a situação legal do imóvel. Para sobreviver na era digital, os corretores de imóveis deixaram de ser porteiros de listagens de imóveis para converter-se em recurso importante ao alcance de vendedores e compradores em decisões envolvendo altos cacifes.

TABELA 6.1:

Valor: Mudanças nos pressupostos estratégicos, da era analógica para a era digital

De	Para
Proposta de valor definida pelo setor	Proposta de valor definida pela evolução das necessidades dos clientes
Execute a sua atual proposta de valor	Descubra a próxima oportunidade de criar valor para o cliente
Otimize o modelo de negócios por tanto tempo quanto possível	Evolua antes de ser necessário, para manter-se à frente da disrupção
Julgue a mudança pela intensidade do impacto sobre o negócio vigente	Julgue a mudança pela maneira como cria oportunidade para o próximo negócio
O sucesso no mercado dá lugar à complacência	"Só os paranoicos sobrevivem"

Todas as empresas hoje devem seguir o exemplo dos corretores de imóveis. Em vez de definir o que fazem com base no que o setor de atividade fazia no passado, elas devem definir seus produtos e serviços com base nas necessidades dos clientes, em constante mutação. Para tanto, elas precisam avaliar cada nova tecnologia, não pela maneira como impacta seu atual modelo de negócios, mas sim pela maneira como criará seu próximo modelo de negócios. É necessário examinar constantemente o valor central de suas ofertas de negócios aos clientes, e perguntar: para que existe a minha empresa? A que necessidades atende? Elas ainda são relevantes? Qual é mesmo o meu negócio?

Este capítulo explora como as empresas adaptam sua proposta de valor, por que todas as empresas devem adaptar-se antes que isso se transforme em condição de sobrevivência e por que tantas empresas não se adaptam. Ele compara diferentes conceitos para desenvolver o raciocínio estratégico a respeito do valor da empresa para o mercado. Também examina as barreiras organizacionais capazes de impedir que as empresas adaptem a maneira como servem aos clientes. Este capítulo também apresenta uma ferramenta de planejamento estratégico: o Mapa da Proposta de Valor. Essa ferramenta ajuda qualquer empresa a identificar seus principais tipos de clientes, a definir os elementos de sua proposta de valor para cada cliente, a identificar ameaças potenciais e a definir novas ofertas para entregar valor num ambiente em mutação acelerada. Ao expandir o foco do negócio além da receita corrente e do lucro no curto prazo, essa ferramenta oferece às empresas a oportunidade de identificar novas fontes de valor, em face das ameaças emergentes.

Vamos começar, porém, definindo o desafio fundamental de manter o crescimento quando o setor de atividade está sob ataque.

Três rotas de saída de um mercado em contração

Muitas situações levam as empresas a enfrentar mercados em contração. Novas tecnologias provocam mudanças rápidas nas necessidades dos clientes, com o lançamento de ofertas substitutas ou a perda de relevância de um produto ou serviço que já ofereceu muito valor. Em alguns casos, a inovação e o marketing do produto existente podem rejuvenescer o crescimento de uma empresa e até de uma indústria. Em outros casos, contudo, as empresas se veem em posições de mercado realmente constrangedoras, em que as ofertas e os clientes tradicionais quase não têm chances de crescimento contínuo.

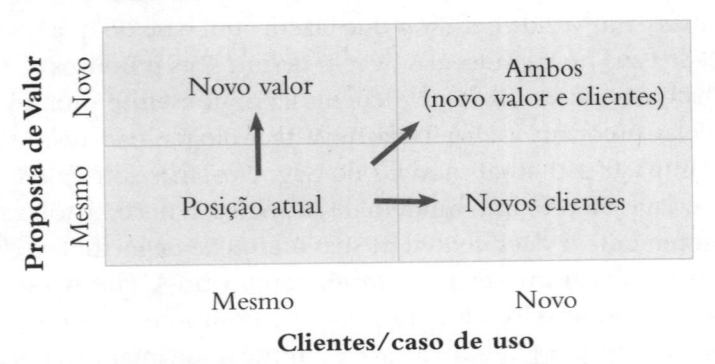

Figura 6.2: Três rotas de saída de um mercado em contração

Quais são as opções para esses negócios? Igor Ansoff propôs duas dimensões gerais para o crescimento: produtos e mercados novos e produtos e mercados existentes.[129] Para uma empresa cujo atual mix de produtos e mercados caiu na armadilha do declínio, podemos adaptar a Matriz de Ansoff para ajudar a identificar três rotas de saída do mercado em contração (ver Figura 6.2).Vejamos a dinâmica e os desafios de cada rota.

Novos clientes (mesmo valor)

A primeira rota de saída de um mercado em contração é encontrar novos clientes para comprar as mesmas ofertas. Isso pode ser extremamente difícil em áreas em que os mercados já estão relativamente horizontais e abertos (até com pequenas empresas usando comunicações digitais para vender em todo o mundo). Em algumas situações, porém, a mentalidade criativa pode identificar novo cliente ou novo caso de uso para o mesmo valor que a empresa está oferecendo.

Como muitos fabricantes de papéis, a Mohawk Fine Papers deparou-se com um mercado em contração no começo do século XXI, à medida que a ascensão das comunicações digitais possibilitava que os clientes reduzissem o uso de papel. Fundada em 1931, a empresa havia construído seu negócio vendendo papéis de alta qualidade para grandes empresas, como GE e Exxon Mobil, para a confecção de relatórios anuais e de outros impressos de alta qualidade. A Mohawk enfrentou grave contração do mercado, com o deslocamento dos clientes tradicionais para as novas formas de comunicação digital. A mudança se acelerou depois que a Securities and Exchange Commission (SEC, equivalente à Comissão de Valores Imobiliários, CVM, brasileira nos Estados Unidos) passou a permitir que as empresas apresentassem seus relatórios financeiros em forma digital e a Bolsa de Valores de Nova York deixou de exigir relatórios anuais impressos para os acionistas (em conjunto, isso representava um terço da receita da Mohawk). A administração da Mohawk deu a virada ao encontrar novos tipos de clientes que poderiam usar seus papéis de alta qualidade: serviços de impressão on-line. Com

---

[129] ANSOFF, Igor. Strategies for Diversification. *Harvard Business Review*, v. 35, n. 5, p. 113-124, set./out. 1957.

o crescimento de sites para a impressão de fotos, cartões de festas e cartões de visitas, a empresa convenceu negócios como Shutterfly. com e Moo.com a tentar oferecer aos usuários os tipos de papéis de alta qualidade que eram a especialidade da Mohawk. Os consumidores de impressos logo recorreram às ofertas da Mohawk, não se importando em pagar um pouco mais por um papel que dava às suas impressões domésticas a aparência e a sensação de alta qualidade. Em poucos anos, as vendas da Mohawk para negócios on-line aumentaram drasticamente, compensando a perda dos velhos clientes e repondo a empresa nos trilhos.[130]

Mais ou menos na mesma época, o jornal *The Deseret News*, de Salt Lake City, também se viu às voltas com um mercado em contração, da mesma maneira como muitos outros pequenos jornais urbanos em todos os Estados Unidos. Depois de prosperar por cerca de 150 anos, o jornal estava perdendo dois tipos de clientes: os leitores assinantes estavam diminuindo e os anunciantes estavam fugindo para alternativas mais baratas na internet. A receita com anúncios classificados do jornal caiu 70% de 2008 a 2010, à medida que os anunciantes migravam para sites gratuitos, como Craigslist, e para portais nacionais, como Monster.com. Enquanto lutavam para reverter a sorte de seu jornal impresso, os donos também procuravam vender o mesmo produto para novos clientes, além dos residentes de Utah. Constataram, então, que o foco único do jornal em um conjunto de temas centrais – a fé mórmon, família, cuidado com os pobres e o impacto da mídia de massa sobre os valores sociais – podia ressoar entre um público nacional que compartilhava valores e preocupações semelhantes. O jornal lançou, então, em 2009, uma nova edição impressa semanal para assinantes fora de Utah. Em 2012, a circulação das edições impressas do *Deseret* havia dobrado para 150.000 leitores em todo o país, com o crescimento da receita de anunciantes, tornando-o um dos jornais impressos em mais rápido crescimento nos Estados Unidos.[131]

Quase sempre, porém, a quantidade de novos clientes interessados em uma proposta de valor cada vez menos relevante nos

[130]ROSMAN, Katherine. U.S. Paper Industry Gets an Unexpected Boost. *Wall Street Journal*, 7 mar. 2014. Disponível em: <http://www.wsj.com/articles/SB100 01424052702304703804579385470794476470>. Acesso em: 7 jul. 2017.

[131]GILBERT, Clark; EYRING, Matthew; FOSTER, Richard N. Two Routes to Resilience. *Harvard Business Review*, dez. 2012. Disponível em: <https://hbr. org/2012/12/two-routes-to-resilience>. Acesso em: 7 jul. 2017.

atuais mercados está sujeita a limites. A nova base de clientes pode ser simplesmente um nicho menor, com uma única motivação para permanecer leal, apesar da debandada da base de clientes mais ampla.

Westfield, Massachusetts, abrigava nada menos que 40 diferentes empresas que fabricavam chicotes para a indústria de veículos com tração animal no século XIX. Com o surgimento do automóvel, a indústria de carroças, charretes e similares, que sustentava os fabricantes de chicotes, desapareceu. Uma empresa de chicotes, porém, a Westfield Whip, conseguiu sobreviver, desviando o foco para novos clientes do setor de pecuária e de apresentações ou competições de rodeio. Embora essa empresa tenha conseguido encontrar novos clientes em quantidade suficiente para continuar vendendo chicotes no século XXI, os outros 39 fabricantes de chicotes de Westfield não conseguiram sobreviver.[132]

Novo valor (mesmos clientes)

A segunda rota de saída de um mercado em contração é continuar servindo aos mesmos clientes, mas adaptar a proposta de valor, de modo a continuar relevante em face das novas necessidades desses clientes. Isso é o que fez a indústria fonográfica ao associar-se, a contragosto, com a Apple, no lançamento da iTunes Store para consumidores de música. Também é o que fizeram os corretores de imóveis ao encontrarem, repetidamente, novas maneiras de continuar relevantes para vendedores e compradores de imóveis.

Adaptar a proposta de valor exige que a empresa esteja disposta a abandonar suas fontes de sucesso no passado. Ao se defrontarem com uma queda na relevância e na demanda de suas ofertas, as empresas não devem perguntar: "Como conseguir que os clientes continuem comprando meus produtos e serviços?", mas, em vez disso, indagar: "Como tornar-me tão valiosa para os clientes quanto já fui no passado – ou até mais?".

Lembre-se da história da Encyclopædia Britannica, no Capítulo 1. Quando, depois de dois séculos, as vendas da enciclopédia impressa começaram a cair com a chegada dos computadores pessoais, a empresa sabia que não sobreviveria se procurasse novos clientes para comprar

---

[132]SCHMALTZ, David. *Whip City*. 13 jan. 2006. Disponível em: <http://www.projectcommunity.com/PureSchmaltz/files/Vaporized1.html>. Acesso em: 7 jul. 2017.

o produto já existente. Em vez disso, a Encyclopædia Britannica, Inc. tentou reinventar o valor que oferecia aos leitores, enquanto preservava a sua missão de oferecer conhecimentos especializados e fáticos ao público. Daí resultaram experimentos com a enciclopédia em CD-ROM; depois uma versão on-line gratuita, com anúncios; e, finalmente, uma nova oferta bem-sucedida: um site on-line para usuários domésticos, com uma variedade mais ampla de ferramentas didáticas digitais para educadores dos ensinos fundamental e médio. Hoje, mais da metade de alunos e professores dos Estados Unidos tem acesso ao conteúdo da Britannica para sala de aula, e meio milhão de famílias assinam a Britannica Online. Quando a empresa, finalmente, resolveu acabar com a edição impressa, foi simplesmente porque ela era relevante para muito poucos clientes. "Nosso pessoal sempre manteve a missão separada do veículo", disse o presidente da Britannica, Jorge Cauz.[133]

Importante exemplo, em andamento, de adaptação da proposta de valor é o *New York Times*, instituição jornalística fundada em 1851, que muita gente supôs não sobreviveria à transição dramática para a era digital. Desde quando a internet tornou quase gratuita a distribuição de conteúdo, a notícia como produto parecia cada vez mais uma *commodity* de pouco valor. O preço que editoras como The New York Times Company podem cobrar de anunciantes caiu drasticamente, à medida que os leitores se afastavam das edições impressas. Ao mesmo tempo, startups digitais, como BuzzFeed e Vox, se mostraram mais ágeis em gerar compartilhamento viral pelas mídias sociais. Em 2011, o documentário *Page One* retratou a Times como uma organização que lutava para adaptar-se a um futuro digital; em 2014, um relatório interno sobre inovação vazou, mostrando a empresa em plena reformulação de sua proposta de valor para os clientes na era digital. A Times sabia que ainda detinha valor sem igual, em decorrência da qualidade jornalística de seus 1.300 profissionais de notícias, bem como da credibilidade de sua marca. A organização, contudo, estava consciente de que seu valor tinha de evoluir.

Ao longo de vários anos, a Times demonstrou compromisso contínuo com o repensamento do jornalismo e com a descoberta de novas maneiras de agregar valor para os clientes. E, assim, buscou inovações na distribuição do conteúdo via dispositivos móveis e canais de mídias

---

[133] CAUZ, Jorge. How I Did It... Encyclopædia Britannica's President on Killing Off a 244-Year-Old Product. *Harvard Business Review*, v. 91, p. 39–42, mar. 2013.

sociais. Experimentou novos formatos digitais para ajudar os anunciantes a engajar os leitores, como o Page Posts, com base em modelo de anúncio próprio. E seu conteúdo adotou novos formatos digitais, como blogs de diversos colunistas; vídeos regulares; e narrativas interativas, por meio de visualizações de dados e de gráficos interativos. Exemplo paradigmático, verdadeiro divisor de águas, foi um questionário dialetal, desenvolvido com a ajuda de um estatístico e baseado em pesquisa científica sobre a distribuição demografia dos dialetos regionais americanos. Combinando o melhor do rigor da Times com uma interface cativante, como a do BuzzFeed, o questionário logo se tornou o mais lido artigo on-line da publicação, de todos os tempos. Poucos meses depois, o jornal lançou The Upshot, um laboratório de 17 pessoas que está reimaginando como as notícias podem ser apresentadas.

Os resultados dessas mudanças, ao longo de anos, podem ser vistos na forma e no conteúdo de uma organização de notícias que, sem dúvida, está oferecendo novo valor para os leitores, cujos hábitos de mídia estão evoluindo rapidamente. Em 2015, o preço da ação da Times já havia subido 150%, depois de quicar no piso, em 2013; a empresa tinha US$ 300 milhões em caixa e a receita total crescia de novo, graças aos assinantes digitais e à propaganda digital.[134] Naquele mesmo ano, a empresa anunciou que tinha alcançado mais de um milhão de assinantes digitais.

Novo valor + novos clientes

Em alguns casos, a terceira rota de saída de um mercado em contração envolve tanto novo valor quanto novos clientes. Em geral, isso ocorre quando uma mudança drástica na proposta de valor é bem-sucedida a ponto de conquistar um novo mercado de clientes.

Uma empresa que deu esse salto é a Williams, líder há décadas na fabricação de máquinas de fliperama, aqueles jogos populares do século XX. Com o surgimento dos videogames em 1972, a empresa se deu conta de que toda a categoria de jogos fliperama talvez estivesse condenada à irrelevância. Decidiu, então, reinventar-se, deslocando-se para uma nova espécie de jogos que estava despontando

---

[134] MCDULING, John. The New York Times Is Finally Getting Its Swagger Back. *Quartz,* 29 abr. 2014. Disponível em: <http://qz.com/203869/the-new-york-times-is-finally-getting-its-swagger-back/>. Acesso em: 7 jul. 2017.

naquela época: jogos eletrônicos. Quando o PlayStation, da Sony, chegou ao mercado e a indústria de fliperamas e jogos em geral, já tinha afundado, a Williams já havia se estabelecido, com uma sucessão de jogos de cassino campeões de público. Seus novos produtos atraíram uma base de clientes diferente – e muito mais lucrativa. Depois de mais de uma década de crescimento, a empresa já era o terceiro maior fabricante de caça-níqueis de cassino, quando um concorrente ainda maior, a Scientific Games, a comprou por US$ 1,5 bilhão.

Exemplo ainda mais notável de renascimento por meio de novo valor e novos clientes é a Marvel Comics. Embora ela seja a progenitora de super-heróis clássicos, como Homem-Aranha, Vingadores e Quarteto Fantástico, a empresa de revistas e livros em quadrinhos enfrentava, em 2004, um futuro nada promissor. A garotada estava se afastando de histórias em quadrinhos impressas em favor das mídias digitais. Licenciamentos negociados na década de 1990 com estúdios cinematográficos muito mais poderosos tinham gerado alguns botes salva-vidas de receita pouco duradouros (por exemplo, US$ 62 milhões por dois filmes do Homem-Aranha, que renderam bilheteria de quase US$ 800 milhões).[135] Até que a empresa resolveu dar um salto e redefinir de alto a baixo sua proposta de valor, ao criar um estúdio cinematográfico para produzir filmes com verbas elevadas protagonizados por seus próprios personagens de quadrinhos. Para levantar capital, ela precisou oferecer como garantia seus próprios direitos sobre esses personagens. A empresa, porém, ganhou a aposta, atraindo enorme público e alcançando grande sucesso financeiro, com filmes como *Homem de Ferro*, *Thor* e *Os Vingadores*. Até pouco tempo atrás uma empresa em dificuldade, produzindo quadrinhos impressos para uma pequena base de entusiastas, a Marvel Comics se transformou em importante estúdio cinematográfico, com imensa base de fãs, um arsenal de filmes de continuação em andamento, e uma pequena unidade de publicações impressas que pode servir como laboratório para o teste de novos personagens e enredos. Cinco anos depois, o florescente império Marvel foi comprado pela gigante Walt Disney Company por US$ 4 bilhões.

---

[135] WAXMAN, Sharon. Marvel Wants to Flex Its Own Heroic Muscles as a Moviemaker. *New York Times*, 18 jun. 2007. Disponível em: <http://www.nytimes.com/2007/06/18/business/media/18marvel.html>. Acesso em: 7 jul. 2017.

Vale a pena notar que, nos casos da Williams e da Marvel, a nova base de clientes foi descoberta somente depois da reinvenção da proposta de valor (de máquinas de fliperama para caça-níqueis de cassino; de super-heróis de quadrinhos para campeões de bilheteria no telão).

Na era digital, a empresa madura que enfrenta a decadência tem mais chances de descobrir alguns mercados antes inalcançáveis para seus mesmos produtos e serviços. A digitalização simplesmente removeu muitas barreiras de entrada aos mercados. Novos clientes tornaram-se acessíveis. Agora, é muito mais provável que a empresa conquiste novos mercados, adaptando e expandindo o valor de suas ofertas. (De fato, a The New York Times Company alcançou muito mais leitores internacionais à medida que avançava na entrega digital.)

Em suma, para qualquer empresa num mercado em contração, o foco em adaptar sua proposta de valor para fornecer nova relevância aos clientes é absolutamente essencial.

Adapte-se antes que seja imprescindível

Não há necessidade, porém, de esperar pela crise. A adaptação da proposta de valor é uma estratégia que qualquer empresa pode adotar, mesmo quando parece estar tudo bem. Num ambiente digital, em rápida transformação, é bom lembrar a máxima de Andy Grove: "Apenas os paranoicos sobrevivem".

Essa atitude em relação aos clientes pode ser vista com clareza nos titãs digitais de hoje, seja Google, Amazon, Facebook ou Apple. Mesmo quando estão alcançando grande sucesso, elas prospectam o futuro, atentos a mudanças nas necessidades dos clientes, e se preparam para entrar em novos mercados, com novas propostas de valor. (O monopólio inexpugnável deste ano pode ser a titular convencional decadente do próximo ano – pense no Microsoft Windows.)

Também entre as pré-digitais, no entanto, podemos encontrar exemplos de empresas focadas em manter-se à frente da curva da mudança.

Fundado em 1870, o Metropolitan Museum of Art há muito tempo é uma das principais atrações turísticas de Nova York. Com mais de 6 milhões de visitantes anuais, o museu está longe da decadência. A instituição, porém, está plenamente consciente de que a vida de seu público está mudando drasticamente, em consequência da revolução digital na mídia e nas comunicações. O Met também sabe que, se pretende continuar sendo parte integrante e enriquecedora da vida das pessoas, ele precisa repensar o valor que oferece aos seus frequentadores. Em 2013, meu amigo Sree Sreenivasan foi contratado como executivo-chefe da área digital do museu, com uma equipe de 70 pessoas. A tarefa deles é ampliar e enriquecer a experiência de arte no museu, tanto para os 6 milhões de visitantes que, a cada ano, passam pelas suas portas quanto para os 30 milhões de pessoas que navegam em seu site e usam suas propriedades digitais.

Para quem está dentro do prédio do Met, aí se incluem novos aplicativos móveis para descobrir as novas recomendações do curador; jogos para crianças, como "Assassinato no Met" (que desafia os participantes a estudar várias obras de arte em busca de pistas para a solução de um mistério envolvendo uma pintura de John Singer Sargent); e hashtags a serem usados pelos visitantes, ao compartilhar suas fotos pelas mídias sociais (#Benton-Mural ou #AsianArt100). "Nosso público estava exigindo isso!", disse-me Sreenivasan. O museu também está usando mídias sociais para engajar o público externo – não só pelo Facebook e Instagram, mas também pelo Pinterest, onde os curadores colaboram em quadros de avisos conjuntos, e na rede chinesa Sina Weibo, onde o Met recebeu três milhões de visualizações de seus primeiros 60 posts. As ferramentas interativas on-line para explorar as coleções incluem o caleidoscópico One Met. Many Worlds., que possibilita explorações com base em palavras-chave, e a Timeline of Art History (Linha do Tempo da História da Arte), favorita dos professores, que recebe um terço de todo o tráfego on-line do museu. Sreenivasan me disse que eles ainda estão aprendendo a melhor maneira de envolver os diversos públicos. "Uma coisa que aprendemos é que todos querem dar uma espiada nos bastidores." Depois de adquirir um retrato familiar de Charles Le Brun, em vez de prepará-lo em segredo para exposição, o museu começou a blogar e a postar fotos e vídeos que mostram o trabalho de restauração. Um dos posts mostrava Michael Gallagher, chefe da conservação de pinturas, usando um cotonete para remover o verniz oxidado dos dedos de um bebê. "Agora você está interessado, porque quer ver o que acontece com o resto da pintura", disse Sreenivasan. "E quando chegar ao Met, você descobrirá!"[136]

[136]SREENIVASAN, Sree. Digital, Mobile, Social Lessons from a Year @MetMuseum: What Every Business Should Know. In: ANNUAL "BRITE" CONFERENCE, 2015. Nova York: Columbia Business School, 4 mar. 2013. Discurso.

O Met é o exemplo perfeito de uma organização que está mudando antes de a mudança ser imperiosa, como condição para se manter à frente das tendências dos consumidores. Esse tipo de pensamento prospectivo e de disposição para investir em novas possibilidades antes de o velho modelo de negócios entrar em decadência é, hoje, fator crítico da estratégia. Minha colega Rita McGrath, da Columbia Business School, descreve essa estratégia focada na "vantagem transiente" (em seu excelente livro *The End of Competitive Advantage*). No mundo de hoje, nenhuma vantagem de nenhuma empresa pode ser considerada defensável no longo prazo. Em vez disso, as empresas precisam pensar em termos de desenvolver vantagens transientes ou transitórias, que impulsionam a lucratividade durante algum tempo, mas devem ser sustentadas, constantemente, por novos indutores de valor, na medida em que as velhas posições de força podem ser ameaçadas a qualquer momento.

A velocidade com que uma posição de força pode descambar para uma posição de declínio é ilustrada pela experiência do Facebook. Em 2012, o colosso das redes sociais parecia dominar o mundo digital, arrasando as mídias tradicionais e as empresas de propaganda, à medida que atraía mais de um bilhão de usuários e monopolizava todos os dias muitas horas da preciosa atenção dessa enorme massa. Exatamente quando se preparava para o lançamento de uma oferta pública de ações no mercado, contudo, a empresa revelou em suas informações à SEC (a CVM dos Estados Unidos) que estava enfrentando enorme ameaça desconhecida: a mudança dos usuários para dispositivos móveis. Toda a sua receita resultava de propaganda em computadores de mesa. Empresas como o Google também lutavam para manter a lucratividade oriunda de anúncios, à medida que os consumidores se deslocavam para telas pequenas. O Facebook não tinha receita absolutamente nenhuma proveniente de dispositivos móveis. No apogeu dos computadores de mesa, a questão premente era: "Como o Facebook entregará valor aos anunciantes em um mundo de dispositivos móveis sem desligar os usuários?".

O Facebook conseguiu adaptar sua proposta de valor aos dois públicos. Para os usuários, agregou valor pela simplicidade. O aplicativo para dispositivos móveis manteve o foco no News Feed (o fluxo de posts de seus amigos) e desmembrou outros atributos em aplicativos separados, como o Messenger. Quando o Facebook comprou o Instagram, aplicativo de troca de fotografias, também o deixou à parte. Em seu aplicativo principal, eliminou a barra lateral do site, cheia de anúncios baratos e irrelevantes; aumentou o preço dos anúncios remanescentes, e os reformatou para que não sobrecarregassem o campo visual do usuário. Para os anunciantes, também reformulou o valor que oferecia em dispositivos móveis. Abandonou o velho formato de anúncios, que não funcionava em telas pequenas, e desenvolveu novos formatos, como anúncios em vídeo, cujo desempenho era muito melhor. Ao explorar seus dados para segmentar o público, através do novo Custom Audience, possibilitou que os anunciantes, de fato, pagassem para comunicar-se apenas com o público certo e mais relevante, tanto no Facebook quanto em anúncios colocados em qualquer outro lugar da internet. Resultado: os anúncios para dispositivos móveis tornaram-se o principal motor de crescimento da empresa, logo assumindo a posição de principal fonte de receita. O lucro total disparou e a ação da empresa recuperou-se da queda, depois da oferta pública, dobrando o preço em dois anos.

Cinco conceitos de valor de mercado

A proposta de valor é apenas um de vários conceitos estratégicos que o ajudam a refletir sobre suas ofertas e seu valor para o mercado. No entanto, embora extremamente útil, o conceito em si é pouco utilizado. Para compreender melhor o conceito de proposta de valor, vamos compará-lo com quatro maneiras muito comuns de considerar o valor de mercado (ver Tabela 6.2).

TABELA 6.2:

Cinco conceitos de valor de mercado

Conceito	Prós e *Contras* (*em itálico*) do conceito	Exemplos aplicados ao mercado automobilístico
Produto	Importante em decisões sobre portfólio *Ignora os clientes e o valor para os clientes* *Leva à miopia estratégica*	SUV Sedan Minivan

Conceito	Prós e *Contras* (*em itálico*) do conceito	Exemplos aplicados ao mercado automobilístico
Cliente	Centrado no cliente Ajuda a identificar em quem focar *Não focado no valor*	Motoristas alunos de faculdade Pais com crianças pequenas
Caso de uso	Centrado no valor e centrado no cliente Ajuda com melhor segmentação *Negligencia que o cliente possa ter vários casos de uso*	Sair à noite com amigos Dirigir e revezar no transporte dos filhos
Trabalho a ser feito	Centrado no valor e centrado no cliente Ajuda a identificar concorrentes não tradicionais *Carece de especificidades concretas*	Transportar com segurança e conforto várias crianças do ponto A ao ponto B
Proposta de valor	Centrado no valor e centrado no cliente Ajuda a avaliar ameaças e a conceber inovações, além dos produtos existentes Mais concreto e específico (inclui vários elementos)	Transporte confiável Acomoda vários passageiros Segurança em acidentes Personalização das zonas de circulação (p. ex., para clima ou áudio) Comunicações para o motorista (p. ex., telefonar sem usar as mãos) Diversão para os passageiros (Wi-Fi ou vídeo)

- *Produto*: pensar sobre o produto é algo que deixa qualquer gestor à vontade. As empresas automobilísticas passam muito tempo pensando em seus diferentes modelos de SUVs, sedans e minivans. A reflexão sobre o produto é útil (na verdade, essencial) nas decisões sobre engenharia, design, datas de lançamento, preço e outros fatores, quando você se prepara para entrar no mercado. O produto, porém, talvez seja a lente estratégica mais desgastada por excesso de uso nas empresas. Ela o leva a ignorar os clientes que de fato usam o produto, assim como o valor que o produto lhes oferece. O foco excessivo no produto há muito tempo é reconhecido como fonte do que Ted Levitt denominou "miopia de marketing", quando a empresa assume que atua no negócio de fabricar determinada linha de produtos (por exemplo, jornais diários), em vez de atender a determinada necessidade (por exemplo, manter o público informado).[137]

- *Cliente:* outra abordagem muito comum é pensar no negócio em relação aos clientes – quem são e como diferem uns dos outros. Esse é por certo o primeiro passo para tornar-se uma empresa centrada no cliente. Ao focar em profundidade nos clientes, você pode começar a descobrir quais são os clientes mais importantes ou que têm necessidades diferentes e, portanto, devem ser tratados de maneira diferente. No entanto, considerar perfis tradicionais e "personas" diversificadas (tipos fictícios, baseados em dados referentes a demografia, atitudes e consumo) pode, às vezes, assumir o lugar das conversas reais com clientes de carne e osso, para descobrir por que estão usando o seu produto e a que necessidades você talvez não esteja atendendo. Mais uma vez, você ainda não focou no valor para o cliente.
- *Caso de uso:* esse conceito surgiu da engenharia de software e é atribuído a Ivar Jacobson,[138] mas tem sido aplicado de maneira mais ampla em design e marketing. No sentido lato, caso de uso é o contexto em que o cliente utiliza o produto ou serviço. Por exemplo, se o produto é uma minivan e os clientes são pais com filhos pequenos, um importante caso de uso é dirigir e revezar no transporte das crianças. O conceito de caso de uso combina o foco no cliente com o foco no contexto, o que ajuda a pensar sobre o valor fornecido. Entretanto, é importante reconhecer que o mesmo cliente pode ter diferentes casos de uso para o mesmo produto (por exemplo, pais com filhos pequenos podem usar a mesma minivan para sair à noite com os amigos). Usados de maneira adequada, porém, os casos de uso podem contribuir para a melhor segmentação dos clientes e para o foco mais estreito no valor dos produtos na vida dos clientes.

---

[137]LEVITT, Theodore. Marketing Myopia. *Harvard Business Review*, jul./ago. 2004. Disponível em: <https://hbr.org/2004/07/marketing-myopia>. Acesso em: 7 jul. 2017.

[138]JACOBSON, Ivar. *Object Oriented Software Engineering: A Use Case Driven Approach*. Reading, Pa.: Addison-Wesley Professional, 1992.

- *Trabalho a ser feito*: esse conceito foi popularizado por Clayton Christensen e Michael Raynor.[139] No referencial do trabalho a ser feito, a preocupação não é só o contexto em que o cliente usa o produto, mas também o propósito do cliente ao usá-lo. Ao focar no problema básico que o cliente está tentando resolver, a empresa fica mais centrada no cliente e mais centrada no valor. Você também pode começar a identificar concorrentes não tradicionais: se o trabalho a ser feito pela minivan do cliente é transportar as crianças do ponto A ao ponto B com segurança e conforto, talvez haja outra solução competitiva além de uma minivan de marca diferente. Talvez o Uber venha a desenvolver um serviço credenciado de "transporte seguro para crianças" que se torne popular entre pais atribulados. O fato de o uso do conceito "trabalho a ser feito" resultar em síntese de alto nível é importante (pode convergir o raciocínio), mas, às vezes, também pode ser uma limitação (talvez careça de especificidade).

- *Proposta de valor*: o termo foi cunhado por Michael Lanning e Edward Michaels.[140] Passou a ser muito usado em marketing e em estratégia como conceito que define os benefícios recebidos pelo cliente, oriundos de uma oferta da empresa. Como o trabalho a ser feito, é um conceito centrado no valor e centrado no cliente. No entanto, é usado muitas vezes para identificar vários elementos de valor para o cliente (é como eu o aplicarei na ferramenta deste capítulo). Se o trabalho a ser feito para os pais por uma minivan é transportar as crianças com segurança e conforto, a proposta de valor que você lhes oferece poderia incluir vários elementos: transporte confiável, acomodação espaçosa para passageiros, atributos de

---

[139]CHRISTENSEN, Clayton M.; RAYNOR, Michael E. *The Innovator's Solution: Creating and Sustaining Successful Growth*. Boston: Harvard Business School Press, 2003. v. 96, p. 74–80. Christensen e Raynor atribuem a Richard Pedi a frase "trabalho a ser feito"; a Anthony Ulwick, o desenvolvimento de conceitos correlatos; e a David Sundahl, o apoio em sua formulação. O conceito de "trabalho a ser feito" foi depois explorado em vários artigos de Christensen e outros coautores.

[140]LANNING, Michael J.; MICHAELS, Edward G. A Business Is a Value Delivery System. *McKinsey Staff Paper*, n. 41, jun. 1998. Disponível em: <http://www.dpvgroup.com/wpcontent/uploads/2009/11/1988-A-Business-is-a-VDS-McK-Staff-Ppr.pdf>. Acesso em: 7 jul. 2017.

segurança em acidentes, personalização das zonas de circulação (para clima e áudio), comunicação sem uso das mãos para o motorista e opções de diversão para os passageiros. Ao desdobrar o valor para o cliente em elementos mais concretos e específicos, você pode avaliar as ameaças a cada elemento (por exemplo, as opções de diversão na minivan podem ser irrelevantes para os clientes, à medida que os filhos passam a ter acesso a mais dispositivos portáteis) e inovar com novos elementos a serem acrescidos.

Esses cinco conceitos estratégicos são úteis em diferentes momentos dos processos de decisão e de planejamento. (Eu por certo não recomendaria que você nunca discutisse seu portfólio de produtos ou segmentos de clientes.) A proposta de valor, porém, é especialmente útil quando você enfrenta os desafios de adaptar e aprimorar a sua proposta de valor para os clientes, em resposta às necessidades de mudança e às oportunidades de mercado propiciadas pelas tecnologias emergentes. Por isso é que o conceito de proposta de valor é usado na ferramenta deste capítulo.

Agora que você compreendeu a importância para qualquer empresa de adaptar a proposta de valor no ambiente de negócios de hoje, em rápida mutação, examinemos uma ferramenta de planejamento estratégico para converter a teoria em prática.

Ferramenta: o Mapa da Proposta de Valor

O Mapa da Proposta de Valor é uma ferramenta que qualquer organização pode usar para avaliar e adaptar sua proposta de valor para os clientes. Ela serve para identificar novas ameaças emergentes, assim como novas oportunidades de criar valor para os clientes. Ela o ajudará a sintetizar essas descobertas em um plano para criar novo valor diferenciado numa paisagem em transformação. Acima de tudo, se a sua empresa estiver sob pressão, a ferramenta o forçará a questionar seus pressupostos, a afastar-se do foco em defender o negócio do passado, e a adotar a perspectiva dos clientes para imaginar novas maneiras de avançar. O Mapa da Proposta de Valor segue um processo de seis passos que mapeia novas opções para a empresa (ver Figura 6.3). Vejamos cada um dos passos em detalhes.

Mapa da Proposta de Valor

Total

> **1. Identifique os principais tipos de clientes pelo valor recebido**

> **2. Defina o valor corrente para cada cliente**
> Elementos de valor   Proposta de valor total

> **3. Identifique as ameaças emergentes**
> Novas tecnologias   Mudanças nas necessidades   Concorrentes & substitutos

Por cliente

> **4. Avalie as forças dos atuais elementos de valor**

> **5. Gere novos elementos de valor potenciais**
> Novas tecnologias   Tendências socioculturais   Necessidades insatisfeitas
> e de negócios

> **6. Sintetize uma nova proposta de valor prospectiva**
> Quatro camadas de elementos   Proposta de valor total   Áreas de inovação

Figura 6.3: Mapa da Proposta de Valor

1º passo: Identifique os principais tipos de clientes pelo valor recebido

O primeiro passo é identificar seus principais tipos de clientes, que se distinguem pelos diferentes tipos de valor que recebem da empresa.

Para uma hipotética Universidade XYZ, por exemplo, os principais tipos de clientes incluiriam estudantes de graduação, pais, ex-alunos e empregadores (procurando recrutar alunos e ex-alunos). Observe que cada um desses tipos de clientes recebe valores um pouco diferentes da universidade. Para os estudantes de graduação, o valor pode ser uma mistura de educação, ambiente social e certificação, para ajudá-los na busca de emprego. Para os ex-alunos, o valor de seu relacionamento contínuo com a universidade talvez se baseie mais no *networking* profissional ou no orgulho pelas proezas esportivas, pelos esforços de pesquisa, ou pela reputação do estabelecimento. Para os empregadores, o valor da escola pode consistir em preparar os alunos com certas competências (conhecimentos específicos, pensamento crítico e especialidades técnicas), assim como credenciamento e assistência na busca dos candidatos certos.

Se você estiver enfrentando dificuldade em identificar os diferentes tipos de clientes, observe as diferenças nas motivações ou no trabalho a ser feito pelos clientes (Quais são as várias razões pelas quais eles fazem negócios comigo?) Observar esses aspectos é mais útil que observar as diferenças em fatores demográficos (os estudantes vêm de todo o mundo; os ex-alunos são de diferentes idades; nenhum desses fatores é tão fundamental para o relacionamento deles com a universidade quanto os diferentes tipos de valor que recebem).

2º passo: Defina o valor corrente para cada cliente

O passo seguinte é definir a sua atual proposta de valor para cada tipo de cliente.

O ponto de partida é uma lista dos elementos de valor – os vários benefícios que cada tipo de cliente extrai do relacionamento com a empresa. Depois de listar os elementos de valor, prepare uma breve descrição do valor que cada tipo de cliente recebe da empresa – a proposta de valor total.

Na Tabela 6.3, você vê descrições da proposta de valor para os principais tipos de clientes da Universidade XYZ.

Observe que em nenhum lugar das propostas de valor da universidade há uma lista de produtos ou serviços, ou uma lista de honorários pagos, ou a maneira como ela auferirá ganhos financeiros de cada tipo de cliente. A proposta de valor sempre deve ser definida em termos de benefícios que importam para os clientes.

Observe também que cada um dos tipos de clientes da universidade tem uma proposta de valor total distinta. Os tipos de clientes podem ter alguns elementos de valor em comum (tanto os estudantes de graduação quanto os ex-alunos ambos se importam com a rede da carreira profissional; pais e empregadores também se importam com o credenciamento). Dificilmente, porém, dois tipos de clientes terão listas idênticas de elementos de valor. Se você chegar a duas propostas de valor idênticas para dois tipos de clientes, vá mais fundo. Se, mesmo assim, você não encontrar diferenças significativas no valor que eles recebem da empresa, reúna-os em um único tipo de cliente.

3º passo: Identifique as ameaças emergentes

Agora que você compreende o valor corrente para os clientes, é importante conhecer também as ameaças emergentes a que ele está exposto. Essas ameaças podem enfraquecer o valor corrente para os clientes, competindo com ele, substituindo-o, ou, simplesmente, tornando-o menos importante para os clientes.

TABELA 6.3:

Definições da proposta de valor para os clientes da Universidade XYZ

Tipo de cliente	Elementos de valor (que benefício eles recebem)	Proposta de valor total
Estudantes de graduação	Conhecimentos fundamentais (p. ex., química) Exploração de interesses/auto-descoberta Socialização e formação de amizades Orgulho da escola (atletismo, etc.) Rede da carreira profissional (colegas que serão parte da rede da carreira profissional depois da formatura) Credenciamento (isto é, titulação, que oferece oportunidades)	"Plataforma de lançamento para a sua vida pessoal e profissional como adulto"
Pais	Conhecimentos fundamentais (p. ex., química) Pensamento crítico (p. ex., redação, análise) Credenciamento Rede da carreira profissional Aconselhamento e assistência na carreira profissional (ajudar os filhos a encontrar o primeiro trabalho) ROI (impulso médio na renda esperada do graduado *versus* custo total da educação)	"Fundamentos para a independência e o sucesso profissional de seu filho"
Empregadores	Conhecimentos fundamentais (p. ex., química) Pensamento crítico (p. ex., redação, análise) Competências profissionais/aplicadas (p. ex., linguagens de programação) Credenciamento Recrutamento (ajudando-os a recrutar estudantes no campus)	"Uma fonte de talento para o crescimento duradouro de sua empresa"

Tipo de cliente	Elementos de valor (que beneficio eles recebem)	Proposta de valor total
Ex-alunos	Rede da carreira profissional (aqueles que conheceu na escola, assim como os ex-alunos que conheceu depois) Aconselhamento e assistência na carreira profissional Orgulho da escola (atletismo, reputação profissional, etc.)	"Uma rede vitalícia e fonte de orgulho"

A esta altura, você não está procurando fatores que, você *sabe*, irão enfraquecer a sua empresa, aqueles que *talvez* tenham algum potencial destrutivo.

Eis, a seguir, três fontes a considerar de ameaças potenciais para a atual proposta de valor:

- *Novas tecnologias*: busque tecnologias emergentes que pareçam relevantes para o seu setor de atividade e para a experiência de seus clientes. Para a indústria fonográfica, o formato de compressão MP3 foi uma dessas tecnologias. Para a Williams, fabricante de máquinas de fliperama, os primeiros videogames, como o Pong, foram identificados como ameaças potenciais aos jogos tradicionais.
- *Mudanças nas necessidades dos clientes*: aí se incluem mudanças nos hábitos, estilo de vida e comportamentos sociais dos consumidores. O Facebook reconheceu a mudança nas condições de computação de seus usuários, do computador de mesa para os dispositivos móveis, como uma ameaça potencial. Para as empresas que vendem a outras empresas, as mudanças nas necessidades dos clientes podem envolver leis, regulamentos e ambiente de negócios. Lembre-se da Mohawk Fine Papers e as alterações nas normas sobre a apresentação de relatórios financeiros, no sentido de que as empresas precisariam fornecer menos documentos impressos.
- *Novos concorrentes e substitutos*: a ameaça para a sua atual proposta de valor pode ser oriunda de um concorrente assimétrico, procedente de outro setor de atividade. Para a Encyclopædia Britannica, Inc., aí se incluía a Microsoft, quando a produtora de software empacotou uma enciclopédia gratuita – a *Encarta* – com o seu sistema operacional. Outras vezes, o novo participante pode substituir a sua proposta de

valor ao atender às necessidades dos clientes de outra maneira. Os editores do *The Deseret News* se deram conta disso quando sites como Craigslist atenderam à necessidade que antes era satisfeita pelos anúncios classificados dos jornais.

A Tabela 6.4 mostra as ameaças emergentes à Universidade XYZ impostas por cada uma dessas três fontes.

O restante da ferramenta enfocará de perto cada um dos tipos de clientes. Talvez você prefira começar com os Passos 4 a 6 para um único tipo de cliente, e depois repetir o processo para o tipo de cliente seguinte. Como alternativa, você pode analisar todos os seus diferentes tipos de clientes, à medida que dá cada passo.

4º passo: Avalie as forças dos atuais elementos de valor

A esta altura, você deve retornar às listas dos elementos de valor que você desenvolveu para os seus tipos de clientes no 2º passo. Agora, você pode avaliar a força dos elementos específicos do valor que você fornece.

TABELA 6.4:

Ameaças emergentes à proposta de valor da Universidade XYZ

Fonte	Exemplo
Novas tecnologias	Vídeo *Podcasts* Telepresença MOOCs (*Massive Open Online Course*)
Mudança nas necessidades dos clientes	Estudantes da geração do milênio procurando mais experiências digitais, a qualquer hora Ex-alunos precisando de mais aprendizado vitalício Empregadores procurando diferences competências para novas contratações Agências de financiamento público procurando fontes de impacto econômico mensurável
Novos concorrentes e substitutos	Universidades que oferecem apenas graduação on-line: ASU Online, etc. Instituições de ensino não universitárias que oferecem cursos on-line: Coursera, etc.

Para cada um dos elementos de valor que você listou, faça três perguntas:

- *De alguma maneira, isso poderia ser uma fonte de valor decrescente para o cliente?* Esse decréscimo poderia resultar de uma das ameaças emergentes identificadas no 3º passo (nova tecnologia, nova necessidade do cliente, novo concorrente). Outros fatores poderiam ter relevância decrescente para o cliente, opções mais baratas e investimentos insuficientes pela empresa (se as pressões por redução de custos o levaram a entregar menos valor agora do que no passado).
- *De alguma maneira, isso poderia ser uma fonte de valor crescente para o cliente?* Novas inovações pela empresa podem significar aumento do valor para o cliente, por meio desse elemento específico. Ou o valor pode aumentar em consequência da importância crescente desse elemento para o cliente, de sua escassez no mercado, ou de sua diferenciação pela empresa em relação aos concorrentes.
- *Qual é o veredito final?* Com base nesse conjunto de fatores, é preciso fazer agora uma avaliação total de cada elemento de valor. Ele é forte (ainda uma fonte poderosa de valor para o cliente)? Ele está sendo desafiado (sob ameaça e, talvez, já não seja fonte de valor tão forte quanto no passado)? Ou já sofreu disrupção (já não é relevante ou significativo para esse tipo de cliente e, quem sabe, não recupere o valor)?

Esse processo deve fornecer uma avaliação clara da força dos seus atuais elementos de valor. A Tabela 6.5 mostra a avaliação dos elementos de valor da Universidade XYZ para os seus estudantes de graduação.

TABELA 6.5:

Avaliação da força dos atuais elementos de valor da Universidade XYZ

Empresa: Universidade XYZ Tipo de cliente: estudantes de graduação Proposta de Valor Total: "Plataforma de lançamento para a sua vida pessoal e profissional como adulto"

Elemento de valor	Valor decrescente para o cliente?	Valor crescente para o cliente?	Veredito final
Conhecimentos fundamentais (p. ex., química)	Cursos expositivos introdutórios para grandes turmas têm as piores avaliações MOOCs (*Massive Open Online Courses*) oferecem acesso mais barato a esse conteúdo Os melhores alunos são testados via exames AP (*Advanced Placement*)		Em dificuldade
Exploração de interesses/auto-descoberta		Novos programas de estágio e de estudo no exterior despertam muito interesse	Forte
Socialização e formação de amizades	As redes on-line promovem mais socialização (nem todas)		Em dificuldade
Orgulho da escola (atletismo, etc.)	Menos relevante para muitos estudantes (baixa classificação nas pesquisas) Estudantes estrangeiros não participam		Em dificuldade
Rede da carreira profissional (colegas que serão parte da rede da carreira profissional depois da formatura)	Investimentos insuficientes durante muitos anos (sem programas eficazes para apoiar os estudantes)		Em dificuldade
Credenciamento (isto é, titulação, que oferece oportunidades)		Reputação continua a ser forte Está atraindo cada vez mais estudantes internacionais	Forte

5º passo: Gere novos elementos de valor potenciais

O próximo passo é tentar identificar novos elementos de valor que você poderia oferecer a esse tipo de cliente. Esta é uma chance de examinar algumas das forças externas que talvez estejam enfraquecendo a sua proposta de valor e usá-las como fonte de oportunidade para nova oferta de valor a ser criada para os clientes.

TABELA 6.6:

Gerando novos elementos de valor para os estudantes de graduação da Universidade XYZ

Fonte	Exemplos	Novos elementos de valor possíveis
Novas tecnologias	Vídeo, *podcasts*, MOOCs, telepresença	Experiências de aprendizado sob demanda (p. ex., versões de cursos expositivos para muitos alunos) Telepresença para oferecer mais estágios e exposição a trabalhos profissionais
Tendências do ambiente do cliente	Estudantes da geração do milênio procurando mais experiências digitais a qualquer hora	Microcursos para explorar os interesses dos estudantes entre os semestres, antes de se matricular nos cursos
Necessidades insatisfeitas dos clientes	Aconselhamento na carreira profissional Coaching em competências interpessoais sobre "inteligência emocional"	Novo programa de "coaching para a vida" que combine competências profissionais e sociais

Para gerar novos elementos de valor a serem oferecidos aos clientes, examine três áreas:

- *Novas tecnologias*: como as novas tecnologias poderiam ajudá-lo a criar novos elementos de valor para os clientes?
- *Tendências no ambiente sociocultural ou de negócios dos clientes*: as tendências no estilo de vida e nos negócios dos consumidores podem oferecer novas oportunidades para criar valor, até com os mesmos produtos.
- *Necessidades insatisfeitas dos clientes*: aproxime-se dos clientes. Observe-os diretamente. Converse com os principais usuários. Você por certo encontrará algumas necessidades de que ninguém está cuidando; uma delas pode ser uma oportunidade para que a sua empresa agregue novo valor.

A Tabela 6.6 mostra alguns novos elementos de valor que a Universidade XYZ poderia agregar para os seus estudantes de graduação.

6º passo: Sintetize uma nova proposta de valor prospectiva

O último passo do Mapa da Proposta de Valor é sintetizar tudo o que você aprendeu sobre a sua proposta de valor para cada tipo de cliente.

Reveja seus elementos de valor e coloque cada um deles em uma de quatro colunas:

- *Elementos centrais – a desenvolver:* esses elementos são uma fonte de força a ser adotada como foco de inovação contínua.
- *Elementos debilitados - a sustentar:* esses são elementos de valor correntes que estão perdendo o impacto para os clientes e que devem ser reforçados e melhorados.
- *Elementos desestruturados (que sofreram disrupção) – a desenfatizar:* esses elementos são antigas fontes de valor que perderam a capacidade de atender às necessidades dos clientes e que devem ser afastados e removidos do foco estratégico.
- *Novos elementos – a criar:* esses são novos elementos de valor que você identificou como oportunidades de agregar valor para os clientes e em que você deve investir para promover o crescimento no futuro.

Agora, você pode elaborar uma proposta de valor total, revisada, para cada tipo de cliente. Deve ser uma descrição prospectiva de como você pretende criar valor, à medida que continua a desenvolver suas ofertas para esse tipo particular de cliente. Finalmente, liste as suas ideias para iniciativas específicas (novos atributos de produtos, novas ofertas de serviços, etc.) destinadas a entregar a sua proposta de valor revisada.

A Tabela 6.7 mostra uma nova proposta de valor prospectiva para os estudantes de graduação da Universidade XYZ.

■ ■ ■

Se você estiver considerando seus tipos de clientes separadamente, você agora pode retornar e completar os Passos 4 a 6 da ferramenta, para os outros tipos de clientes que você identificou no 1º passo.

Ao concluir o trabalho, você terá em mãos um mapa completo para adaptar a sua proposta de valor. Esse mapa inclui uma análise estratégica das ameaças emergentes, uma sinopse sobre inovação a ser usada pela equipe que está trabalhando na próxima geração de produtos e serviços, e uma análise centrada nos clientes sobre onde a empresa está hoje e aonde irá no futuro.

Se usado como parte integrante do planejamento estratégico, o Mapa da Proposta de Valor pode ser uma ferramenta útil para antecipar-se às necessidades dos clientes, avaliar de maneira proativa as novas tecnologias e aplicar recursos a novas oportunidades estratégicas.

TABELA 6.7:

Síntese da nova proposta de valor da Universidade XYZ

Empresa: Universidade XYZ
Tipo de cliente: estudantes de graduação
Atual Proposta de Valor Total: "Plataforma de lançamento para a sua vida pessoal e profissional como adulto"

Elementos centrais – a desenvolver	Elementos debilitados – a sustentar	Elementos desestruturados – a desenfatizar	Novos elementos – a criar
Exploração de interesses/autodescoberta	Conhecimentos fundamentais (aulas muito longas)	Eventos e atividades sociais escolares dispendiosos de que se orgulhar	Aprendizado e experiências pré-profissionais sob demanda
Credenciamento e reputação da marca internacional	Rede de colegas para a carreira profissional		Coaching profissional e pessoal
Proposta de valor revisada	"Sua plataforma para descoberta pessoal e sucesso profissional"		
Áreas específicas para inovação	Experiências de aprendizado sob demanda (p. ex., versões de cursos expositivos para grandes turmas		
	Ampliação de projetos de trabalhos internacionais, envolvendo estágios ou residências e telepresença		
	Microcursos on-line para explorar os interesses dos estudantes entre os semestres		
	Programa de "coaching para a vida", nos últimos dois anos, combinando competências profissionais e sociais		
	Programas de mentoria de ex-alunos para estudantes		

Desafios organizacionais da adaptação da proposta de valor

Por mais claros que sejam os benefícios da adaptação contínua da proposta de valor da empresa, isso não facilita a tarefa de mantê-la adaptada. Para executá-la, a empresa precisa abandonar o hábito introspectivo de concentrar-se em seus próprios produtos e processos e empenhar-se em adotar o ponto de vista do cliente. Também é indispensável que a empresa imagine uma versão de si mesma diferente daquela que, talvez, tenha funcionado muito bem no passado. Em especial, uma organização maior e mais tradicional talvez tenha muito mais dificuldade de desenvolver uma visão clara de seu valor para o cliente e da oportunidade, e necessidade, de adaptar-se, enquanto é possível.

Liderança dedicada

O primeiro desafio para a adaptação da proposta de valor é liderança. Quem será responsável por fazer a mudança acontecer? Mesmo quando efetivamente se constitui uma equipe estratégica para identificar oportunidades de desenvolver a proposta de valor da empresa, alguém precisa incumbir-se de aproveitar as novas oportunidades. Durante anos, o Serviço de Correios dos Estados Unidos lutou para equilibrar suas finanças, à medida que a tecnologia mudava as necessidades dos clientes em relação aos seus serviços. (Qual foi a última vez em que você enviou para alguém um cartão postal?) Em 2014, seu inspetor geral divulgou um relatório no qual argumentava que o Serviço de Correios dos Estados Unidos deveria prestar serviços financeiros não bancários aos clientes (pagamento de contas, ordens de pagamento, cartões pré-pagos, transferências internacionais de dinheiro, etc.), muitos deles mal servidos pelos bancos tradicionais.[141] O relatório foi elogiado na imprensa, no Congresso, e até nas páginas da *American Banker*.[142] Mais de um ano depois, porém, nenhuma providência havia sido tomada, apesar do apoio do Sindicato dos Trabalhadores

---

[141] Providing Non-Bank Financial Services for the Underserved. *Office of Inspector General, United States Post Office*, 7 jan. 2014. Disponível em: <https://www.usp-soig.gov/sites/default/files/document-library-files/2014/rarc-wp-14–007.pdf>. Acesso em: 7 jul. 2017.

[142] SALMON, Felix. *Why the Post Office Needs to Compete with Banks*. 3 fev. 2014. Disponível em: <http://blogs.reuters.com/felix-salmon/2014/02/03/why-the--post-office-needs-to-compete-with-banks/>. Acesso em: 7 jul. 2017.

dos Correios Americanos. Um novo "carteiro-chefe geral" assumiu o comando do Serviço dos Correios dos Estados Unidos, e focou na atual proposta de valor (por exemplo, deixar de entregar correspondências nos sábados), mas ninguém apareceu para encarregar-se de converter em realidade as ideias inovadoras para a prestação de novos serviços aos clientes.[143]

O prazo da gestão dos líderes pode ser outro fator importante na adaptação da proposta de valor. Como observou Henry Chesbrough, muitas empresas de grande porte fazem rodízio de seus gerentes gerais, entre diferentes unidades de negócios, a cada dois ou três anos, para que desenvolvam a capacidade de liderança e o conhecimento de toda a empresa. No entanto, promover mudanças significativas na proposta de valor das unidades de negócios geralmente leva mais de dois anos. Essas funções de liderança de curto prazo estimulam os gestores a simplesmente continuar a otimizar o modelo de negócios existente, em vez de pressionar a empresa a adaptar-se para o futuro.[144]

Alocação de talento e tesouro

Outro grande desafio para as organizações que procuram se adaptar é remanejar os recursos humanos e financeiros necessários dos negócios existentes para novos empreendimentos ainda não comprovados.

Novos gestores, com as competências adequadas e a autoridade necessária, são, em geral, as forças impulsoras por trás do novo rumo estratégico. Na The New York Times Company, a adaptação da proposta de valor da organização, tanto para os leitores quanto para os anunciantes, também exigiu mudanças organizacionais. A empresa contratou Alexandra MacCallum, editora e fundadora do Huffington Post digital, para liderar uma unidade focada no desenvolvimento do público, numa era de mídias sociais. Chris Wiggins foi nomeado cientista-chefe de dados, com a missão de ajudar a orientar uma nova divisão de engenharia em rápido desenvolvimento. O trabalho dele era explorar os dados e a

---

[143] LAGER, Donna Leinwand. Postmaster General to Seek New Tech, New Fleet for USPS. *USA Today*, 6 mar. 2015. Disponível em: <http://www.usatoday.com/story/news/2015/03/06/postmaster-general-brennan-seeks innovation-technology-for-us-postal-service/24520575/>. Acesso em: 7 jul. 2017.

[144] CHESBROUGH, Henry. Why Bad Things Happen to Good Technology. *Wall Street Journal*, 28 abr. 2007. Disponível em: <http://www.wsj.com/news/articles/SB117735510033679362>. Acesso em: 7 jul. 2017.

analítica de dados para melhor orientar as decisões dos editores sobre conteúdo, distribuição, público e novos produtos de publicidade.

Em geral, a adaptação da proposta de valor de uma empresa exige a mudança das linhas de subordinação e prestação de contas da organização. Quando o Facebook iniciou a sua reformulação estratégica para focar nas melhores experiências móveis para usuários e anunciantes, foi necessário redesenhar o organograma das equipes de engenharia da empresa. Na antiga organização, a equipe de desktop, ou computadores de mesa, liderava o desenvolvimento de cada novo atributo, enquanto outras equipes distintas, responsáveis por aplicativos móveis para iOS e Android, ficavam para trás, brincando de pega-pega. Em apoio à nova estratégia, todos os engenheiros foram remanejados para equipes focadas em um único atributo do Facebook (álbum de fotos, mensagens de grupo, eventos próximos, etc.), com o objetivo de reconstruí-los tanto para dispositivos móveis quanto para computadores de mesa, a partir do zero.[145]

Os recursos financeiros também devem ser redistribuídos com cuidado, de modo a promover a evolução para novas propostas de valor. Para tanto, é necessário usar as receitas ou os ativos das unidades existentes para financiar o lançamento de novas unidades. Durante a transição estratégica da Williams, a empresa, ao mesmo tempo, tirava dinheiro de seu negócio de máquinas de fliperama e lançava seus primeiros jogos de cassino. A Marvel Comics teve de recorrer a seus valiosos direitos sobre personagens de quadrinhos como garantia de financiamento para as suas novas produções para cinema. Esse tipo de transição é fundamental. McGrath o descreve como um processo de "reconfiguração contínua" de ativos, pessoas e capacidades, à medida que as empresas se adaptam de uma vantagem transiente para outra.[146]

Evitando a miopia

Talvez o maior desafio na adaptação da proposta de valor de uma organização seja a necessidade de olhar além da sabedoria

---

[145] CONSTINE, Josh. How Facebook Went Mobile, in Before and After Org Charts. *Techcrunch*, 4 dez. 2013. Disponível em: <http://techcrunch.com/2013/12/04/facebook-org-charts/>. Acesso em: 7 jul. 2017.

[146] MCGRATH, Rita Gunther. *The End of Competitive Advantage: How to Keep Your Strategy Moving as Fast as Your Business*. Boston: Harvard Business Review Press, 2013. p. 27-51.

convencional do negócio em curso. Novas oportunidades ousadas (como vender música na forma de arquivo digital pela internet, em vez de na condição de produto físico) geralmente provocam respostas do tipo "Não é assim que as coisas funcionam aqui!". Parafraseando o empreendedor Aaron Levie, "As empresas evoluem com base em pressupostos que acabam ficando ultrapassados. Essa é a fraqueza de todos os negócios tradicionais e a oportunidade de todas as startups".[147]

Numerosos experimentos psicológicos ilustram o poder do viés da confirmação. Ao nos defrontarmos com novas informações, temos a tendência forte de selecionar os fatos que se encaixam em nossas teorias preexistentes e de desprezar ou eliminar os que conflitam com nossos preconceitos ou visão do mundo. Pense na indústria de jogos fliperama. Com a chegada dos primeiros jogos para computador, as vendas de máquinas de fliperama efetivamente melhoraram durante algum tempo, em consequência da entrada de novos clientes. Teria sido fácil para a Williams concluir que os videogames não ameaçavam seu legado. Na verdade, essa foi a conclusão de seus concorrentes; quase todos desapareceram, enquanto a Williams dava a virada para jogos de cassino.

Evitar a miopia exige que a empresa adote o ponto de vista do cliente em lugar das próprias perspectivas. É difícil cultivar essa mentalidade centrada no cliente, uma vez que a organização, naturalmente, foca sua energia e atenção em seus processos, estratégias e interesses imediatos. Se uma empresa faz enciclopédias há duzentos anos, a tendência para ela é concentrar-se em todo o trabalho árduo de produzi-las, e torcer para que os clientes comprem, felizes da vida, sua nova versão em CD-ROM, em vez de cultivar a perspectiva que a levaria à conclusão de que o novo meio não é realmente a melhor solução para esses clientes.

Para cultivar o ponto de vista do cliente, a empresa precisa desenvolver a cultura de ouvir os próprios clientes, em especial os usuários principais (como analisamos no Capítulo 4). Esses clientes profundamente envolvidos de fato impulsionam a maioria das

---

[147] LEVIE, Aaron. Postagem no Twitter, 18 nov. 2013. Disponível em: <http://twitter.com/levie/status/402304366234718208>. Acesso em: 7 jul. 2017. No tweet original, Levie referiu-se a "produtos", não a "empresas". Mas espero que ele concorde que a observação também se aplica a empresas.

inovações bem-sucedidas do ponto de vista comercial, pois tendem a se defrontar com novas necessidades antes da população em geral.[148]

O desafio, no entanto, quase sempre consiste não em encontrar os clientes certos a serem ouvidos, mas sim em manter os ouvidos abertos. Meu amigo Mark Hurst passou a carreira tentando ajudar as empresas a desenvolver a empatia em relação aos clientes por meio da observação direta dos clientes. "A dura realidade é que os clientes geralmente trazem a má notícia quando algo dá errado", diz Hurst. "Alguns executivos simplesmente não querem ouvi-la."[149]

■ ■ ■

Em um mundo em que a tecnologia e as necessidades dos clientes estão em constante mutação, já não é suficiente para as empresas entregar o mesmo valor que contribuiu para o sucesso no passado. O ritmo acelerado da mudança exige que todas as empresas adaptem continuamente a maneira como atendem aos clientes, os problemas que resolvem e o valor que oferecem. Ao adotar, realmente, uma atitude centrada nos clientes, a empresa pode manter-se à frente da curva de mudança. Se a organização aprender a reavaliar constantemente o valor que fornece aos clientes, a identificar as necessidades mutáveis dos clientes e a detectar oportunidades emergentes, ela continuará sendo a opção mais valiosa para os clientes.

Já examinamos, agora, todos os cinco domínios da transformação digital. Vimos, em detalhes, como as empresas hoje precisam pensar de maneira muito diferente sobre clientes, competição, dados, inovação e valor para os clientes. Aplicando novas ferramentas e conceitos a cada um desses cinco domínios, qualquer organização pode ir além dos pressupostos da era analógica. Ao transformar sua mentalidade estratégica ao longo dos cinco domínios, qualquer empresa pode adaptar-se e criar novo valor na era digital.

---

[148] HIPPEL, Eric Von. Lead Users: A Source of Novel Product Concepts. *Management Science*, v. 32, p. 7, 1986. Disponível em: <doi:10.1287/mnsc.32.7.791>. Acesso em: 7 jul. 2017.

[149] Entrevista por e-mail com o autor em 28 ago. 2015. Hurst apresenta exemplos contundentes dos benefícios da observação direta dos clientes e das consequências negativas da não integração dessa prática no processo de planejamento em seu livro. Cf. HURST, Mark. *Customers Included: How to Transform Products, Companies, and the World – with a Single Step*. 2. ed. Nova York: Creative Good, 2015.

O sucesso na era digital, porém, também demanda que nos preparemos para o inesperado: as rupturas e os deslocamentos mais desafiadores que podem atingir qualquer empresa ou setor de atividade. Isso exige a compreensão clara do que estamos dizendo ao nos referirmos a *disrupção*. Esse conceito está cercado de muitos equívocos. A verdadeira disrupção não acontece todos os dias. Há ocasiões, no entanto, em que a empresa deve enfrentar um desafio realmente *disruptivo* – uma ameaça assimétrica que enfraquece a sua atual posição, questionando sua proposta de valor central e ameaçando torná-la pouco atraente ou, pior ainda, irrelevante para os clientes. Nessas situações, as empresas precisam de outras ferramentas: uma teoria para compreender a diferença entre competição, de um lado, e a verdadeira disrupção, de outro; além de um referencial para avaliar ameaças disruptivas potenciais e de um guia para conceber e executar a resposta adequada.

A atual teoria sobre disrupção, desenvolvida na aurora da era da internet, baseava-se nas revoluções antecedentes do final da era industrial e do início da era da informação. A liderança eficaz de hoje exige a atualização da teoria da disrupção para a era digital. Esse é o tema do próximo e último capítulo.

CAPÍTULO 7

Domine os modelos de negócios disruptivos

Um fantasma ronda os bastidores de toda discussão sobre transformação digital. Para muitos, a necessidade de repensar e adaptar sua organização é decorrência do medo de um desfecho inesperado e assustador: disrupção.

Essa preocupação é prudente. Mesmo que o seu negócio absorva o melhor do pensamento estratégico da era digital e você se empenhe com diligência em aplicá-lo na elaboração de suas próprias estratégias, nenhum método é à prova de equívocos. Ainda é possível – em alguns casos, até inevitável – que você acabe enfrentando uma verdadeira ameaça disruptiva de um concorrente assimétrico. É fundamental, portanto, estar preparado para combater a disrupção.

Neste último capítulo, examinaremos a natureza da disrupção de negócios e suas relações com tudo o que aprendemos sobre os cinco domínios da transformação digital. Apresentaremos duas últimas ferramentas estratégicas. A primeira ferramenta, o Mapa do Modelo de Negócios Disruptivo, serve para avaliar qualquer ameaça emergente e verificar se ela realmente representa um desafio disruptivo para o seu negócio. (*Estraga-prazer*: na maioria dos casos, é alarme falso.) Se você estiver lidando com um verdadeiro caso de disrupção, a segunda ferramenta, o Planejador de Resposta Disruptiva, revela toda a amplitude da ameaça e o ajuda a escolher entre seis respostas possíveis para um titular convencional sob ataque. Para tanto, será necessário, primeiro, rever a atual teoria sobre disrupção e, depois, adaptá-la à nova dinâmica da era digital.

Em todo este capítulo, nossa abordagem à disrupção levará em conta tudo o que aprendemos sobre os cinco domínios da transformação digital – clientes, competição, dados, inovação e valor. Veremos por que a disrupção difere da maioria dos casos de inovação. Também examinaremos como ela é mais bem compreendida como uma competição assimétrica entre modelos de negócios. Descobriremos por que a proposta de valor é lente essencial para interpretar e dominar a disrupção. E constataremos como plataformas, ativos de dados e redes de clientes estão entre os principais impulsores do valor disruptivo na era digital.

Mas, para começar, sejamos claros sobre o que estamos tentando compreender quando falamos sobre disrupção de negócios.

Definição de disrupção

A ideia de disrupção (ruptura) ganhou relevância na medida em que todos os setores de atividade enfrentam ameaças de disrupção cada vez mais intensas e imprevisíveis. Ao mesmo tempo, porém, *disrupção* virou modismo, mencionada a torto e a direito, indiscriminadamente. Qualquer novo negócio ou produto é exaltado como disruptivo, para conferir-lhe credibilidade. ("Você precisa financiar nossa nova startup; ela vai gerar *disrupção* na indústria XYZ!") Muitas foram as manifestações incentivando os empreendedores a serem disruptores. Às vezes, a retórica parece perder de vista o objetivo da inovação, que não é, simplesmente, gerar disrupções nas empresas tradicionais, mas sim criar novo valor para os clientes.

Para fundamentar nossa própria estratégia de negócios, pensando construtivamente sobre disrupção, é essencial compreender com clareza o fenômeno.

Para começar, proponho uma definição:

> *A disrupção de negócios ocorre quando um setor estabelecido enfrenta um desafiante que fornece muito mais valor para os clientes, mediante ofertas com as quais as empresas tradicionais* não podem competir diretamente.

Vamos desdobrar a definição:

- *Disrupção de negócios*: estamos falando especificamente sobre disrupção no âmbito de negócios. Saliento esse aspecto porque a ideia de disrupção, frequentemente, se refere a mudanças na cultura, na sociedade, na política e em outras áreas. Por exemplo, pode-se argumentar que a pílula anticoncepcional foi uma inovação disruptiva em razão de seu impacto sobre os usos e costumes, sobre as leis do casamento e sobre as ideologias políticas. Mas ela não transformou empresas, nem setores. Em casos como esse, a inovação pode ser disruptiva para a sociedade, mas não é exemplo de disrupção de negócios.

- *Setor estabelecido*: ser disruptivo, ou gerar disrupção, tem sentido transitivo, exige um complemento. Para que alguma coisa seja disruptiva, alguma coisa deve sofrer disrupção. Quando vemos um novo negócio ou produto radicalmente inovador, às vezes saltamos para a conclusão de disrupção antes de considerar seu impacto sobre os setores estabelecidos. Pense no carro autodirigido, ou veículo autônomo, do pioneiro Sebastian Thrun e outros, da divisão Google[x], do Google. O carro autodirigido, acessível e convencional, em breve será lugar comum – e até pode tornar-se o meio de transporte dominante daqui a uma ou duas décadas. Se assim for, essa, por certo, será uma tecnologia transformadora para os motoristas. Ainda não está claro, porém, se os carros autodirigidos serão disruptivos para os atuais fabricantes de automóveis. Até agora, o Google tem mostrado pouco interesse em entrar na fabricação de carros e está procurando parcerias com a indústria automobilística. Algumas empresas do setor, como a Toyota, estão até desenvolvendo os próprios esforços paralelos nessa área. É muito provável que os carros autodirigidos venham a transformar, radicalmente, a experiência de dirigir e o mundo dos transportes, mas sem enfraquecer as empresas automobilísticas estabelecidas.
- *Fornece muito mais valor para os clientes*: sempre que ocorre disrupção é porque uma nova oferta é, de repente, muito mais atraente para os clientes que as ofertas do setor estabelecido. A Kodak, fabricante de filmes fotográficos, não faliu porque as câmeras digitais ofereciam um pouco mais de valor para os consumidores. Ela faliu porque as câmeras digitais – com disparos quase ilimitados, apresentação imediata na tela das imagens captadas, além de reprodução e transmissão gratuitas das imagens – são muito melhores que as câmeras com filmes fotográficos para o usuário médio. A primeira coisa que diferencia disrupção de competição é a enorme lacuna de valor, que pode levar a um ponto de virada ou ponto de inflexão, quando os clientes se deslocam em massa para a nova oferta.

- *As empresas tradicionais não podem competir diretamente*: essa é outra distinção-chave entre disrupção e competição tradicional. Na competição tradicional, negócios mais ou menos semelhantes lutam para oferecer aos clientes os melhores atributos, preços mais baixos ou mais personalização e serviços.[150] Quando a Ford Motor Company lança um carro mais potente, mas elegante ou mais econômico, a Chrysler redobra seus esforços para competir nas mesmas dimensões. Quando a Macy's atrai os consumidores com liquidações de fim de ano, a JCPenney age de maneira idêntica com os seus clientes. Quando a British Airways usa dados para oferecer serviços mais personalizados aos passageiros, a Virgin Airways também oferece algo parecido aos seus viajantes. Mas a disrupção é diferente. O desafiante disruptivo não está vendendo uma versão diferente do mesmo produto ou serviço. Ele atende às necessidades do cliente com um produto, serviço ou modelo de negócios que o setor estabelecido não oferece, nem pode oferecer.

A lição mais importante a extrair de uma definição clara de disrupção é a seguinte: nem toda inovação é disruptiva. Saliento esse aspecto porque, muitas vezes, *disruptivo* é usado simplesmente no sentido de "extremamente inovador". De fato, muitas novas ideias de negócios criam novo valor para os clientes, e o fazem desafiando pressupostos comuns, ou vacas sagradas, nos setores. A maioria dessas inovações, contudo, realmente não gera disrupção nos mercados preexistentes. O resultado é um produto melhor ou uma marca nova, mas não disrupção.

Veja, por exemplo, um caso de meias. Em 2004, Jonah Staw e três cofundadores lançaram LittleMissMatched, uma empresa que vende não pares de meias, mas trios de meias, cada conjunto não combinando de propósito, mas com cores e padrões estilosos, ao formar pares entre si. Era uma nova marca glamorosa, para meninas entre 8 e 12 anos, e fez grande sucesso. As meias foram uma ideia

---

[150] TREACY, Michael; WIERSEMA, Fred. Customer Intimacy and Other Value Disciplines. *Harvard Business Review*, jan./fev. 1993. Disponível em: <https://hbr.org/1993/01/customer-intimacy-and-other-value-disciplines>. Acesso em: 7 jul. 2017. Os autores escreveram que as empresas competem umas com as outras oferecendo mais valor para os clientes em uma das três áreas: excelência operacional, intimidade com os clientes e liderança do produto.

brilhante, que desafiava a sabedoria convencional e agregava novo valor para o cliente certo. Não foram, porém, disruptivas. As novas meias ainda eram fabricadas, vendidas, distribuídas e precificadas, e eram usadas basicamente da mesma maneira como as outras meias. Portanto, nada impedia que os fabricantes de meias comuns competissem diretamente. Com efeito, na medida em que Little-MissMatched se revelou vencedora, outras marcas copiaram a ideia do produto.

Mesmo um modelo de negócios inovador nem sempre é disruptivo – desde que os empregos e as receitas que criam sejam totalmente incrementais ao mercado. No livro *Estratégia do Oceano Azul*, W. Chan Kim e Renée Mauborgne descrevem como a "inovação de valor" pode ser usada para criar novo valor e crescimento, abrindo novos espaços incontestes; os autores recorrem a exemplos como a invenção pelo Cirque du Soleil de uma nova forma híbrida de entretenimento, combinando circo e teatro.[151] Nesse e em muitos casos semelhantes, o inovador não está solapando um setor estabelecido, mas simplesmente construindo um novo espaço de mercado (o "oceano azul").

Nada disso é para diminuir o valor dos oceanos azuis, do pensamento heterodoxo, e dos produtos, serviços e marcas inovadores. É simplesmente para deixar claro que inovação nem sempre é disrupção.

Disrupção na era digital

Agora que compreendemos o que significa disrupção, por que será que o termo parece estar em alta na era digital?

A resposta é simples. Como vimos ao longo dos últimos cinco capítulos, as tecnologias digitais estão reescrevendo as regras dos negócios. Essas novas regras criaram oportunidades para que inúmeros novos desafiantes assumam negócios tradicionalmente lucrativos, que não estão conseguindo adaptar-se. Nenhum setor está imune. Se a Revolução Industrial foi sobre máquinas, transformando quase todo ato físico de lavor e de criação de valor, ainda estamos no começo de uma revolução em que a computação transformará quase todo ato lógico de criação de valor.

---

[151] KIM, W. Chan; MAUBORGNE, Renée. *Blue Ocean Strategy: How to Create Uncontested Market Space and Make Competition Irrelevant*. Boston: Harvard Business Review Press, 2005. p. 12-18.

Marc Andreessen é o autor da famosa declaração de que o "software está comendo o mundo". Ele inventou o primeiro *web browser*, ou navegador da web, o software que consagrou a internet como uma rede de participação em massa. No Capítulo 6, vimos a ameaça existencial que ele impôs à indústria fonográfica. Hoje, Andreessen vê a digitalização de todos os setores levando a cada vez mais batalhas entre titulares convencionais e disruptores movidos a software.[152]

Por certo é fácil encontrar exemplos.

Pense na Craigslist, o serviço de anúncios classificados on-line, e seu impacto sobre o modelo de negócios dos jornais. Os jornais tradicionais eram muito dispendiosos de produzir. Certas seções, como a de notícias internacionais, jamais se pagariam se fossem vendidas em separado, mas os jornais sempre foram vendidos como um todo, de modo que as seções mais lucrativas pagassem os custos das menos lucrativas. Uma das partes mais lucrativas de todos os jornais eram os anúncios classificados, onde cada leitor pagava para publicar um pequeno anúncio referente a itens à venda (carro, móvel, eletrodomésticos) ou serviços (mudanças, jardinagem). Até que apareceu Craig Newmark, programador de software, em São Francisco, com a ideia simples de usar a internet para capacitar qualquer pessoa a publicar seus anúncios classificados de graça. Seu pequeno projeto, desenvolvido, de início, como hobby, foi denominado Craigslist, e logo evoluiu de uma lista de e-mails para um site de autosserviço e uma empresa global, que opera em 70 países e 13 idiomas, com 50 bilhões de visualizações de páginas por mês.[153] O sucesso da Craigslist era inevitável. Para os clientes, ele oferecia um negócio muito melhor que os jornais: os anúncios eram gratuitos (em quase todas as categorias), apareciam instantaneamente e podiam ser acessados por meio de uma interface simples. Os jornais, ao se darem conta do desaparecimento de uma de suas fontes de receita com maior margem, se viram incapazes de fazer muito mais do que desejar que a internet nunca tivesse sido inventada. Sem dúvida eles poderiam ter criado suas próprias listas de anúncios classificados gratuitos, mas isso pouco teria contribuído para estancar a perda de

---

[152] ANDREESSEN, Marc. Why Software Is Eating the World. *Wall Street Journal*, 20 ago. 2011. Disponível em: <http://www.wsj.com/articles/SB10001424053111 903480904576512250915629460>. Acesso em: 7 jul. 2017.

[153] CRAIGSLIST Fact Sheet. Disponível em: <http://www.craigslist.org/about/factsheet>. Acesso em: 16 nov. 2014.

receita. Com sua estrutura de custos totalmente diferente, os jornais não tinham condições de competir com esse desafiante disruptivo.

Já vimos o exemplo do Airbnb, desafiante movido a software que sacudiu o tradicional setor de hotelaria. Em vez de construir propriedades dispendiosas e alugar quartos para viajantes, o Airbnb oferece uma plataforma on-line que permite aos locadores alugar suas casas ou cômodos quando não os está usando, e aos locatários, encontrar acomodações a preços inferiores aos dos hotéis. Com mais de 10 milhões de hóspedes por ano, em mais de 192 países, a startup ultrapassou o InterContinental Hotels Group e o Hilton Worldwide como "a maior cadeia de hotéis do mundo", sem ser proprietária de um único hotel.[154] Para muitos clientes, o Airbnb lhes oferece muito mais que um hotel de Nova York ou Paris – melhor preço, mais escolhas entre bairros, e uma experiência "local" e personalizada. Também é uma transação que as cadeias de hotéis não têm condições de replicar, considerando seus investimentos em ativos totalmente diferentes. A melhor esperança do setor para conter o disruptor talvez sejam os governos locais, muitos dos quais estão perdendo receita tributária com essas hospedagens em hotéis não tradicionais.

Outro exemplo pode ser visto na categoria de restaurantes com entrega de refeições em domicílio, cujo desafiante é a digital GrubHub. Para os residentes esfomeados de cidades como Chicago, Nova York e Londres, a GrubHub (e suas marcas locais, como Seamless) oferece uma grande experiência. Usando um aplicativo bem projetado ou um site na internet, os clientes podem navegar entre numerosos restaurantes nas imediações, escolher itens do menu e pedir a entrega em domicílio, com um cartão de crédito pré-registrado. É uma experiência muito melhor que clicar em ampla variedade de sites, muitos com problema de navegação, ou de ligar para um restaurante e lidar com atendentes de serviços telefônicos nem sempre qualificados. Para os restaurantes urbanos autônomos, a plataforma da GrubHub oferece acesso a novos clientes e a sistemas de pedido on-line que eles não teriam condições de construir por conta própria. À medida que o aplicativo se populariza e o seu poder aumenta, porém, os restaurantes autônomos sentem que não têm opção, a não ser juntar-se à GrubHub e a ceder-lhe parte de

---

[154]SAFIAN, Robert. *The World's Most Innovative Companies 2014*. Disponível em: <http://www.fastcompany.com/most-innovative-companies/2014/>. Acesso em: 16 nov. 2014.

sua já estreita margem de lucro. Mesmo que tivesse toda a competência técnica, um restaurante sozinho jamais poderia oferecer a variedade de menus agregados da GrubHub.

Em cada um desses setores, uma nova startup, movida a energia digital, criou grande valor para os clientes, enquanto enfraquecia e solapava a posição das empresas tradicionais. Embora o desafiante digital esteja comendo o lucro delas, as titulares convencionais se veem incapazes de reagir, competindo diretamente com a mesma oferta.

A estratégia exata do disruptor digital pode variar. Talvez esteja oferecendo novo serviço gratuito, como a Craigslist. Também pode estar usando a intermediação, como a GrubHub, colocando-se entre as empresas tradicionais e o consumidor final. Ainda é possível que esteja propondo uma solução substituta para uma necessidade duradoura dos clientes, como o Airbnb, em lugar dos hotéis tradicionais.

Em todos os casos de disrupção, no entanto, o desafio surge de um novo negócio que oferece novo valor para os clientes. Os titulares convencionais podem protestar e alegar vantagem injusta para os desafiantes. Não importa, porém, que o disruptor seja um negócio que faz dinheiro (o Airbnb é avaliado em mais de US\$ 10 bilhões) ou não (a Craigslist é quase uma organização sem fins lucrativos), todo disruptor cria novo valor *para o cliente*. Ninguém jamais lançou um negócio disruptivo sem oferecer nova proposta de valor incrivelmente atraente.

Mas será que tudo se resume nisso? Estamos falando somente de novas propostas de valor – ou de algo mais? O que realmente define a disrupção? E será que podemos modelá-la, compreendê-la e até prevê-la?

Teorias da disrupção

O primeiro grande teórico da disrupção de negócios foi o economista austríaco Joseph Schumpeter. Ele não usou o termo em si, mas escreveu sobre o fenômeno que denominou "destruição criativa", tema que o tornou muito influente, pelo qual o capitalismo, por sua própria natureza, destrói velhos setores e sistemas econômicos, como elemento intrínseco do processo de inovar. Ao descrever a chegada das ferrovias, como a Illinois Central, ao centro-oeste dos Estados Unidos, ele escreveu: "A Illinois Central não só significou negócios muito bons durante sua construção, quando novas cidades se erguiam ao seu redor e novas lavouras se cultivavam às suas margens, mas também proferiu a sentença de morte da [velha] agricultura do Oeste."[155]

Schumpeter identificou a disrupção setorial como padrão inerente ao capitalismo, parte integrante e inevitável de sua própria natureza. Sucessivos ciclos de inovação capitalista dão origem a novos setores, enquanto destroem os antecessores. Clayton Christensen, porém, foi o autor que lançou a primeira teoria de como ocorre a disrupção e que explorou com seriedade seus mecanismos. Sua teoria brilhante e elegante da tecnologia disruptiva (depois renomeada inovação disruptiva) foi lançada em um artigo de 1995 e num livro subsequente, *O dilema da inovação*.[156]

A teoria de Christensen mostra como os desafiantes disruptivos podem expulsar titulares convencionais já há muito tempo estabelecidos. O disruptor sempre começa vendendo para compradores em um novo mercado – ou seja, compradores que estão fora do mercado dos clientes que são atendidos pelo titular convencional. Esse disruptor de "novo mercado" oferece um produto inovador; inferior ao tradicional quanto a desempenho e atributos, porém mais barato e acessível para quem não tem condições de adquirir as ofertas do titular convencional. O padrão subsequente é previsível: o titular convencional ignora o padrão inferior do desafiante disruptivo, porque seus próprios clientes não se interessaram pela nova oferta, e continua a melhorar o desempenho dos seus produtos de preço mais alto. Com o passar do tempo, no entanto, o desempenho da inovação do desafiante melhora aos poucos, embora continue muito mais barato ou muito mais acessível. Numa conjuntura crítica, a nova tecnologia torna-se boa o bastante para ser uma alternativa viável para os próprios clientes do titular convencional, que passam a migrar rapidamente para a alternativa mais barata e mais acessível. O titular convencional, que se manteve atrelado ao seu velho produto e ao seu modelo de negócios antigo, constata ser quase impossível competir. O declínio rápido é consequência inevitável.

É uma teoria poderosa, que explica excepcionalmente bem as situações de inúmeros setores – computadores, discos rígidos, escavadeiras mecânicas, usinas siderúrgicas, corretoras de ações, prensas de impressão, e muitas outras.

---

[155] SCHUMPETER, Joseph A. *The Economics and Sociology of Capitalism*. Princeton, N.J.: Princeton University Press, 1991. p. 349.

[156] CHRISTENSEN, Clayton M. *The Innovator's Dilemma: The Revolutionary Book That Will Change the Way You Do Business*. Nova York: Harper Business, 2011.

No entanto, como observou o analista de tecnologia Ben Thompson, "a teoria de Christensen se baseia em exemplos extraídos de decisões de compra de empresas, não de consumidores".[157] Em meados da década de 1990 (quando o livro de Christensen foi escrito), a tecnologia era vendida em grande parte a empresas, não a consumidores. Em nada surpreendente, essa situação ensejou uma teoria muito clara sobre disrupção. As motivações dos clientes são impulsionadas por alguns atributos funcionais muito claros: preço, acessibilidade e desempenho. Os titulares convencionais ignoravam totalmente os mercados de novos clientes. Em razão de seu processo de vendas a empresas (com equipes de vendas exclusivas visitando clientes empresariais), os titulares convencionais tinham enorme dificuldade em deixar de servir aos clientes empresariais então predominantes para focar nas populações de clientes emergentes atendidas por seus disruptores.

Em razão, talvez, de suas origens em setores de vendas a empresas, não a consumidores finais, a teoria de Christensen explica muitos casos de disrupção, mas ignora outros. Em situação que ficou famosa, quando Christensen foi entrevistado sobre o iPhone da Apple, ele previu que o novo produto não geraria disrupção nos fabricantes tradicionais de telefones móveis, como Nokia. "O iPhone é uma tecnologia sustentadora em relação à Nokia. Em outras palavras, a Apple está saltando à frente da curva de sustentação [ao construir um telefone melhor]. Mas a previsão da teoria é que a Apple não será bem-sucedida com o iPhone. Está lançando uma inovação que os atores em cena no setor estão muito motivados a superar: Ela não é [realmente] disruptiva. A história fala muito alto a esse respeito, de que a oportunidade de sucesso será limitada."[158]

Depois do sucesso colossal do iPhone, Christensen disse que o produto tinha sido, de fato, um disruptor, mas que o titular convencional que havia sofrido disrupção era, na verdade, o setor de

[157] THOMPSON, Ben. *What Clayton Christensen Got Wrong*, 22 set. 2013. Disponível em: <http://stratechery.com/2013/clayton-christensen-got-wrong/>. Acesso em: 7 jul. 2017.

[158] MCGREGOR, Jena. Clayton Christensen's Innovation Brain. *Businessweek,* 15 jun. 2007. Disponível em: <http://www.bloomberg.com/bw/stories/2007–06–15/clayton-christensens-innovation-brainbusinessweek-business-news-stock-market-and-financial-advice>. Acesso em: 7 jul. 2017.

computadores pessoais.[159] Este é um ponto interessante que ainda está em curso, na medida em que as vendas globais de PCs se estabilizaram e foram superadas pelas vendas de smartphones. Seria insensato, porém, argumentar que a Nokia não sofreu disrupção em consequência do iPhone. A titular convencional no setor de telefones móveis antes do lançamento do iPhone se mostrou completamente incapaz de enfrentar o novo desafiante; a Nokia caiu rapidamente na irrelevância, e a sua divisão de telefones móveis foi vendida à Microsoft seis anos depois.

Mas não acredito que Christensen tenha sido precipitado ou tenha aplicado mal a sua teoria. Sem dúvida, o caso iPhone *versus* Nokia não se enquadrava em seu modelo original. Desde o começo, o iPhone fez sucesso entre o tipo de consumidor abastado, adepto de tecnologia, que era o suporte principal da base de clientes da Nokia. O iPhone não era mais barato nem mais acessível que os telefones da Nokia. Ele não começou atuando em nível mais baixo, para se afirmar aos poucos e superar o titular convencional. Assim sendo, como será que a Nokia sofreu disrupção tão intensa?

Tentarei responder a essa pergunta com base em uma nova teoria. Meu objetivo aqui não é substituir a teoria de Christensen, mas ampliá-la para que explique as novas dinâmicas de disrupção que agora são visíveis no mercado – a disrupção impulsionada pelos comportamentos de compra dos consumidores, a disrupção oriunda dos clientes centrais do titular convencional (não dos novos mercados), a disrupção induzida pelo valor, não pelo preço, nem pelo acesso. Como veremos, a teoria de Christensen da disrupção de novo mercado é, de fato, um caso específico da teoria que apresentarei a seguir.

Teoria da disrupção baseada em modelo de negócios

Minha teoria começa com o pressuposto de que as melhores lentes para observar a disrupção são as dos modelos de negócios. Muitos dos maiores disruptores de hoje não estão introduzindo nova tecnologia básica no mercado (por exemplo, novo tipo de disco rígido ou de escavadeira mecânica). Em vez disso, estão aplicando a tecnologia dominante para projetar um novo modelo de negócios. (A Craigslist

---

[159] MACFARQUHAR, Larissa. When Giants Fail. *New Yorker*, 14 maio 2012. Disponível em: <http://www.newyorker.com/magazine/2012/05/14/when-giants--fail>. Acesso em: 7 jul. 2017.

não inventou as listas de e-mails, nem os sites de internet; a GrubHub não inventou nem o comércio eletrônico, nem os aplicativos móveis.) A disrupção de negócios é, na essência, a consequência do choque de modelos de negócios assimétricos.

Como disrupção, "modelo de negócios" é um termo que assumiu várias definições, em razão de sua crescente popularidade, como ferramenta de desenvolvimento da estratégia. Adotarei a definição comum: o modelo de negócios descreve uma visão totalizante de como um negócio cria valor, entrega-o no mercado, e, em troca, captura valor.[160]

Um modelo de negócios detalhado pode abranger vários componentes. Alexander Osterwalder e Yves Pigneur o descrevem em termos de nove "blocos de construção": segmentos de clientes, propostas de valor, canais, relacionamentos com clientes, fluxos de receitas, recursos principais, atividades principais, parcerias principais, e estrutura de custos.[161] Mark Johnson, Clayton Christensen e Henning Kagermann o definem com base em quatro partes: proposta de valor para os clientes, fórmula de lucro (inclusive modelo de receita, estrutura de custos, modelo de margem e velocidade dos recursos), recursos principais, e processos principais.[162]

Minha intenção é usar o modelo de negócios especificamente como previsor da disrupção de negócios e, para esse propósito, o esquema pode ser mais simples.

Dois lados de um modelo de negócios

Com o objetivo de compreender a disrupção, vamos dividir o modelo de negócios em dois lados.

O primeiro lado é o da *proposta de valor* – o valor que a empresa oferece ao cliente. Em face da extrema importância da criação de valor

---

[160] Importante estudo sobre as várias definições e aplicações dos modelos de negócios é o de Christoph Zott, Raphael Amit e Lorenzo Massa, em: The Business Model: Recent Developments and Future Research. *IESE Business School, Universidade de Navarra,* 2010. Disponível em: <http://www.iese.edu/research/pdfs/DI-0862-E.pdf>. Acesso em: 7 jul. 2017.

[161] OSTERWALDER, Alexander; PIGNEUR, Yves. *Business Model Generation: A Handbook for Visionaries, Game Changers, and Challengers.* Hoboken, N.J.: Wiley, 2010.

[162] JOHNSON, Mark W.; CHRISTENSEN, Clayton M.; KAGERMANN, Henning. Reinventing Your Business Model. *Harvard Business Review,* dez. 2008. Disponível em: <https://hbr.org/2008/12/reinventing-your-business-model>. Acesso em: 7 jul. 2017.

e de seu papel na disrupção de negócios, eu a considerarei, nesse referencial, em paralelo com todos os outros elementos, em conjunto, do modelo de negócios. Não estou sozinho nessa ênfase: Johnson, Christensen e Kagermann escolheram a proposta de valor como "o mais importante, de longe, para acertar".[163] E, embora seja apenas um dos nove blocos de construção do primeiro livro de Osterwalder e Pigneur, o livro seguinte deles focou inteiramente nas propostas de valor.[164]

O segundo lado do modelo de negócios é a *rede de valor* – as pessoas, os parceiros, os ativos e os processos que capacitam o negócio a criar, entregar e captar valor com a proposta de valor. Aqui se incluem fatores como canais, preços, estrutura de custos, ativos, recursos e segmentos de clientes em que se concentra o negócio. O termo "rede de valor" surgiu na década de 1990 para fornecer um modelo de criação de valor menos atomístico, menos manufatureiro e menos confinado dentro da empresa do que o modelo das cadeias de valor.[165]

Um exemplo rápido: eu geralmente apresento esse referencial ao lecionar em programas curtos para executivos internacionais, na Columbia Business School (frequentemente em parceria com importantes universidades da Ásia, da Europa ou da América Latina). Eu o introduzo pedindo aos executivos para descrever a proposta de valor de um programa executivo como o de que estão participando: "Qual é o benefício que você recebe como cliente?". Quase sempre eles identificam várias coisas: estudos de casos e melhores práticas, exposição a novas tendências setoriais, referenciais e ferramentas eficazes – mas também relacionamentos com os colegas, acesso aos professores, reputação reconhecida do certificado, e a chance de afastar-se das pressões do dia a dia para adotar uma perspectiva mais ampla. Em qualquer negócio complexo, a proposta de valor inclui numerosos elementos, como esses.

Pergunto, então, aos participantes sobre a rede de valor: "O que capacita a escola de negócios a criar e a entregar esse valor e a auferir

[163] JOHNSON; CHRISTENSEN; KAGERMANN, 2008.

[164] OSTERWALDER, Alexander *et al*. *Value Proposition Design: How to Create Products and Services Customers Want*. Hoboken, N.J.: Wiley, 2014.

[165] Em 2002, Verna Allee descreveu *redes de valor* como "um conjunto complexo de recursos sociais e técnicos que atuam juntos, via relacionamentos, para criar valor econômico". Cf. *The Future of Knowledge*. London: Routledge, 2011. In 1999, Cinzia Parolini havia usado termo semelhante, *rede de valor* – definido como "um conjunto de atividades interligadas para entregar uma proposta de valor ao consumidor final". Cf. *The Value Net: A Tool for Competitive Strategy*. Nova York: Wiley, 1999.

receita com ele?". Em geral, os executivos apontam para o corpo docente, o campus (estar em Nova York às vezes é importante) e a equipe de desenvolvimento do programa – mas também para a marca e a reputação da escola, os relacionamentos com a indústria, a rede de escolas de negócios parceiras, e ser parte de uma universidade de pesquisas mais ampla. Cada um desses fatores, à sua maneira, ajuda a possibilitar a proposta de valor.

Depois que passamos a encarar qualquer modelo de negócios em termos desses dois lados – a proposta de valor e a rede de valor – estamos aptos a aplicá-lo em nova teoria sobre como acontece a disrupção.

Os dois diferenciais da disrupção do modelo de negócios

A teoria da disrupção do modelo de negócios é simplesmente a seguinte: para desestruturar um negócio tradicional, o desafiante deve possuir um diferencial significativo em cada lado do modelo de negócios:

- Uma diferença na proposta de valor que desloque drasticamente o valor fornecido pelo titular convencional (pelo menos para alguns clientes).
- Uma diferença na rede de valor que erga uma barreira capaz de impedir a imitação pelo titular convencional.

A disrupção de negócios ocorre quando o disruptor satisfaz essas duas condições – e só nesse caso.

Sem o primeiro diferencial, não há disrupção, apenas competição tradicional. Se a oferta do desafiante é melhor apenas do ponto de vista incremental (preço, disponibilidade, simplicidade, atributos apenas ligeiramente melhores), é possível que até ocorra alguma migração de clientes, mas o titular convencional pode reagir com táticas competitivas normais para alcançar o desafiante, fechar a lacuna e minimizar as perdas. Para que se configure a disrupção, a oferta do desafiante deve ser radicalmente melhor. Para pelo menos alguns tipos de clientes, ela não deve ser páreo, de modo algum, na hora de resolver mudar para o desafiante. Quando os leitores de jornais locais descobriram a Craigslist, a opção de listagens instantâneas e gratuitas de seus anúncios (em comparação com as listagens lentas e dispendiosas dos jornais convencionais) era incontestavelmente melhor. Nem todos os viajantes querem ficar num apartamento como os oferecidos pelo Airbnb, mas, para quem aceita, os vários benefícios (preço, disponibilidade, variedade de localidades, interação pessoal, charme) significam que os quartos de hotéis tradicionais simplesmente não podem competir.

Sem o segundo diferencial, no entanto, o titular convencional simplesmente não teria condições de observar o sucesso do novo desafiante inovador e de imitá-lo lucrativamente com sua própria oferta. O titular convencional que sofre disrupção é incapaz de imitar o desafiante por várias razões, mas todas decorrem da rede de valor que o titular convencional desenvolveu ao construir o seu negócio. Para os jornais que enfrentam a Craigslist, os altos custos de operação significavam que eles não viam benefícios em imitar um serviço gratuito, dirigido por um pequeno grupo de iconoclastas que persistiram durante anos sem receita e nunca tentaram construir um grande empreendimento com fins lucrativos. Para as cadeias de hotéis globais, como a Hyatt, a oferta de compartilhamento de acomodações, como a do Airbnb, não aproveitaria os seus imóveis, confundiria a imagem da marca, irritaria os parceiros (muitos hotéis são de franqueados) e atrairia ainda mais fiscalização pelas autoridades tributárias locais do que o Airbnb. Em ambos os casos, a atual rede de valor do titular convencional o impede de imitar as novas ofertas sedutoras dos desafiantes.

Vejamos os dois diferenciais com um pouco mais de detalhes.

Diferencial da proposta de valor

Todo disruptor precisa de uma diferença na proposta de valor que desloque drasticamente o valor fornecido pelo titular convencional. Essa diferença pode decorrer de muitas fontes possíveis, que denomino *geratriz de proposta de valor* (termo de Kevin Kelly, que estou adaptando).[166]

Importantes geratrizes de proposta de valor que são comuns nos disruptores digitais incluem as seguintes:

- *Preço*: os modelos de negócios digitais geralmente permitem que os mesmos produtos ou serviços sejam oferecidos a preços substancialmente mais baixos.
- *Gratuidade ou oferta "freemium (free + premium)"*: as pesquisas demonstram que as ofertas gratuitas estimulam muito mais

---

[166] Kevin Kelly elabora uma lista de geratrizes especificamente para negócios de informação e mídia, para cobrar de clientes num mundo digital, em que seus produtos centrais são facilmente replicados de graça. Cf. *Better than Free*. 31 jan. 2008. Disponível em: <http://kk.org/thetechnium/better-than-fre/>. Acesso em: 7 jul. 2017.

tentativas dos clientes do que o preço baixo, até de um tostão.[167] Muitos modelos de negócios novos agregam valor para o cliente com ofertas *freemium,* disponibiliza-se algum tipo de serviço gratuito, mas uma versão premium não gratuita oferece benefícios adicionais.

- *Acesso*: uma das geratrizes mais comuns de um modelo de negócios digital é a capacidade de acessar o conteúdo ou os serviços a distância, de qualquer lugar, a qualquer hora.
- *Simplicidade*: muitos modelos de negócios digitais geram disrupção ao eliminar o atrito dos processos de vendas, das tomadas de decisões e das compras, para desfrutar um produto muito mais simples e fácil.
- *Personalização*: os clientes preferem ter mais opções para escolher (desde que tenham ferramentas para ajudá-los) e a possibilidade de escolha de um produto ou serviço que atenda às suas necessidades específicas. Às vezes, essa personalização ocorre por meio de mecanismos de recomendação, como os da Netflix; em outros casos, um novo negócio oferece aos clientes a chance de customizar um produto.
- *Agregação*: muitos modelos de negócios de plataforma adicionam valor, agregando muitos vendedores a serem escolhidos pelos clientes.
- *Desempacotamento*: muitas inovações digitais envolvem o desatamento de pacotes tradicionais – grupos de produtos, serviços ou atributos que até então eram oferecidos em pacotes fechados. O valor adicionado talvez consista em deixar o cliente comprar apenas o componente necessário ou em melhorar apenas o componente mais importante.
- *Integração (ou reempacotamento)*: na direção oposta, os negócios podem gerar novo valor para os clientes empacotando serviços até então vendidos separadamente. (Pense nos primeiros clientes do iPhone, carregando um *dispositivo*, em vez de um telefone, um tocador de MP3, e uma agenda eletrônica). O valor real da integração ocorre quando as várias partes trabalham juntas, de maneira integrada e ininterrupta, como não era possível quando eram partes separadas. (Pense em como seus contatos,

---

[167] SHAMPANIER, Kristina; ARIELY, Dan. Zero as a Special Price: The True Value of Free Products. *Marketing Science*, v. 26, n. 6, p. 742-757, 2007. Disponível em: <doi:10.1287/mksc.1060.0254>. Acesso em: 7 jul. 2017.

mapas, agenda, e-mail, chamadas telefônicas e textos trabalham juntos e interagem em um smartphone.)

- *Social*: a capacidade de compartilhar a experiência de um produto ou serviço com outras pessoas é cada vez mais valiosa para muitos clientes.

Essa lista não pretende ser exaustiva. Outras geratrizes de proposta de valor que podem ser menos atreladas às tecnologias digitais incluem propósito (por exemplo, como cada compra na Warby Parker ou na Patagonia apoiam uma causa social), autenticidade (por exemplo, como a Etsy permite que os compradores interajam com os artesãos e comprem diretamente deles), liberdade do uso sem posse (por exemplo, como a Rent the Runway permite que os clientes aluguem um vestido de grife diferente para cada ocasião, em vez de comprar e limitar-se a um deles).

Você perceberá que essas geratrizes são oriundas de muitos dos conceitos estratégicos que examinamos ao longo deste livro – como comportamento dos clientes em rede, caminho para a compra, uso de dados para personalização e valor agregador das plataformas. Todos eles são aplicados com o propósito de adaptar ou inventar novas propostas de valor, que é o tema do Capítulo 6.

Diferencial da rede de valor

Todo disruptor também necessita de uma diferença na rede de valor que impeça a imitação pelo titular convencional. Lembre-se de que a rede inclui qualquer coisa – pessoas, parceiros, ativos, processos – que capacitam o negócio a criar, a entregar e a captar valor com a sua proposta de valor. As diferenças podem ser encontradas quando se observam os diferentes elementos – o que eu denomino *componentes da rede de valor*.

Os principais elementos a considerar na análise da rede de valor incluem os seguintes:

- *Clientes*: o desafiante pode perseguir segmentos ou tipos de clientes diferentes daqueles hoje servidos pelo titular convencional.
- *Canais*: aqui se incluem distribuição no varejo ou on-line, entrega direta aos clientes, ou distribuição por meio de intermediários. (Será que o adquirente está usando outros canais para chegar ao mercado?)
- *Parceiros*: são os parceiros de vendas, de fabricação, de cadeia de fornecimento e outros importantes, essenciais para a oferta do desafiante.

- *Redes:* se o desafiante tem um modelo de negócios de plataforma, uma rede de clientes ou parceiros pode ser essencial para a maneira como ele entrega a oferta. (Aqui talvez se incluam redes de consumidores, anunciantes, desenvolvedores de aplicativos, etc.)
- *Produtos ou serviços complementares:* o desafiante talvez já forneça aos clientes outros produtos ou serviços essenciais para o valor decorrente de sua nova oferta. (Pense no serviço de música iTunes, da Apple, antecessor do iPhone, que foi adicionado ao valor do produto mais recente.)
- *Marca:* reputação, imagem da marca e relacionamento anterior com o cliente podem ser essenciais para a capacidade do desafiante de fornecer o valor da oferta (e cobrar o preço certo por ela).
- *Modelo de receita:* abrange o preço, a margem de lucro e o tipo de pagamento. (O cliente paga pelo produto, pelo uso, pela assinatura mensal, pela participação na receita, etc.?)
- *Estrutura de custos:* abrange os custos fixos e variáveis incorridos pelo desafiante, para entregar a oferta ao cliente.
- *Competências e processos:* o desafiante pode ter processos únicos ou diferenciados e competências organizacionais essenciais para o valor que fornece (desde a capacidade de projeto da Apple, por trás do iPhone, até os serviços aos clientes da Zappos, de alta qualidade).
- *Ativos físicos:* são as fábricas, equipamentos, lojas, e assim por diante, do desafiante.
- *Ativos de PI:* aqui se incluem propriedades intelectuais críticas, como patentes, direitos, licenças e tecnologias exclusivas.
- *Ativos de dados:* a proposta de valor do desafiante talvez dependa de ativos e capacidades de dados exclusivos, como o uso pela Amazon e pelo Google de seus dados de clientes para entregar todos os tipos de ofertas personalizadas.

Os dois diferenciais da disrupção de novo mercado, de Christensen

Como já mencionamos, o modelo original da disrupção de negócios de Christensen, geralmente denominado disrupção de novo mercado, é efetivamente um caso específico desta teoria mais geral de disrupção do modelo de negócios.

Conforme esta nova teoria, a disrupção de novo mercado de Christensen é simplesmente a descrição de todos os casos de disrupção em que o diferencial da proposta de valor é uma diferença em *preço* ou *acesso* e o diferencial da rede de valor inclui uma diferença em *segmento de cliente* (o desafiante busca um segmento de cliente diferente).

Ao expandir nosso modelo para incluir outros diferenciais, tanto de proposta de valor quanto de rede de valor, podemos admitir e explicar muitos outros exemplos de disrupção de negócios, em especial os que envolvem alguns dos maiores disruptores da era digital.

Disruptores digitais: iPhone, Netflix, Warby Parker

Vejamos como este modelo se aplica a três casos recentes de disrupção de negócios. Todos os três ocorreram em negócios de consumo, e a disrupção não seguiu a tradicional teoria da disrupção de novo mercado.

Dois dos titulares convencionais foram completamente desestruturados e deixaram o negócio em que, pouco tempo atrás, eram líderes do mercado; a terceira disrupção é mais nova e ainda está em curso. (Como veremos, o desafiante disruptivo nem sempre condena à desgraça o titular convencional.)

iPhone versus *Nokia*

Por que será que o iPhone da Apple suplantou tão completamente os telefones móveis da Nokia? Ao observar as diferenças nas propostas de valor, compreendemos por que os clientes logo concluíram que o iPhone não era só um pouco melhor, mas esmagadoramente melhor – sem comparação, de modo algum, na verdade (ver Tabela 7.1).

TABELA 7.1:

Disrupção do modelo de negócios: iPhone (disruptor)
***versus* Nokia (titular convencional)**

Diferencial da proposta de valor	Diferencial da rede de valor
Design físico	Capacidade de design
Simplicidade de uso	Subsídio do varejista
Integração (música, telefone, agenda eletrônica, navegador, e-mail, mapas)	Dados ilimitados
	Experiência em sistema operacional
Apps	Interação com o iTunes
	Desenvolvedores de aplicativos

Por certo, uma das diferenças era no projeto físico – a forma, o peso e a grande tela brilhante do iPhone, além da percepção táctil da sensibilidade ao toque, ofereciam ao cliente uma experiência absolutamente inédita. A simplicidade era outra característica fundamental. Os telefones móveis, em 2007, eram notoriamente difíceis de navegar, mesmo para atributos comuns, como gerenciar mensagens de correio de voz. O sistema operacional do iPhone oferecia interface do usuário muito mais fácil. Outra diferença importante era a integração – em vez de carregar um telefone (para chamadas), uma agenda eletrônica (contatos e calendário), um tocador de MP3 (para música) e um dispositivo de GPS (para mapas), o usuário tinha todos esses recursos plenamente integrados, sem emendas, em um único dispositivo móvel. Finalmente, havia os aplicativos – a começar com um navegador de web e alguns outros, que depois explodiram em milhares de programas, no segundo ano do iPhone, quando a Apple o abriu a desenvolvedores externos para a criação de programas. Os aplicativos converteram o iPhone em verdadeiro dispositivo de computação.

Por que será que a Nokia não conseguiu competir? Nos dois anos seguintes, ficou muito claro que o iPhone era um grande sucesso, com margens de lucro invejáveis. A Nokia, porém, apesar de ser a líder global em telefones móveis (e avaliada em mais de US$ 100 bilhões), não foi capaz de imitar o sucesso da Apple com uma cópia de seu próprio smartphone. As razões podem ser vistas na diferença entre as redes de valor das duas empresas.

A tão enfatizada capacidade de design altamente desenvolvida da Apple foi, sem dúvida, fator crítico para a criação do fascinante design físico e da cativante interação sensível ao toque do iPhone. Muitas outras diferenças na rede de valor da Apple, no entanto, também contribuíram para a criação, a entrega e a lucratividade do iPhone. Uma foi a parceria da Apple com a AT&T, em que esta última pagava grande parte do preço de compra do iPhone para os consumidores e depois o parcelava durante 24 meses nas suas faturas mensais referentes aos seus serviços de telefonia e dados. Sem isso, o iPhone teria sido tão caro que se limitaria a um nicho do mercado para produtos de luxo. A AT&T também oferecia uso de dados ilimitado, a preço fixo, nos primeiros anos do iPhone; essa facilidade levou os consumidores a explorar plenamente os aplicativos e os atributos do novo dispositivo, consolidando, assim, hábitos e expectativas radicalmente novos em relação aos dispositivos móveis. Outros elementos-chave da rede de valor do iPhone situam-se na própria Apple: a capacidade de desenvolver sistemas operacionais de computação intuitivos (aprimorada ao longo de anos de projeto de produtos de computação de mesa) e a propriedade da plataforma de música iTunes. Graças ao iPod, a Apple já tinha a plataforma dominante de música digital para os consumidores dos Estados Unidos, e quem realmente estaria disposto a comprar de novo todas as suas músicas, em um novo mercado da Nokia ou de qualquer outro concorrente? Finalmente, quando a App Store foi aberta, o crescimento explosivo dos usuários e das vendas atraiu um ecossistema de dezenas de milhares de desenvolvedores, que aprenderam a programar aplicativos para o iPhone. A Nokia jamais poderia programar o mesmo número de aplicativos para qualquer telefone e estava muito atrás na corrida para atrair desenvolvedores externos. Em conjunto, essas diferenças nas redes de valor das empresas impediram que a Nokia imitasse a estratégia do iPhone.

Netflix *versus* Blockbuster

Vamos dar uma olhada em outro caso recente de disrupção maciça: como o serviço original de DVD da Netflix derrotou a líder das cadeias de varejo para aluguel de filmes, Blockbuster.

Considerando que a Blockbuster era um ator extremamente enraizado e dominante no espaço varejista, a Netflix optou por competir oferecendo aos clientes uma proposta de valor drasticamente diferente (ver Tabela 7.2).

TABELA 7.2:

Disrupção do modelo de negócios: Netflix DVD Service (disruptor) *versus* Blockbuster (titular convencional)

Diferencial da proposta de valor	Diferencial da rede de valor
Sem multas por atraso	Modelo de precificação por subscrição
Acesso fácil (o produto vai até você)	Site de comércio eletrônico
Escolha mais ampla	Ativos de dados e mecanismo de recomendações
Recomendações personalizadas	Depósito e sistema de distribuição de correspondência
	Sem custos de varejo

A primeira diferença foi a eliminação de multas por atraso. No modelo de varejo, o cliente apanhava um filme e pagava por um período determinado. Se o devolvia depois desse prazo, pagava uma taxa adicional por atraso – onerosa e inevitável. A Netflix, porém, eliminou de vez a detestável multa por atraso, com uma taxa fixa por mês que permitia ao cliente ficar com até três filmes ao mesmo tempo, trocando-os com maior ou menor frequência, a seu critério exclusivo. O produto também era mais acessível. Em vez de ir a uma loja de varejo, o cliente simplesmente escolhia os filmes no site da Netflix. Poucos dias depois, eles chegavam pelo correio, com envelopes de retorno para devolvê-los. Como a Netflix expedia os filmes de depósitos centralizados, ela tinha condições de oferecer a todos os clientes 100.000 filmes, variedade de escolha muito mais ampla do que a de qualquer loja de varejo da Blockbuster. Para ajudar os clientes a escolher entre todas essas opções (potencialmente opressoras), o site da Netflix também oferecia uma sofisticada ferramenta de recomendações. O efeito cumulativo dessas diferenças na proposta de valor foi que os clientes que experimentavam a Netflix a adoravam, nunca a abandonavam, e a recomendavam aos amigos. A Blockbuster logo percebeu que estava enfrentando uma ameaça real.

Por que será que a Blockbuster não lançou uma cópia da Netflix – também por serviço postal? Na verdade, foi o que ela fez. Quando a ameaça da Netflix ficou clara, a varejista tentou lançar sua própria versão por serviço postal. Os obstáculos que ela enfrentou, porém, eram previsíveis, bastando olhar para as diferenças entre as redes de valor das duas empresas. Uma diferença era o modelo de precificação (precificação por subscrição *versus* precificação por produto) – nesse aspecto, no entanto, seria muito fácil para a Blockbuster simplesmente seguir o exemplo da Netflix como parte de seu esforço de imitação. A diferença seguinte era o site e o mecanismo de recomendações da Netflix. Embora a Blockbuster pudesse criar um site de comércio eletrônico, ela carecia de serviços de dados maciços e de ativos tecnológicos sofisticados para apresentar recomendações de filmes tão boas quanto as da Netflix. Outra diferença era o sistema sofisticado de depósitos e de distribuição da Netflix. Com grandes investimentos, a Blockbuster seria capaz de construir seu próprio sistema. Muito relevante, porém, era o fato de a Netflix ter passado anos reiterando e otimizando cuidadosamente todos os aspectos de seu sistema de remessas e devoluções postais (inclusive a forma e o tamanho exato dos envelopes e dos invólucros dos DVDs), de modo a garantir o máximo de automação, o mínimo de erros, o transporte de ida e volta o mais rápido possível, e o custo mais baixo possível. A Blockbuster até teria conseguido replicar o serviço de entrega – mas não com o mesmo preço e as mesmas margens de lucro. Finalmente, a grande diferença era que a Netflix não enfrentava as despesas gerais e os custos fixos de dirigir 9.000 lojas de varejo. No final das contas, a Blockbuster acabou oferecendo uma proposta de valor mais ou menos comparável durante algum tempo, mas não aos mesmos preços e com a mesma lucratividade. Depois de anos de rápido declínio, a Blockbuster fechou suas últimas 300 lojas em 2014.

Warby Parker *versus* Luxottica

Warby Parker é a marca de óculos americana que está tentando desestruturar a maneira como óculos com prescrição oftalmológica são vendidos aos consumidores. A gigante tradicional do setor é a Luxottica Group, que controla mais de 80% das principais marcas de óculos e lentes de contato (Ray-Ban, Oakley, Persol, e marcas de grife licenciadas, como Armani e Prada).

Talvez em razão do mercado altamente consolidado, a experiência convencional do cliente ao comprar óculos está longe de ser agradável. Os óculos, em geral, custam mais de US$ 300, e a compra envolve ir a uma loja de varejo, fazer o pedido e voltar depois para receber o produto. A Warby Parker oferece sua própria marca de elegantes óculos de grife, basicamente por meio de comércio eletrônico, ao preço de US$ 95. Para superar o desafio de escolher óculos a distância, a empresa permite que os consumidores selecionem cinco armações, que lhes são enviadas pelo correio para prova. Depois que o cliente escolhe a armação, a empresa instala as lentes prescritas e entrega o produto final.

Será que a Warby Parker representa uma ameaça disruptiva ao titular convencional? Para avaliar, examinemos os dois diferenciais (ver Tabela 7.3).

A maior diferença na proposta de valor da Warby Parker é o preço – menos de um terço do preço tradicional. Há também a diferença potencial no acesso: para os consumidores que querem evitar várias idas à loja ou que não têm muitos varejistas na área, o serviço on-line pode ser outra grande vantagem. (Para atrair clientes em grandes cidades, a startup lançou um número limitado de lojas de varejo e showrooms.) Além disso, a empresa doa um par de óculos, através da VisionSpring, organização sem fins lucrativos, para cada par de óculos que vende aos consumidores. Essa e outras causas sociais (a empresa tem certificação como "B Corporation" pela B Lab, organização global sem fins lucrativos, como reconhecimento pelo "desempenho social e ambiental", além de ser 100% neutra em carbono) são muito importantes para alguns consumidores. Portanto, parece que, pelo menos para certos segmentos de clientes (sensíveis ao preço, que preferem evitar as inconveniências do varejo, e favoráveis a marcas que promovem causas sociais), a empresa oferece proposta de valor drasticamente mais atraente.

TABELA 7.3:

Disrupção do modelo de negócios: Warby Parker (disruptor)
versus **Luxottica (titular convencional)**

Diferencial da proposta de valor	Diferencial da rede de valor
Preço muito mais baixo (US$ 95)	Canal on-line
Acessibilidade	Custos de varejo baixos
Causas sociais	Integração vertical
	Certificação pelo desempenho social e ambiental

E quanto às redes de valor? Existe, porventura, alguma diferença que permita à Warby Parker entregar esse valor? A primeira diferença é o canal de vendas on-line e seus custos de varejo muito mais baixos. Ela também pode manter os preços baixos graças à sua integração vertical (é dona da marca, fabrica o produto e possui todos os canais de vendas). Em contraste, a Luxottica licencia muitas de suas marcas e, embora possua grandes cadeias de varejo, também vende produtos através de outros varejistas. A Luxottica por certo poderia lançar um portal de comércio eletrônico para as suas próprias marcas, mas a sua estrutura de custos provavelmente a impediria de se aproximar dos preços da Warby Parker. Como empresa de capital aberto, podendo lançar emissões públicas de títulos mobiliários, a Luxottica também teria dificuldade em equiparar-se à Warby Parker no nível de apoio a causas sociais.

É notório que a Warby Parker impõe uma ameaça disruptiva à Luxottica – com uma proposta de valor muito melhor, que o titular convencional não consegue imitar. Ainda não está claro, porém, qual será a amplitude da disrupção. Talvez muitos clientes estejam dispostos a pagar preços mais altos por marcas globais como Prada, ou prefiram comprar numa loja próxima, ou não se importem muito com pegadas de carbono, nem com doações de óculos.

Esses tipos de questões determinarão a amplitude e o impacto de um desafiante disruptivo como a Warby Parker. Essas variáveis podem afetar significativamente o sucesso. Vejamos algumas das principais variáveis que influenciam os resultados da disrupção do modelo de negócios.

Três variáveis na teoria da disrupção do modelo de negócios

A teoria da disrupção do modelo de negócios pode identificar e explicar a causa da disrupção por ampla variedade de desafiantes e em diferentes setores. Só o fato em si de um desafiante representar uma genuína ameaça de disrupção não significa que outros negócios no setor estejam condenados ao desastre. Os titulares convencionais podem ter algumas escolhas em como responder. E a natureza do disruptor em si – sua proposta de valor e sua rede de valor – pode prever grande parte de como será a disrupção.

Três importantes variáveis que completam a teoria da disrupção do modelo de negócios são a trajetória do cliente, a amplitude da disrupção e a diversidade de titulares convencionais.

Trajetória do cliente

A primeira variável a considerar em qualquer caso de disrupção do modelo de negócios é a trajetória do cliente. Que clientes fornecerão a base inicial para a entrada do desafiante no mercado, e será que eles já são clientes do titular convencional?

Os disruptores do modelo de negócios podem entrar no mercado por uma de duas trajetórias:

- *De fora para dentro*: o disruptor começa vendendo a compradores que atualmente não são servidos pelo titular convencional (que estão "fora" do mercado do titular convencional) e, com o tempo, o disruptor desbrava o caminho, até passar a roubar clientes diretamente do próprio mercado do titular convencional.
- *De dentro para fora*: desde o início, o disruptor começa a vender a algum subsegmento dos atuais clientes do titular convencional.

Esse subsegmento inicial pode ser pequeno (às vezes o mais abastado ou o mais ansioso para tentar novidades), mas, com o tempo, ele cresce, à medida que o disruptor se expande, atraindo cada vez mais clientes do titular convencional.

A teoria da disrupção de novo mercado, de Christensen, se baseia exclusivamente em casos que seguem a trajetória de fora para dentro. Com efeito, uma das chaves fundamentais dessa teoria é que, começando fora da base de clientes do titular convencional, o disruptor torna muito difícil a resposta do titular convencional.

Entretanto, muitos casos de disrupção de negócios, hoje, seguem a trajetória oposta: de dentro para fora. Todos os três casos que acabamos de analisar foram de dentro para fora. O iPhone não começou vendendo para compradores que ainda não estavam no mercado de telefones móveis. Em vez disso, partiu de um pequeno subsegmento do tipo de clientes que certamente já tinham um Nokia antes. Primeiro, a Nokia poderia raciocinar que a Apple estava roubando uma parcela lucrativa, mas pequena, do seu mercado, e que a sua estratégia de defesa seria manter a maioria muito mais ampla dos clientes que até então não estavam dispostos a pagar prestações mensais mais altas por um smartphone. Com o tempo, porém, a base de clientes do iPhone se expandiu rumo a outros mercados, para atrair parcelas cada vez maiores desses clientes. Do mesmo modo, a Netflix não começou atraindo clientes que nunca tinham usado serviços de aluguel de vídeo, como a Blockbuster. Em vez disso, seu apelo se dirigia especificamente àqueles que já estavam familiarizados com ofertas semelhantes – mirando a insatisfação deles com os preços altos e acenando com melhor experiência. E a Warby Parker obviamente não tinha escolha, a não ser ir atrás dos clientes já servidos pelos titulares convencionais, como a Luxottica. Quem não tinha ou não precisava de óculos com receita dificilmente recorreria à Warby Parker. A ascensão da empresa talvez tenha começado com alguns dos clientes mais sensíveis ao preço da atual base de clientes do titular convencional (aqueles que tentariam a compra on-line, basicamente pelo preço inicial de US$ 95), mas acabou avançando para fora, ao se mostrar capaz de entregar verdadeiras marcas de grife e melhor experiência de compra.

Amplitude da disrupção

A segunda variável importante em casos de disrupção do modelo de negócios é a amplitude provável da disrupção. Às vezes se supõe que, em todos os casos de disrupção, o negócio, o produto ou o serviço do titular convencional serão totalmente substituídos pelo desafiante disruptivo. Fora o antigo, viva o novo. Em alguns casos, isso realmente acontece. Quando o automóvel produzido em massa por Henry Ford chegou ao mercado, foi apenas uma questão de poucos anos até que o cavalo e a charrete basicamente desaparecessem como meio de transporte. (Kevin Kelly sustentou com argumentos convincentes que nenhuma tecnologia jamais desaparece totalmente[168] – e, com efeito, ainda é possível curtir uma volta de carruagem em torno do Central Park, de Nova York, como dispendiosa atração turística.)

Em muitos casos de disrupção de negócios, contudo, a amplitude não é total. Mesmo depois da disrupção, o produto ou o modelo de negócios do titular convencional sobrevive, confinado a uma parcela reduzida do mercado, mas ainda um ator notável no setor de atividade.

Exemplo recente disso pode ser encontrado no mercado editorial, com a chegada dos e-books, ou livros eletrônicos. Graças ao desenvolvimento pela Amazon do Kindle, como formato de e-book e como leitor eletrônico, ou seja, os e-books Kindle e os dispositivos Kindle, os consumidores descobriram que tinham uma nova opção de leitura. Os e-books e a livraria on-line ofereciam muitas vantagens cativantes: preço mais baixo por livro, vasta seleção de escolhas, compra e download quase instantâneos, e a capacidade de carregar centenas de livros no bolso ou na bolsa, com o peso de um livro físico de capa mole. A ameaça para as livrarias físicas era evidente: o cliente não precisa caminhar até a livraria local para baixar um e-book para o dispositivo móvel ou para o computador de mesa.

Nos primeiros anos subsequentes ao lançamento do Kindle, os e-books desfrutaram de crescimento constante em participação no mercado. Muita gente no setor editorial olhava para aquela curva de crescimento, projetava-a com base nas tendências vigentes, e previa ansiosamente que em poucos anos os e-books representariam alta proporção da venda de livros que as editoras não mais seriam capazes de dar-se ao luxo de produzir edições impressas.[169] Mas, então, aconteceu algo inesperado. Depois de um pique de crescimento rápido, as

---

[168] KELLY, Kevin. *Immortal Technologies*. 9 fev. 2006. Disponível em: <http://kk.org/thetechnium/immortal-techno/>. Acesso em: 7 jul. 2017.

[169] Laura Hazard Owen cita um estudo da PwC, prevendo que, em 2016, os e-books ultrapassariam os livros impressos. Cf. What Will the Global E-book Market Look Like by 2016? *Gigaom,* 12 jun. 2012. Disponível em: <http://gigaom.

vendas de e-books se nivelaram. Vários relatórios, cujas conclusões me foram confirmadas por *insiders* do setor, afirmam que a estabilização ocorreu no nível de 30% da receita com a venda de livros.[170] Já era o suficiente para deflagrar grande disrupção e deslocamentos no equilíbrio de poder no mercado editorial. (A Borders, um dos maiores varejistas de livros dos Estados Unidos, pediu falência em 2011.) Os livros impressos, contudo, embora com fatia de mercado reduzida, decerto não desapareceram na obsolescência.

Embora tenha surpreendido muitos observadores, esse desfecho não foi um acaso feliz. Na verdade, acho que, observando o comportamento dos compradores de livros, teria sido muito fácil prever a amplitude dessa disrupção, em especial.

Uma lente importante para prever a amplitude da disrupção são os diferentes casos de uso do produto (como vimos no Capítulo 6). Os clientes compram livros em várias ocasiões, e leem livros em diversos contextos. Em alguns casos de uso para leitura, é muito claro que o e-book oferece uma proposta de valor muito superior – por exemplo, quando você vai viajar e gostaria de ter diversas opções de leitura, mas não quer ficar sobrecarregado com um saco de livros. Em outros casos de leitura, no entanto, o livro impresso pode ser melhor – por exemplo, se você quiser fazer anotações à margem ou ler ao ar livre, com incidência direta da luz solar (situações em que o software do e-book e a tela dos dispositivos ainda deixam a desejar em comparação com a edição no papel). Também podemos considerar outros casos de uso na compra de livros. Quando o cliente está pensando em ler um novo livro, ao se preparar para dormir ou já deitado na cama, nada se compara ao benefício de baixar uma amostra, em segundos, para o dispositivo móvel que tem em mãos e de baixar logo em seguida o livro todo, também imediatamente, para o mesmo leitor, se tiver gostado da experiência. Mas e quanto a dar um presente? Ninguém a quem eu já perguntei jamais pensou que um e-book seria substituto aceitável para um livro impresso ao dar um presente. E esse ponto não é irrelevante: grande parte das vendas de livros ocorre em torno dos feriados e de outras datas especiais para presentear. Se apenas uns raros

---

com/2012/06/11/what-will-the-global-e-book-market-look-like-by-2016/>. Acesso em: 7 jul. 2017.

[170] A proporção 30% foi citada em: PACKER, George. Cheap Words. *New Yorker*, 17 fev. 2014. Disponível em: <http://www.newyorker.com/magazine/2014/02/17/cheap-words>. Acesso em: 7 jul. 2017.

casos de uso favorecem a antiga proposta de valor, é de esperar que os consumidores sacrifiquem esses benefícios e mudem inteiramente para a nova proposta de valor. Em situações como a dos livros, no entanto, em que o cliente pode alternar com facilidade as compras do antigo e do novo produto, é provável que o resultado da disrupção seja um mercado dividido – com parte das vendas se deslocando para a oferta do disruptor e o restante continuando com o titular convencional.

Além dos casos de uso, a amplitude da disrupção provocada por um novo modelo de negócios pode ser influenciada pelos segmentos de clientes. Às vezes, a proposta de valor do disruptor é altamente preferível para alguns tipos de clientes, mas não para outros, com diferentes necessidades. No caso da Warby Parker, podemos ver que certos usuários de óculos tendem a mudar para o novo modelo de vendas, enquanto outros (os que compram marcas de luxo e lentes especiais ou aqueles que têm melhor acesso a opções de varejo) continuarão com os titulares convencionais, como a Luxottica.

Finalmente, os efeitos de rede podem desempenhar papel importante na determinação da amplitude da disrupção. (A afirmação é ainda mais aplicável no caso de negócios de plataforma, como vimos no Capítulo 3). Se o produto ou serviço de um disruptor aumenta de valor à medida que mais clientes o adotam (pense em plataformas como Airbnb, que depende da quantidade de locadores e locatários de acomodações), essa condição, de início, será um obstáculo para o novo negócio. Mas ela também significa que, se o disruptor conseguir alcançar certa massa crítica de adeptos, o crescimento contínuo estará quase assegurado, e ele provavelmente acabará com uma fatia de mercado muito grande.

Diversidade de titulares convencionais

A terceira variável a considerar é a diversidade de titulares convencionais. Um único modelo de negócios disruptivo pode, na verdade, gerar disrupção em mais de um titular convencional. Ao me referir à diversidade de titulares convencionais, não estou falando de empresas semelhantes no mesmo setor (por exemplo, o iPhone gerando disrupção na Motorola e na Nokia), mas em setores de atividade e em tipos de empresa totalmente diversos, que são desafiados pelo mesmo modelo de negócios disruptivo. O iPhone impôs uma ameaça disruptiva não só a empresas de telefones móveis (como a Nokia), mas também a empresas de software para computadores desktop ou laptop (como a Microsoft, ao descobrir que o Windows já não era o sistema operacional dominante no mundo) e a empresas de anúncios on-line (como o Google, que teve de movimentar-se com rapidez para manter-se relevante, à medida que a computação se deslocava para as telas pequenas).

Outro caso interessante de disrupção de diversos titulares convencionais pode ser visto na ascensão meteórica de aplicativos de mensagem on-line, como o WhatsApp, WeChat, LINE e Viber (cada um deles cresceu, de início, em mercados globais um pouco diferentes). Toda a extensão de atributos de cada um pode variar, mas, na essência, todos atraíram centenas de milhões de clientes com a capacidade de enviar mensagens móveis gratuitas pela internet, em vez de pagar por mensagens enviadas pelos provedores de serviços de telefonia móvel.

Obviamente, um setor estabelecido que está sendo desestruturado por esse modelo de negócios é o de telecomunicações − empresas como Vodafone e América Móvil. Durante anos, as mensagens de texto foram grande fonte de receita para essas empresas. Conforme uma estimativa, serviços como o WhatsApp custam às empresas de telefonia mais de US$ 30 bilhões por ano em tarifas por mensagem de texto.[171]

O setor de telecomunicações, contudo, não é o único setor estabelecido ameaçado pelos aplicativos de mensagens gratuitas. Quando o Facebook decidiu comprar o maior deles, o WhatsApp, por 10% do próprio valor de mercado de suas ações (preço total de US$ 22 bilhões), não foi porque o WhatsApp seria capaz de gerar enormes receitas adicionais para a rede social. Foi puramente uma estratégia defensiva contra um novo aplicativo em vias de atrair 1 bilhão de clientes por seus próprios méritos. Se os consumidores dedicassem parcela cada vez maior de seu tempo gasto na tela de aplicativos móveis em aplicativos como esses, eles passariam cada vez menos tempo no mundo dos relacionamentos sociais movidos a Facebook.

Talvez outro setor de atividade, ainda menos provável, esteja sendo desestruturado em parte pelo WhatsApp. Um longo artigo de Courtney Rubin no *New York Times* detalhou a ascensão de aplicativos de rede

---

[171] KHARIF, Olga; THOMPSON, Amy; LAYA, Patricia. WhatsApp Shows How Phone Carriers Lost Out on $33 Billion. *Bloomberg,* 21 fev. 2014. Disponível em: <http://www.bloomberg.com/news/articles/2014−02−21/whatsapp-shows--how-phone-carriers-lost-out-on-33-billion>. Acesso em: 7 jul. 2017.

social para dispositivos móveis (via mensagem de texto, Instagram, Facebook e Grindr) na vida social de várias cidades universitárias americanas. O relatório etnográfico de Rubin revelou uma mudança ampla, descrita por estudantes e por donos de bares no campus universitário. Cada um descreveu como os estudantes estão passando menos tempo e gastando menos dinheiro nos bares e articulando cada vez mais seus relacionamentos sociais por meio de redes sociais através de dispositivos móveis, movidos ao álcool comprado nas lojas e consumido nas residências. Os bares de campus universitário sempre geraram receita vendendo bebidas. Mas o valor que ofereciam aos clientes era, em grande parte, a oportunidade de encontros e de relacionamentos sociais fortuitos. Agora, os estudantes acham que podem obter tudo isso por meio de seus telefones, e vão aos bares apenas para um último gole, antes da hora de fechar (muito pouco para manter o bar em funcionamento). Numerosos bares de campus universitário estão enfrentando dificuldade e muitos deles, que funcionam há décadas, estão encerrando as atividades. Esse é outro setor estabelecido que foi desestruturado pelos aplicativos de mensagens para dispositivos móveis.[172]

Agora que examinamos a teoria da disrupção do modelo de negócios, a maneira como ela se expande com base em teorias anteriores e algumas das principais variáveis para a sua aplicação, vamos explorá-la com duas ferramentas de planejamento estratégico. Essas ferramentas ajudarão as empresas a avaliar se uma ameaça que estão enfrentando é disruptiva para o negócio e, em caso positivo, a estimar seu curso provável, para depois selecionar entre seis respostas possíveis para os titulares convencionais que estão sofrendo disrupção.

Ferramenta: Mapa do Modelo de Negócios Disruptivo

A primeira ferramenta é o Mapa do Modelo de Negócios Disruptivo. Essa ferramenta de mapeamento estratégico destina-se a ajudá-lo a avaliar se um novo desafiante impõe ou não uma ameaça disruptiva a um setor estabelecido ou a um titular convencional.

Se o seu negócio é o titular convencional, você pode usar o mapa como avaliador de ameaça – para julgar se o desafiante impõe uma ameaça competitiva tradicional, à qual você pode responder com

---

[172] RUBIN, Courtney. Last Call for College Bars. *New York Times*, set. 2012. Disponível em: <http://www.nytimes.com/2012/09/27/fashion/for-college-students-social-media-tops-the-bar-scene.html>. Acesso em: 7 jul. 2017.

contramedidas tradicionais, ou se ele é um verdadeiro disruptor. Você também pode usar o mapa se o seu negócio for uma startup ou uma experiência inovadora dentro de uma organização maior. À medida que você desenvolve novos empreendimentos, o mapa o ajudará a identificar os setores onde você pode impor uma ameaça disruptiva e aqueles que serão menos afetados ou mais capazes de reagir ao seu desafio.

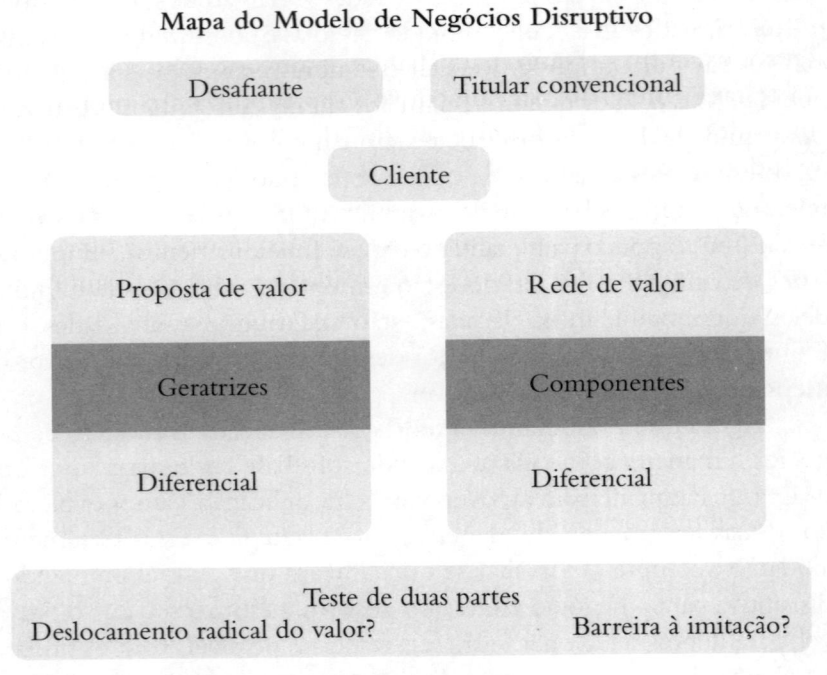

Mapa do Modelo de Negócios Disruptivo

Figura 7.1: Mapa do Modelo de Negócios Disruptivo

A Figura 7.1 mostra o Mapa do Modelo de Negócios Disruptivo. Ela inclui oito blocos, cada um dos quais você preencherá para fazer a avaliação de uma ameaça disruptiva potencial. Vejamos cada bloco e a pergunta a ser respondida para preenchê-lo.

1º passo: Desafiante

O primeiro passo do Mapa do Modelo de Negócios Disruptivo é responder a esta pergunta: o que é um negócio potencialmente disruptivo?

O desafiante que você identifica aqui pode ser o novo concorrente de sua própria empresa tradicional. Talvez seja a sua própria startup tentando desestruturar um setor estabelecido. Ou quem sabe um novo empreendimento ou iniciativa dentro da sua organização, cujo potencial disruptivo você está procurando julgar.

Observe que ainda não estamos rotulando esse desafiante como "o disruptor". O objetivo do mapa é aplicar a teoria da disrupção do modelo de negócios para analisar o desafiante, o titular convencional e o cliente, para determinar se há realmente uma ameaça de disrupção. Com base em minha experiência de abordar esse cenário com numerosos executivos – tanto para analisar as ameaças existentes quanto para testar o mercado para um novo empreendimento proposto –, muitos desafiantes que foram considerados disruptivos acabam não passando no teste.

Ao descrever o desafiante, você precisa incluir sua principal oferta: quais são os seus produtos e serviços exclusivos? O que, ainda inexistente, ele está trazendo para o mercado? Se o seu desafiante fosse a Netflix, você incluiria não só o nome da empresa, mas também a descrição do modelo de serviço de assinatura mensal que ela está oferecendo para o aluguel de filmes.

2º passo: Titular convencional

A segunda pergunta do Mapa do Modelo de Negócios Disruptivo é: "Quem é o titular convencional?".

Você pode escolher seja uma categoria de negócios correlatos (por exemplo, cadeias de varejo de aluguel de vídeo), seja um exemplo típico da categoria (por exemplo, Blockbuster), para tornar a análise mais completa, à medida que você compara os modelos de negócios do desafiante e do titular convencional.

O outro ponto-chave aqui é que, como vimos, o desafiante pode impor uma ameaça disruptiva a mais de um titular convencional. Sobretudo se você for o desafiante, você deve tentar identificar diversos titulares convencionais que podem ser ameaçados pelo seu novo modelo de negócios. Sempre que você identificar mais que um possível titular convencional, você deve completar o mapa várias vezes – uma para cada titular convencional. É bem possível que você ache que o seu novo modelo de negócios representa uma ameaça disruptiva para um setor estabelecido, mas que outro titular convencional seja capaz de acomodar o sucesso de seu modelo de negócios ou consiga absorvê-lo e imitá-lo.

3º passo: Cliente

A terceira pergunta do Mapa do Mapa do Modelo de Negócios Disruptivo é: "Quem é o cliente-alvo?".

Este é o cliente que está sendo servido pelo desafiante. Em alguns casos pode ser o cliente direto do titular convencional. Mas também poderiam ser os grupos de interesse de uma empresa importante (por exemplo, um desafiante poderia desestruturar um titular convencional roubando todos os seus empregados). É fundamental esclarecer quem é o alvo do desafiante, antes de passar para a próxima fase e considerar a proposta de valor que está sendo oferecida a esse cliente-alvo.

Mais uma vez, é possível que o desafiante almeje usurpar o relacionamento do titular convencional com mais de um tipo de cliente. Nesse caso, você também deve completar o mapa várias vezes – uma para cada tipo de cliente.

4º passo: Proposta de valor

A pergunta seguinte do Mapa do Modelo de Negócios Disruptivo é: "Qual é o valor oferecido pelo desafiante ao cliente-alvo?".

É muito importante responder a essa pergunta, adotando o ponto de vista do cliente: "Que benefícios eles estão em condições de receber?".

Lembre-se, o objetivo aqui não é descrever o produto ou serviço oferecido pelo desafiante (isso deve ter sido feito no Passo 1). Nem é descrever como o desafiante conseguirá que os clientes paguem (trataremos do modelo de receita no Passo 6, como parte da rede de valor). O foco aqui se limita, exclusivamente, ao benefício para o *cliente*: "Que valor eles poderiam ganhar com a oferta do desafiante?".

Você pode recorrer aqui à lista de geratrizes de proposta de valor já apresentada neste capítulo, para considerar algumas das muitas maneiras como os modelos de negócios digitais oferecem valor para os clientes.

5º passo: Diferencial da proposta de valor

Depois de ter descrito a proposta de valor do desafiante, a pergunta seguinte é "Como a proposta de valor do desafiante difere da proposta de valor do titular convencional?".

O ponto aqui é identificar os elementos da proposta de valor do desafiante que são exclusivos e diferentes – esse é o diferencial da proposta de valor.

Por certo haverá alguma sobreposição entre o valor oferecido pelo titular convencional e pelo desafiante (por exemplo, a Craigslist e os jornais oferecem aos usuários o mesmo benefício principal de anunciar itens pessoais para venda a um grande público local que tenha interesse por eles). Não é preciso incluir esses aspectos em comum aqui.

Para alguns desafiantes, como a Craigslist, as diferenças nas propostas de valor podem ser todas positivas – ou seja, elas são a maneira como o desafiante aumenta o valor para o cliente. Em outros casos, o diferencial da proposta de valor pode incluir benefícios, mas também falhas e omissões, que você deve explicitar com clareza – por exemplo, no caso dos e-books, como desafiante do livro impresso, você poderia ressaltar: "Menos fácil de ler sob incidência direta de luz solar".

6º passo: Rede de valor

A pergunta seguinte do Mapa do Modelo de Negócios Disruptivo refere-se à rede de valor: "O que capacita o desafiante a criar, entregar e receber valor de sua oferta ao cliente?".

Você pode voltar aos componentes da lista da rede de valor já apresentada neste capítulo, enquanto mapeia a rede de valor que possibilita a oferta do desafiante. Seu objetivo é identificar tudo – pessoas, parceiros, ativos e processos – o que capacita o desafiante a oferecer sua proposta de valor.

Se o desafiante é novo e ainda desconhecido, deve ajudar a identificar questões ainda não respondidas sobre seu modelo de negócios e se ele realmente será capaz de cumprir a proposta de valor que está oferecendo ao mercado.

7º passo: Diferencial da rede de valor

Depois de descrever a rede de valor do desafiante, a pergunta seguinte é: "Como a rede de valor do desafiante é diferente da rede de valor do titular convencional?".

Mais uma vez, talvez haja alguns pontos de sobreposição entre o desafiante e o titular convencional. Se assim for, você pode ignorá-los. O objetivo aqui é identificar os elementos da rede de valor do desafiante que são exclusivos e diferentes.

Será que a oferta do desafiante explora conjuntos de dados singulares ou competências específicas que ainda faltam ao titular convencional? Por acaso o desafiante está entrando no mercado via canais diferentes daqueles que são usados pelo titular convencional? Será que o desafiante tem um modelo de precificação diferente ou uma estrutura de custos diversa (por exemplo, menos despesas gerais com espaço de varejo ou equipes de vendas)? Porventura o desafiante está lançando sua oferta com foco em diferentes segmentos do mercado?

O conjunto de todas essas diferenças entre o desafiante e o titular convencional é o diferencial da rede de valor.

8º passo: Teste de duas partes

Agora, você está preparado para responder à última pergunta do Mapa do Modelo de Negócios Disruptivo: será que o desafiante realmente representa uma ameaça disruptiva para o titular convencional?

Conforme descrito pela teoria da disrupção do modelo de negócios, essa pergunta é respondida pelo teste de duas partes.

Antes, é preciso avaliar até que ponto o diferencial de valor é significativo para o cliente. Será que a proposta de valor do desafiante é apenas um pouco melhor que a do titular convencional? Ou será que ela desloca radicalmente o valor do titular convencional? Em alguns casos, isso pode ocorrer porque o desafiante oferece um produto ou serviço comparável, mas em condições muito melhores (pense na versão gratuita de anúncios classificados do Craigslist). Em outros casos, o desafiante pode resolver os mesmos problemas que já são resolvidos pelo titular convencional, mas, ao mesmo tempo, também atende a outras necessidades do cliente (pense no iPhone, que oferece muito mais que um ótimo telefone celular). Em ainda outros casos, o desafiante talvez apresente uma proposta de valor que simplesmente torna a oferta do titular convencional muito menos relevante para o cliente (da mesma maneira como as redes sociais para dispositivos móveis tornaram os rituais em bares de campus universitário menos importantes para os estudantes americanos).

A primeira pergunta do teste de disrupção é: "Será que a proposta de valor do desafiante desloca drasticamente a proposta de valor do titular convencional?". Se a resposta for negativa, o desafiante não representa uma ameaça disruptiva para o titular convencional. O desafiante pode ser um grande inovador, com uma tremenda nova proposta de valor para os clientes. Se, porém, essa oferta chegar ao ponto de ameaçar demais o negócio do titular convencional, este pode ser capaz de responder, equiparando-se ou aproximando-se do valor do desafiante para o cliente. Se a resposta ao primeiro teste for sim, você deve avançar para o segundo teste de disrupção.

Agora, você precisa avaliar as barreiras resultantes das diferenças nas redes de valor do titular convencional e do desafiante. Será que o titular convencional seria capaz de preencher essas lacunas, se quisesse, para entregar o mesmo valor aos clientes? Por exemplo, será que o titular convencional poderia fazer acordos com os parceiros de canal, semelhantes a outros já explorados pelo desafiante? Porventura o titular convencional teria condições de eliminar quaisquer diferenças nos custos fixos ou compensá-las de alguma maneira? Seria possível para o titular convencional superar os efeitos de rede que o desafiante talvez já tenha alcançado como vantagem competitiva? Qualquer grande diferença na rede de valor pode vir a ser o obstáculo que impede o titular convencional de reagir com eficácia.

A segunda pergunta do teste de disrupção é: "Será que alguma das diferenças nas redes de valor ergue uma barreira que impedirá o titular convencional de imitar o desafiante?". Se a resposta for negativa, o desafiante não representa uma ameaça disruptiva para o titular convencional. Ele até pode ser um concorrente assimétrico perigoso, mas não há obstáculo intransponível para que o titular convencional reaja com a adoção de estratégia à altura. O titular convencional talvez tenha de sacrificar parte de suas atuais margens de lucro, da mesma maneira como ocorreria numa guerra de preços com um concorrente tradicional. O desafiante, porém, não é realmente disruptivo. Por outro lado, se a resposta for positiva, o desafiante passou nos dois testes do Modelo de Negócios Disruptivo. O valor que ele oferece ao cliente superará ou diminuirá drasticamente o valor fornecido pelo titular convencional, e este enfrentará barreiras estruturais intrínsecas que o impedirão de responder diretamente. Essa situação se enquadra perfeitamente na definição com que começamos este capítulo: a disrupção de negócios acontece quando um setor estabelecido se defronta com um desafiante que oferece muito mais valor para o cliente, a ponto de as empresas tradicionais não serem capazes de competir diretamente. O desafiante é uma ameaça disruptiva.

■ ■ ■

Será, então, que não resta nenhuma esperança para o titular convencional? Em face de uma verdadeira ameaça disruptiva, será que o titular convencional está condenado à extinção completa e rápida (como o setor de carroças, carruagens e similares, com tração a cavalo, ao deparar com a indústria automobilística) ou existiria ainda uma oportunidade para o titular convencional reagir ao desafiante – ou ao menos reter parte de sua glória?

É aqui que entra a próxima ferramenta.

Ferramenta: Planejador da Resposta Disruptiva

Se você tiver concluído que está, realmente, diante de um verdadeiro desafiante disruptivo que ameaça uma empresa tradicional, você agora está em condições de usar a segunda ferramenta.

O objetivo do Planejador da Resposta Disruptiva é ajudá-lo a mapear como será provavelmente o desafio disruptivo e identificar suas melhores opções de resposta.

Os primeiros três passos ajudam a avaliar a ameaça do disruptor sob três critérios: trajetória do cliente, amplitude da disrupção, e outros titulares convencionais que podem ser afetados. Você pode, então, usar esses três critérios, no último passo, para escolher entre três possíveis respostas do titular convencional ao desafiante disruptivo (ver Figura 7.2).

Planejador da Resposta Disruptiva

Trajetória do cliente	Amplitude da disrupção	Outros titulares tradicionais
De fora para dentro *versus* De dentro para fora	Caso de uso	Trem de Valor
Quem é o primeiro	Segmentos de clientes	Substituição
Próximo + gatilhos	Efeitos de rede	Escalonamento

Seis respostas de titulares convencionais

Tornar-se o disruptor	Mitigar as perdas
Adquirir	Refocar
Lançar	Diversificar
Dividir	Sair

Figura 7.2: Planejador da Resposta Disruptiva

1º passo: Trajetória do cliente

O primeiro passo para prever o impacto possível de um novo modelo de negócios disruptivo é compreender a trajetória do cliente: que clientes tendem a adotar a primeira oferta do disruptor e como o mercado do disruptor, se ele for bem-sucedido, se expandirá a partir desse ponto?

De fora para dentro ou de dentro para fora?

Como vimos, há dois tipos de trajetória do cliente em modelos de negócios disruptivos: *de fora para dentro* e *de dentro para fora*. É fundamental começar com a estimativa de qual desses caminhos o disruptor adotará ao entrar no mercado.

Os disruptores de fora para dentro começam vendendo a não clientes do titular convencional e, então, abrem o caminho para dentro, com o objetivo de conquistar os próprios clientes do titular convencional. Conforme descrito por Christensen, os disruptores de fora para dentro não procuram, de início, os clientes do titular convencional por terem menos atributos a oferecer, mas buscam os clientes sem condições de adquirir ou acessar os serviços do titular convencional. À medida que melhora as suas ofertas, o disruptor também começa a atrair os clientes do titular convencional. A teoria de Christensen mostrou como os setores com barreiras que excluem muitos clientes potenciais – educação superior, assistência médica, serviços financeiros – estão sujeitos à disrupção. É como ele e Derek van Bever escreveram: "Se apenas os consumidores qualificados e ricos têm acesso a um produto ou serviço, pode-se assumir, com razão, a existência de uma oportunidade de criação de mercado".[173]

Os disruptores de dentro para fora seguem um caminho diferente. Eles começam vendendo a um segmento dos atuais clientes do titular convencional e, então, abrem o caminho para fora, com o objetivo de ampliar seu mercado. Vimos muitos exemplos disso: iPhone *versus* Nokia (começou vendendo para os atuais usuários de telefones móveis) e Netflix *versus* Blockbuster (explicitamente atraíram os atuais locatários de filmes, como a melhor alternativa). Em vez de começar com uma oferta inferior à do titular convencional, mas "boa o bastante" para

---

[173] CHRISTENSEN, Clayton M.; BEVER, Derek van. The Capitalist's Dilemma. *Harvard Business Review*, 1 jun. 2014. Disponível em: <https://hbr.org/product/the-capitalists-dilemma /R1406C-PDF-ENG>. Acesso em: 7 jul. 2017.

compradores sem condições de adquirir ou de acessar as ofertas do titular convencional, esses disruptores, desde o começo, oferecem muito mais valor. Essas são inovações do modelo de negócios que rapidamente atraem resposta competitiva do titular convencional, embora os disruptores contem com uma rede de valor que os titulares convencionais são incapazes de imitar.

Quem é o primeiro?

Depois de descobrir que a disrupção será de fora para dentro ou de dentro para fora, é preciso identificar os tipos específicos de clientes que provavelmente serão os primeiros a adotar os produtos ou serviços do disruptor.

No caso das disrupções de dentro para fora, é preciso fazer as seguintes perguntas: "Quais, entre seus atuais clientes, serão os mais sensíveis à oferta disruptiva?", "Haveria, porventura, algum obstáculo à adoção precursora da oferta disruptiva por esses clientes? (por exemplo, a confiabilidade ainda não foi comprovada), "Existiria, por acaso, alguns clientes atuais para os quais esses obstáculos importam menos? (por exemplo, eles estão ansiosos por experimentar novos produtos e são menos fiéis às marcas estabelecidas)".

No caso das disrupções de fora para dentro, é preciso fazer as seguintes perguntas: "Quais, entre os seus atuais clientes, estão mais motivados mas não têm condições de adquirir, nem de acessar os seus produtos ou serviços?", "Quais desses obstáculos (preço ou acesso) é a maior barreira para eles?", "Que obstáculos a oferta do disruptor mais os ajuda a superar?".

Quem é o próximo, e qual será o gatilho?

Depois de identificar os primeiros clientes mais prováveis para a oferta de um disruptor, é preciso descobrir os clientes seguintes mais tendentes a serem atraídos pelo desafiante. Para os disruptores de dentro para fora, serão provavelmente os de outro subgrupo de seus clientes. Por exemplo, se a Warby Parker passar a atrair os apoiadores de causas sociais, será que os próximos clientes dela serão os usuários de óculos familiarizados com a tecnologia? Para os disruptores de fora para dentro, a principal questão aqui é: "Quando o disruptor dará a 'guinada' de vender para não clientes e começará a atrair os seus clientes?".

Você também precisa pensar sobre o que disparará essa segunda leva de clientes a aderir ao disruptor. Esses gatilhos podem muito bem ser os comportamentos de outros clientes. Clientes propensos, mas indecisos, por exemplo, do tipo que esperam para ver, podem interessar-se, à medida que outros passam a usar o produto, ou talvez sejam convencidos pela propaganda boca a boca. O gatilho também pode ser outras inovações pelo disruptor, como reduzir os preços, melhorar os atributos, ou ambos. Ou o gatilho talvez seja, simplesmente, a visibilidade – quando a cobertura da imprensa, o marketing ou a distribuição geográfica levam a oferta do disruptor à esfera de atenção da onda de novos clientes.

Implicações

Conhecer a trajetória provável dos clientes tem importantes implicações. Como titular convencional, você precisa saber quais de seus atuais clientes devem ser observados com mais atenção, para ver se e quando desertarão. Também é necessário confirmar que o desafiante realmente não precisará de alguns de seus clientes como ponto de partida (disruptor de fora para dentro). Nesse caso, você deve desenvolver uma estratégia para competir por esses mesmos clientes "externos", em que o disruptor pode crescer primeiro antes de avançar para o seu próprio mercado.

2º passo: Amplitude da disrupção

O passo seguinte na avaliação da ameaça pelo modelo de negócios disruptivo é considerar sua amplitude provável. Aqui se descreve a fatia do mercado (quantos clientes) que tende a acabar mudando para o disruptor tão logo ele se se estabeleça. É possível prever a amplitude da disrupção observando três fatores: caso de uso, segmentos de clientes e efeitos de rede.

Caso de uso

Primeiramente, é preciso identificar vários casos de uso em que os clientes compram e usam o seu produto ou serviço. Prepare duas listas: em que situações os clientes compram a sua oferta? Em que situações os clientes usam a sua oferta? (deve haver sobreposições nas listas, mas também diferenças). Para cada caso de uso em ambas as listas, considere a proposta de valor do disruptor. Em que casos o disruptor é sem dúvida a opção preferencial dos clientes? Em que casos a sua oferta, como titular convencional, é mais vantajosa?

Como vimos no caso de e-books *versus* livros impressos, o disruptor pode ter vantagem nítida em alguns casos de uso (por exemplo, entrar no avião com grande variedade de material de leitura), mas estar em desvantagem em outros casos de uso (por exemplo, dar um presente a um amigo). Você também deve considerar se há custos de *multihoming* (usar mais de uma plataforma, como vimos no Capítulo 3). Até que ponto é difícil para o cliente comprar do titular tradicional, em alguns casos de uso, ou do disruptor, em outros casos de uso? Para os leitores, não é assim tão difícil comprar livros impressos para presente e manter o dispositivo de leitura abastecido para as viagens.

Segmentos de clientes

Em seguida, é preciso subdividir os clientes pelos quais você e o disruptor estão competindo. Em vez de vê-los como grupo monolítico, tente dividir esses clientes em segmentos, com base em suas necessidades comuns. O que os impulsiona a usar essa categoria de produtos? Quais são as suas necessidades relevantes? (Isso às vezes pode corresponder a alguns de seus casos de uso.) Então, para cada segmento, verifique até que ponto o disruptor é mais, ou menos, atraente que o seu negócio.

Lembre-se do Zipcar (analisado no Capítulo 5). Esse serviço de aluguel de carros sob demanda parecia impor um desafio disruptivo às empresas tradicionais de aluguel de carros quando entrou no mercado. Os associados ao Zipcar pagam uma pequena taxa mensal para ter acesso a qualquer um dos Zipcars estacionados em sua área metropolitana. Basta consultar um aplicativo do dispositivo móvel, andar até o carro mais próximo e digitar um código de entrada na tranca com teclado na porta do carro. Esse modelo de autosserviço parece muito mais conveniente que a velha experiência do cliente de apanhar um carro na agência da locadora tradicional. O Zipcar, porém, nunca suplantou o modelo clássico de aluguel de carros, para a maioria dos clientes. Ocorre que, embora certos tipos de usuários (por exemplo, os de cidades com alta densidade demográfica, com necessidades rotineiras de alugar carros por um curto período) se ajustassem sob medida a esse modelo de associação do Zipcar, outros usuários (por exemplo, os de áreas rurais ou com necessidades menos frequentes de alugar carros) não se beneficiavam tanto com o novo modelo. Embora já tenha expandido para quatro países e esteja hoje com 4 milhões de associados, o Zipcar concentrou o foco em campus universitário e em grandes cidades.

Efeitos de rede

O terceiro fator a considerar na previsão da amplitude da disrupção são os efeitos de rede. Muitos serviços, principalmente os negócios de plataforma, tornam-se mais valiosos na medida em que conquistam mais clientes. À proporção que mais clientes compravam iPhones, ficava cada vez mais fácil para a Apple atrair mais desenvolvedores, que criavam cada vez mais aplicativos para a plataforma. À medida que mais desenvolvedores criavam aplicativos, as vantagens do iPhone em comparação com as ofertas de titulares convencionais, como a Nokia, tornavam-se cada vez maiores. Quando se considera uma criptomoeda como o Bitcoin, logo se conclui ser possível que ela venha a desestruturar vários titulares convencionais de serviços financeiros tradicionais (cartões de crédito, contas de poupança, operações de câmbio). No entanto, o maior obstáculo para uma moeda como o Bitcoin é o fato de as moedas serem extremamente dependentes dos efeitos de rede. Enquanto poucos comerciantes aceitarem Bitcoin e poucos clientes usarem Bitcoin, os benefícios para o novo usuário são em grande parte hipotéticos. Por outro lado, os titulares convencionais que estão observando o Bitcoin precisam se dar conta de que, quando a adoção do Bitcoin atingir o ponto de virada ou adquirir impulso suficiente, é possível que se desencadeie um efeito bola de neve (muito semelhante ao estouro da boiada para uma rede social em rápido crescimento, como Instagram ou Snapchat), que a transforme rapidamente de mera curiosidade em poderosa força disruptiva.

Implicações

Já tendo examinado os casos de uso, os segmentos de clientes e os efeitos de rede, você está em condições de fazer previsões bem esclarecidas da provável amplitude do impacto de um novo disruptor. Em termos amplos, podemos pensar em três resultados prováveis de um modelo de negócios disruptivo. Um é o caso de *nicho*, em que o disruptor é atraente apenas para uma fatia muito específica do mercado. Outro é o caso de *divisão do mercado*, com os modelos de negócios do disruptor e do titular tradicional assumindo grandes fatias. E o último é o caso de *avalanche*, quando o disruptor rapidamente soterra todo o mercado, deslocando o titular convencional para a obscuridade.

3º passo: Outros titulares convencionais

Já vimos como um único modelo de negócios pode desestruturar, ou gerar disrupção, em vários setores convencionais. Ao avaliar um disruptor de sua empresa, é fácil focar no seu impacto em apenas um setor (o seu próprio). Para compreender, porém, a dinâmica competitiva em ação, é fundamental expandir a sua estrutura de referências para considerar outras empresas tradicionais, como serão impactadas pelo disruptor e como reagirão à disrupção.

Trem de Valor

O primeiro lugar onde procurar outros negócios que podem sofrer disrupção é em seu próprio Trem de Valor (como vimos no Capítulo 3).

Comece perguntando que produtos ou serviços mais se assemelham aos do disruptor. Por exemplo, o produto mais semelhante a e-books são livros impressos. Você, então, pode considerar um Trem de Valor de todos os envolvidos na entrega do produto ou serviço – do criador (autores), passando pelos produtores (editores de livros), até os distribuidores (gráficas, atacadistas e varejistas físicos e on-line) – até que o valor chegue ao consumidor final. Pergunte, então, quais desses diferentes tipos de empresas podem ser desestruturadas, ou sofrer disrupção, se o novo modelo de negócios for bem-sucedido. No caso de e-books, a resposta provavelmente seria livrarias de varejo, gráficas e distribuidores. Autores e editoras provavelmente seriam os mais capazes de se adaptar ao novo modelo de negócios.

Substituição

Outra maneira de identificar outros titulares convencionais também suscetíveis a sofrer disrupção é pensar em produtos ou serviços que podem ser substituídos pela oferta do disruptor. Faça a si mesmo duas perguntas: "Se um cliente gastar mais dinheiro com o produto ou serviço do disruptor, com que outras *coisas* ele poderia gastar menos dinheiro?", "Se um cliente passar mais tempo com o produto ou serviço do disruptor, com que outras coisas ele poderia passar menos tempo?".

Considerando o primeiro iPhone, é fácil ver que, se os clientes gastarem dinheiro com o iPhone, é menos provável que eles gastem dinheiro com o telefone de outro fabricante, como a Nokia. (Indo mais fundo, você talvez conclua que, se os clientes gastarem mais dinheiro com aplicativos para o iPhone, é provável que gastem menos com outras diversões.) Se você perguntar com o que os usuários ávidos do iPhone passam o tempo, você talvez conclua que eles gastam menos tempo fazendo pesquisas na internet em seus computadores de mesa (negócio altamente lucrativo para o Google) e mais tempo fazendo pesquisas na internet em seus dispositivos móveis (muito menos lucrativo).

Vale a pena fazer outra pergunta sobre substitutos: se os atuais produtos do disruptor continuam a melhorar cada vez mais quanto ao desempenho e à qualidade, de que outros produtos e serviços eles poderiam tornar-se substitutos? Considerando o iPhone, é possível imaginar que, se ele prosseguir na tendência de se tornar cada vez mais rápido, mais poderoso e um pouco maior a cada nova versão, ele de fato representa uma ameaça como substituto de computadores notebook, televisores e outras categorias.

Escalonamento

A última maneira de identificar outros titulares convencionais que podem ser impactados pelo disruptor é observar e considerar tanto as necessidades imediatas quanto as necessidades de ordem superior dos clientes.

Você começa fazendo três perguntas: que problemas ou necessidades o disruptor resolve ou satisfaz para os clientes? Que outros titulares tentam oferecer os mesmos resultados? Por exemplo, considerando aplicativos de mensagens, tipo WhatsApp, vê-se que os clientes os usam para atender às suas necessidades de enviar mensagens de texto rápidas aos amigos (principalmente amigos em outros países). Antes, essa necessidade era atendida pelas prestadoras de serviços de telecomunicações, que, como vimos, perderam bilhões de dólares em tarifas em consequência dessa disrupção.

Em seguida, você pode tentar descobrir necessidades de ordem superior dos clientes, por meio de um processo conhecido como escalonamento. Nessa técnica de pesquisa de mercado, você faz aos clientes uma série de perguntas do tipo "Por quê?" para chegar às razões por trás de suas motivações imediatas. Por exemplo, se você pergunta a estudantes universitários por que eles usam WhatsApp, talvez eles respondam: "Para trocar mensagens fáceis com meus amigos". Se você perguntar por que eles usam o WhatsApp com essa finalidade, é possível que digam: "Para fazer planos e trocar fotos". Se você insistir e indagar por que isso é importante, eles podem explicar: "Para nos reunirmos e descobrir onde as baladas legais estão rolando". Essa sucessão de perguntas e respostas talvez o leve a concluir que os aplicativos de mensagem móveis estão satisfazendo a necessidade de participar de interações sociais que até então eram atendidas nos bares das universidades. Esse tipo de escalonamento pode revelar produtos e serviços que os disruptores tornam menos necessários para os clientes, mesmo que não pareçam estar competindo diretamente com os titulares convencionais.

Implicações

Ao considerar Trens de Valor, diferentes meios de substituição e diferentes níveis de necessidades dos clientes, é possível que você tenha identificado vários titulares convencionais – tipos de empresas que serão ameaçadas de disrupção pelo mesmo novo disruptor. Como titular convencional, é sempre importante saber quem mais está sujeito a ser ameaçado pelo mesmo disruptor que o está ameaçando. Ao planejar sua própria reação, é importante ver como esses outros titulares convencionais estão respondendo ou considerar como as respostas deles se comparam com as suas. Você também pode descobrir que esses "inimigos do meu inimigo" podem servir como aliados em resposta à ameaça disruptiva. Como descrito acima, o Google viu que estava sendo ameaçado pela ascensão rápida do iPhone tanto quanto os fabricantes de telefones celulares manuais. Como veremos, essa constatação foi crucial na escolha pelo Google da resposta à ameaça disruptiva.

4º passo: Seis respostas de titulares convencionais à disrupção

O último passo do Planejador da Resposta Disruptiva é planejar sua resposta como titular convencional. Para tanto, você usará o que aprendeu sobre a trajetória, a amplitude e os outros titulares convencionais do disruptor que o está ameaçando ao escolher que respostas estratégicas são mais promissoras nas suas circunstâncias.

Como titular convencional, seis são as suas respostas possíveis quando se defrontar com um desafiante disruptivo:

Três estratégias para se tornar disruptor

- Adquirir o disruptor
- Lançar um disruptor independente
- Dividir o modelo de negócios do disruptor

Três estratégias para atenuar as perdas impostas pelo disruptor

- Refocar nos clientes defensáveis
- Diversificar o portfólio
- Planejar uma saída rápida

Essas seis estratégias não são exclusivas; você pode combiná-las (e, de fato, algumas delas trabalham melhor juntas). As primeiras três respostas procuram ocupar o mesmo território do disruptor. As últimas três respostas procuram reduzir o impacto sobre o seu negócio principal. Dependendo das suas próprias circunstâncias, apenas uma ou talvez poucas dessas respostas dos titulares convencionais podem ser eficazes; portanto, é melhor familiarizar-se com cada uma delas.

Examinemos cada resposta e vejamos onde e como melhor aplicá-las.

Adquirir o disruptor

A resposta mais direta para o titular convencional que se defronta com um desafiante disruptivo é simplesmente adquirir o desafiante. Foi assim que o Facebook enfrentou o desafio do WhatsApp. Quando o Mapas, do Google, deparou com um disruptor potencial, no Waze, o Google comprou o suposto desafiante. Quando a gigante de aluguel de carros, a Avis, viu que o Zipcar tinha inventado um modelo de negócios disruptivo, a Avis também comprou o desafiante. Se você estiver pensando em comprar o seu disruptor, conhecer os outros titulares convencionais o ajudará a prever que outros desafiados poderão competir com você e aumentar o preço.

Se comprar o disruptor, você deve continuar a dirigi-lo como uma divisão independente. Foi o que fizeram Facebook, Google e

Avis nos casos acima. Isso significa que o disruptor, hoje sob o seu controle, continuará a roubar clientes do seu negócio principal (e, talvez, com margem de lucro mais baixa).

Se, porém, você não mantiver a independência do disruptor adquirido, a implicação será pôr os interesses do seu negócio principal acima dos interesses dos clientes, que perderão os benefícios do disruptor incorporado. E criará a oportunidade para que um terceiro lance um negócio semelhante ao do ex-disruptor e roube os seus clientes decepcionados.

Adquirir o disruptor nem sempre é possível. Uma startup com capital de risco suficiente pode resistir à compra, como foi o caso com o lance rejeitado de US$ 3 bilhões do Facebook pelo aplicativo de mensagens Snapchat. Ou o disruptor pode ser parte de uma empresa maior que o titular tradicional. Os e-books da Amazon representavam uma ameaça disruptiva nítida para as livrarias de varejo físicas, como a Barnes & Noble, mas as varejistas eram muito menores que a Amazon (para a qual os e-books eram apenas parte do negócio).

Frequentemente, a aquisição do disruptor é ignorada ou rejeitada nas fases iniciais do processo, quando essa hipótese ainda é uma opção. Em 2000, pouco depois de a Netflix lançar seu modelo de assinatura de DVD, o CEO da startup, Reed Hastings, voou até Dallas para se encontrar com o CEO da Blockbuster, John Antioco. Hastings propôs que as duas empresas formassem uma parceria, com a Netflix cuidando da distribuição on-line e a Blockbuster, do canal de varejo. Hastings foi conduzido para fora da sala por um anfitrião às gargalhadas.[174] A Blockbuster não teve uma segunda chance. A aquisição nem sempre precisa ser integral (a parceria com a Netflix hoje teria sido considerada uma dádiva para a Blockbuster), mas exige que o titular convencional engula o orgulho e reconheça as vantagens do disruptor, antes que o desafiante se torne tão grande a ponto de não mais precisar da sua ajuda.

Lançar um disruptor independente

A segunda resposta do titular convencional é lançar um novo negócio próprio que imite o modelo de negócios do disruptor. Em vez de comprar diretamente o disruptor, o titular convencional

---

[174] SANDOVAL, Greg. Blockbuster Laughed at Netflix Partnership Offer. *CNET*, 9 dez. 2010. Disponível em: <http://www.cnet.com/news/blockbuster-laughed--at-netflix-partnership-offer/>. Acesso em: 7 jul. 2017.

explora sua escala e seus recursos para tentar vencer o disruptor em seu próprio campo de jogo. Esta é a reação proposta por Christensen: "Desenvolva sua própria disrupção antes que seja tarde demais para colher as recompensas de novos mercados de alto crescimento".[175]

Para lançar seu próprio disruptor, porém, você, o titular convencional, deve estar disposto a canibalizar seu próprio negócio principal. Afinal, você está tentando recriar o mesmo modelo de negócios que está atacando, com intenções disruptivas, seu negócio tradicional. A Charles Schwab adotou essa estratégia quando viu o crescimento de corretoras on-line como a TD Ameritrade, de Joe Ricketts, lançar seu próprio serviço on-line, que competia com suas ofertas de serviços integrais.

Essa estratégia também exige que você segregue a nova iniciativa disruptiva em área independente de sua empresa. Você deve dirigi-la como negócio autônomo, com a própria apuração de resultados, sem a atribuição de salvar ou de sustentar o seu negócio principal. Embora esse negócio autônomo deva ter acesso a alguns dos principais recursos da empresa, é importante preservá-lo como organização pequena e enxuta para que ela seja capaz de evoluir rapidamente, em vez de degenerar em versão esclerosada do disruptor lépido e fagueiro que você está tentando superar.

Você até pode lançar, preventivamente, um disruptor independente – ao deparar com um possível novo modelo de negócios, baseado em tendências e tecnologias emergentes. A Saint-Gobain, importante varejista global de materiais de construção, observou as tendências no comércio eletrônico e identificou a oportunidade de lançar uma loja on-line em seu setor de atividade. Em vez de esperar que uma startup explorasse essa oportunidade, a Saint-Gobain criou a Outiz, varejista somente on-line no mercado francês. A Outiz foi incumbida de competir diretamente com as próprias marcas de varejo físico da matriz.

O lançamento de um disruptor independente não é tarefa fácil, mas é plausível, se as diferenças nas redes de valor forem a cultura organizacional, a estrutura de custos, o modelo de receita e os segmentos de clientes de sua empresa. Você tem condições de superar esses tipos de barreiras isolando a sua própria criatura disruptiva em relação ao resto da empresa.

---

[175] WESSEL, Maxwell; CHRISTENSEN, Clayton M. Surviving Disruption. *Harvard Business Review*, dez. 2012. Disponível em: <http://hbr.org/2012/12/surviving-disruption>. Acesso em: 7 jul. 2017.

Dividir o modelo de negócios do disruptor

E se o titular convencional carecer de algumas capacidades centrais – como propriedade intelectual, reputação da marca, competências essenciais ou parceiros certos – necessárias para recriar o disruptor? Nesse caso, a simples segregação da nova iniciativa em relação ao resto da organização não é suficiente. O titular convencional, porém, ainda pode ser capaz de recriar o modelo de negócios do disruptor dividindo o trabalho com outras empresas.

Essa talvez seja uma boa estratégia se suas análises anteriores identificarem vários titulares convencionais, com redes de valor complementares às suas. Essa foi a estratégia usada pelo Google ao lançar o sistema operacional Android, em resposta ao iPhone da Apple, que estava ameaçando o seu negócio de anúncios. O Google já tinha um sistema operacional para dispositivos móveis, oriundo de sua aquisição, em 2005, da Android Inc. Também tinha os principais ativos em software necessários em um dispositivo como o iPhone: Pesquisa, Mapas, YouTube e o navegador Chrome. Mas o Google sabia que ainda precisava das competências e dos ativos necessários para projetar e fabricar hardware capaz de competir com a Apple, e licenciou o seu sistema operacional e software móvel para diversas empresas – Samsung, Sony, HTC e outras – com recursos para produzir ótimo hardware para smartphones. Ao dividir o modelo de negócios do iPhone com essas empresas, o Google foi capaz de lançar os smartphones Android no mercado com uma proposta de valor capaz de competir com a do iPhone.

A chave para dividir o modelo de negócios de um disruptor é encontrar outras empresas que complementem a sua própria rede de valor, e com elas formar parcerias para preencher as lacunas que o estão impedindo de lançar seu próprio disruptor. O ideal é que também esses parceiros estejam sendo ameaçados pelo mesmo disruptor, para que tenham motivação para colaborar.

Refocar nos clientes defensáveis

Os titulares tradicionais nem sempre precisam tornar-se disruptores para reagir à ameaça disruptiva; eles também podem atuar defensivamente, ao escorar seu próprio negócio principal. Esse é o foco de nossas duas respostas seguintes por parte dos titulares tradicionais. Em geral, é possível adotar essas estratégias em conjunto com as anteriores.[176]

A primeira dessas estratégias defensivas é "refocar" o negócio principal do titular convencional nos clientes mais propensos a serem retidos. Você deve adotar essa estratégia sempre que identificar um mercado dividido ou um mercado de nicho para o disruptor.

É essencial não se deixar levar por devaneios e não continuar a investir no negócio tradicional como se o futuro tendesse a ser semelhante ao passado recente. A "refocalização" deve atrair os clientes que você considere mais inclinados a ficar com você, apesar do disruptor. Lembre-se, eles não ficarão com você por lealdade; eles continuarão ao seu lado porque o seu modelo de negócios ainda oferece mais valor para eles. Volte à análise da amplitude e aos segmentos do cliente, e use casos que favoreçam o seu produto. Retorne também à sua previsão de trajetória do cliente: quais serão os primeiros a partir para o disruptor, e quais os seguirão logo depois? Planeje, então, mudar o seu negócio principal para focar nesses clientes, mesmo enquanto o negócio tender a encolher.

Quando a varejista de livros Barnes & Noble concluiu que seu negócio havia sido desestruturado pela compra de livros on-line, ela refocou o seu modelo de negócios em produtos de alta margem, como livros para crianças e grandes livros ilustrados, com edição de luxo, uma vez que os clientes que compram esses livros ainda valorizam a possibilidade de folhear os produtos em ambiente de loja física.[177]

Ao refocar seu negócio principal, você deve direcionar o seu marketing, as suas mensagens e a inovação contínua dos produtos para esses clientes mais defensáveis. Se a sua estratégia envolver cortes, reduza as operações voltadas para os clientes que você tende a perder e continue a entregar valor àqueles que você tende a manter.

Diversificar o portfólio

A maneira seguinte de os titulares convencionais atenuarem a disrupção do negócio principal é diversificar seu portfólio de produtos,

---

[176] Os autores escreveram sobre como coordenar com mais eficácia uma estratégia de duas pontas para reposicionar o seu negócio principal enquanto você lança o seu próprio disruptor independente, em GILBERT, Clark; EYRING, Matthew; FOSTER, Richard N. Two Routes to Resilience. *Harvard Business Review*, dez. 2012. Disponível em: <http://hbr.org/2012/12/two-routes-to-resilience>. Acesso em: 7 jul. 2017.

[177] GILBERT; EYRING; FOSTER, 2012.

serviços e unidades de negócios. Isso pode ser feito mediante a reorientação de competências e recursos exclusivos da empresa para novas áreas e através da aquisição de empresas menores nas áreas para as quais pretendem expandir-se.

Quando a fotografia digital estava se tornando dominante e desestruturando o negócio de filmes fotográficos, os dois titulares convencionais eram Kodak e Fujifilm. Enquanto a Kodak entrou em longo declínio, que culminou com a falência, a Fujifilm conseguiu adaptar-se e sobreviver. "Tanto a Fujifilm quanto a Kodak sabiam que a era digital avançava sobre todos nós. A questão era o que fazer a respeito", disse o CEO da Fujifilm, Shigetaka Komori. "A Fujifilm conseguiu superar, diversificando-se". Sob a liderança de Komori, a empresa passou alguns anos aplicando sua capacidade técnica, desenvolvida na produção de filmes, em diversas outras áreas, como telas planas eletrônicas, medicamentos e cosméticos. Quando a Kodak pediu falência, o negócio de filmes da Fujifilm representava somente 1% de sua receita, mas produtos de saúde e monitores de tela plana representavam 12% e 10%, respectivamente.[178]

A diversificação cria condições para que você explore as forças de sua rede de valor em novas áreas de negócios e, ainda que essas áreas não sejam, de início, tão lucrativas quanto o seu negócio principal, elas podem criar novas oportunidades de crescimento e tornar a sua empresa menos suscetível à disrupção total.

Planejar uma saída rápida

A última estratégia de resposta do titular convencional à disrupção é a menos desejável. Quando um desafiante disruptivo impõe uma ameaça irresistível a todo o mercado de um titular convencional, que não tem condições de lançar a própria disrupção, o titular convencional precisa planejar uma saída rápida. Esse é o caso quando a amplitude disruptiva é uma avalanche, porque todos os clientes e casos de uso são vulneráveis ou porque efeitos de rede poderosos conduzem a um cenário do tipo "o vencedor leva tudo".

Ao planejar sair do mercado, você deve avaliar todos os ativos da empresa, principalmente os ativos intangíveis (patentes, marcas,

---

[178] INAGAKI, Kana; OSAWA, Juro. Fujifilm Thrived by Changing Focus. *Wall Street Journal*, 20 jan. 2012. Disponível em: <http://www.wsj.com/articles/SB100014240 5297020375040457717048147395851 6>. Acesso em: 7 jul. 2017.

etc.) que podem ser vendidos. Você também pode optar por cindir as partes indefensáveis da empresa segregando-as das áreas que podem sobreviver por conta própria, em vez de deixar as partes vulneráveis derrubar todo o empreendimento. Na maioria dos casos, você pode perseguir uma ou mais das cinco primeiras respostas possíveis para o titular convencional; às vezes, porém, a única alternativa é a liquidação ordeira dos ativos.

Além da disrupção

A realidade da disrupção é inescapável. As mesmas estratégias que compõem o guia da transformação digital para empresas tradicionais também são as fontes das maiores ameaças disruptivas. E, no entanto, a disrupção é, ao mesmo tempo, mais e menos do que parece.

A disrupção é mais diversificada do que sugere a teoria dominante. A disrupção é impulsionada por mais fatores do que apenas menor preço e maior acessibilidade para novos clientes; ela pode ser desencadeada por uma proposta de valor drasticamente mais vantajosa para o cliente. E pode seguir não só a trajetória familiar, de fora para dentro, mas também a trajetória de dentro para fora de um mercado existente.

No entanto, a disrupção pode ser menos do que em geral se imagina. Primeiro e sobretudo, nem toda inovação (por mais surpreendente que seja) é necessariamente disruptora de um setor estabelecido. A disrupção raramente é total; a maioria das disrupções atrai parte significativa do mercado do titular convencional, sem levar 100% dele. A disrupção é também menos irresistível. Embora possa representar uma ameaça existencial ao modelo de negócios de um titular convencional, este pode adotar estratégias para adaptar, diversificar e preservar seu empreendimento, adicionando novo valor para os clientes.

Acima de tudo, responder à disrupção exige que a empresa esteja disposta a questionar seus próprios pressupostos e a focar na missão singular de como servir aos clientes.

Conclusão

A transformação digital não diz respeito, basicamente, a tecnologia, mas sim a estratégia. Embora ela talvez exija que você atualize sua arquitetura de TI, o mais importante a aprimorar é o seu pensamento estratégico.

Tradicionalmente, os líderes digitais, como os executivos-chefes de informática, tinham a atribuição de focar na automatização e no aprimoramento dos processos das empresas tradicionais. Hoje, a liderança digital requer a capacidade de reimaginar e reinventar o negócio em si. Qual é o seu negócio? Como você cria valor para os clientes? O que você mantém dentro das fronteiras de sua organização e que processos, ativos e valor dependem de seus relacionamentos fora da organização? Como equilibrar seus relacionamentos com os clientes e com outras organizações para garantir a lucratividade, a sustentabilidade e o crescimento?

Reimaginar o seu negócio implica questionar alguns de seus pressupostos centrais básicos. Envolve reconhecer pontos cegos de cuja existência talvez você não tenha consciência. Requer pensar de maneira diferente sobre todos os aspectos de sua estratégia — clientes, competição, dados, inovação e valor. Esse tipo de repensamento é difícil — mas, decerto, possível. Da mesma maneira como as fábricas construídas antes da era da eletricidade foram capazes de reformular todos os seus processos operacionais, as empresas de hoje, que nasceram antes da internet, também serão capazes de se adaptar à era digital.

Por que será, então, que mais empresas não são bem-sucedidas nessa transformação? A triste verdade é que para cada Encyclopædia

Britannica que consegue adaptar-se à era digital há uma Kodak ou uma Blockbuster que fica pelo caminho. Por que será que tantas de nossas instituições estão tendo dificuldade em adaptar-se e em acompanhar as tendências?

Uma das principais razões é a agilidade organizacional. Não basta identificar e superar os pontos cegos estratégicos – ou até compreender como os princípios da transformação digital se aplicam a seu próprio setor e empresa. As organizações tradicionais devem estar prontas para promover a mudança – e em ritmo muito acelerado. A maldição dos empreendimentos bem-sucedidos é, em geral, seu próprio tamanho e escala: seus recursos invejáveis podem tornar-se uma armadilha, na medida em que as futuras decisões se tornam reféns dos sucessos no passado.

Para desenvolver a verdadeira agilidade organizacional, a sua empresa precisa focar em três iniciativas:

- *Alocar recursos*: como você decidirá em que investir? Será que você conseguirá desengajar-se de iniciativas e de negócios sem potencial para o futuro? Será que você terá condições de deslocar recursos de negócios superados e aplicar esses recursos em novos empreendimentos?

- *Mudar o que é medido*: que resultados os gestores estão medindo? Será que eles só veem as práticas de negócios do passado ou será que também olham para novas direções? O que você deveria estar medindo em diferentes fases da transição para um novo modelo de negócios?

- *Alinhar incentivos*: que tipos de comportamentos são reforçados, apoiados e recompensados em sua organização? Pelo que os gestores são responsabilizados e do que eles devem prestar contas? Como eles são designados para novas posições? Será que os sistemas de remuneração e de promoção impulsionam ou retardam as mudanças necessárias em sua estratégia?

Talvez seja útil conduzir uma auditoria sobre a prontidão de sua empresa para a transformação digital. No fim deste livro, você encontrará essa ferramenta de diagnóstico, denominada "Autoavaliação: você está preparado para a transformação digital?". Nela se encontram perguntas para avaliar o atual estado de prontidão da sua organização para a transformação digital – do ponto de vista tanto de pensamento estratégico quanto de agilidade para executar as novas estratégias.

Você pode refletir sobre o desafio da transformação digital sob a perspectiva de domínio de dois diferentes tipos de gestão. Para ser bem-sucedida em qualquer transformação, sua organização deve ser capaz de desenvolver ideias, processos, iniciativas e perspectivas realmente novos. Mas também deve ser capaz de difundir e infundir essas ideias ou processos em toda a organização. Essa é uma tarefa muito diferente – e ainda mais difícil para grandes organizações.

A chefe do programa Know Me, da British Airways, explicou-me como a empresa está lidando com essa transição. Depois de construir poderoso ativo de dados, de desenvolver ferramentas para captar as ideias dos clientes, de aplicá-las nas interações com os clientes e de lançar programas-piloto para comprovar o impacto sobre o negócio, ela agora enfrenta um desafio diferente. A próxima fase é expandir o programa, injetar no DNA da organização o uso de dados para orientar os serviços aos clientes e converter o Know Me de iniciativa inovadora em parte integrante do dia a dia das operações da British Airways.[179]

Meu colega Miklos Sarvary, em meu programa executivo de estratégia digital da Columbia Business School, refere-se a essa transição como uma mudança de "incubação" (semear e cultivar novas estratégias) para "integração" (entremear as melhores estratégias no próprio tecido da organização).

Esses dois processos distintos de incubação e integração, porém, demandam competências muito diferentes por parte da organização. A capacidade de incubar é vista com mais clareza em startups e em empresas de capital de risco. Ela depende de atributos específicos: tolerar o risco, fertilizar diversas ideias, receber de bom grado forasteiros que não se encaixam na cultura organizacional, empoderar empreendedores, desenvolver um processo de inovação fecundo, baseado em descobertas e em testes de pressupostos, mantendo a visão centrada nos clientes e permitindo que novos empreendimentos canibalizem os estabelecidos.

Em contraste, a capacidade de integrar e replicar ideias bem-sucedidas na escala adequada é mais comum em grandes organizações. Envolve um conjunto diferente de atributos: desenvolver um caso de negócios atraente, vender as novas ideias a diversos públicos internos, encontrar o patrocínio executivo certo, trabalhar com orçamentos baseados em resultados de negócios, gerenciar a prestação de contas

---

[179] BOSWELL, Jo. Entrevista por telefone com o autor em 9 ago. 2015.

a vários *stakeholders*, ou partes interessadas, e ser capaz de expandir as operações.

As organizações que progridem na era digital são aquelas que combinam a mentalidade estratégica certa com o estilo de liderança certo. Elas compreendem os novos fundamentos estratégicos da era digital e neles se baseiam para desenvolver novos produtos, serviços, marcas e modelos de negócios. Qualquer que seja o tamanho do empreendimento, elas mantêm a agilidade organizacional para aproveitar novas oportunidades, e equilibram a arte da incubação e do aprendizado, como uma startup, com a arte do escalonamento e da integração, como um empreendimento consolidado.

As organizações se orientarão, à medida que desenvolvem suas estratégias e modelos de negócios, pelo foco na continuidade da criação de valor. Evocando Peter Drucker, os pensadores da gestão argumentam que o propósito verdadeiro e derradeiro de toda empresa sempre deve ser criar valor para os clientes: "criar um cliente", como escreveu Drucker,[180] ou "conquistar e manter um cliente", como disse Ted Levitt.[181] Hoje, contudo, essa doutrina talvez exija uma pequena atualização. Em meio à constante mudança digital, nenhum negócio pode progredir durante muito tempo oferecendo a mesma proposta de valor aos clientes. Hoje, a necessidade de criação de valor se entrelaça com o imperativo do aprendizado e da reinvenção constante de qual é o valor almejado pelo cliente. O propósito da empresa, então, pode ser reformulado como "a criação contínua de *novo* valor para o cliente".

A revolução digital mal está começando. Com o fluxo incessante de novas tecnologias e com o potencial imensurável daí resultante, é impossível prever como o futuro digital impactará a sua empresa ou o seu setor. Se, porém, você for arguto e astuto, além de lépido e fagueiro, sua empresa pode optar por surfar cada nova onda de mudança, cavalgando-as como sucessivas oportunidades para criar novo valor para os clientes.

Avante!

---

[180]DRUCKER, Peter F. *The Practice of Management*. Oxford, Reino Unido: Elsevier, 1955. p. 31-32.

[181]LEVITT, Theodore. *The Marketing Imagination*. Nova York: Free Press, 1983. p. 48.

Autoavaliação

Você está preparado para a transformação digital?

Até empresas de grande sucesso construídas na era pré-digital estão lutando para adaptar seu pensamento estratégico, com o objetivo de prosperar e de crescer na era digital. Esta ferramenta de autoavaliação tem o objetivo de avaliar o estado de preparação de sua empresa ou organização para a transformação digital.

Depois de ler cada par de afirmações, reflita sobre a situação atual da sua empresa, referente ao tema em questão. Em seguida, escolha o número, na escala de 1 a 7, que melhor indica onde se situa a sua organização em relação às duas afirmações: 1 indica totalmente compatível com a afirmação à esquerda; 7 indica totalmente compatível com a situação à direita.

O primeiro grupo de questões se relaciona com os conceitos estratégicos apresentados neste livro. As questões foram concebidas para medir até que ponto a sua organização é capaz de pôr em prática esses novos princípios estratégicos e de impulsionar com sucesso a mudança em seu negócio.

Depois de completar a autoavaliação, reexamine os resultados. As áreas com pontuação à esquerda (por exemplo, 1-3) são onde a mudança é mais necessária. Você pode usar essa ferramenta de diagnóstico para focar a atenção e os esforços dos líderes da organização, à medida que orientam a organização rumo ao futuro.

Pensamento estratégico

Estamos focados em vender e interagir com os nossos clientes por meio dos canais usuais.	1234567	Estamos focados na mudança contínua dos hábitos digitais e nos caminhos para a compra de nossos clientes.
Usamos o marketing para mirar, alcançar e persuadir os clientes.	1234567	Usamos o marketing para atrair, engajar, inspirar e colaborar com os clientes.
Nossa marca e reputação são o que comunicamos aos nossos clientes.	1234567	O apoio dos clientes é a melhor referência sobre nossa marca e reputação
Nosso foco competitivo exclusivo é superar os nossos rivais.	1234567	Estamos abertos para colaborar com os nossos rivais e competir com nossos parceiros.
Procuramos criar valor exclusivamente por meio de nossos produtos.	1234567	Procuramos criar valor por meio de plataformas e redes externas.
Estamos focados, principalmente, em nosso próprio setor e em nossos concorrentes diretos.	1234567	Encaramos a competição como processo mais amplo que o nosso próprio setor.
Nossa estratégia de dados está focada em como criar, armazenar e gerenciar nossos dados.	1234567	Nossa estratégia de dados está focada em como converter os dados em novo valor.
Usamos nossos dados para gerenciar o dia a dia de nossas operações.	1234567	Gerenciamos os nossos dados como ativo estratégico que estamos construindo ao longo do tempo.
Nossos dados ficam na divisão ou unidade de negócios onde são gerados.	1234567	Nossos dados são organizados para serem acessíveis por todas as divisões da empresa.
Tomamos decisões com base em análises, debates e nível hierárquico.	1234567	Tomamos decisões com base em experimentos e em testes, sempre que possível.
Nossos projetos de inovação sempre ultrapassam os prazos e as verbas.	1234567	Inovamos em ciclos breves, usando protótipos para aprender com rapidez.
Tentamos evitar o fracasso em novos empreendimentos, a todo custo.	1234567	Aceitamos o fracasso em novos empreendimentos, mas procuramos reduzir os custos e aumentar o aprendizado.
Nossa proposta de valor é definida por nossos produtos e por nosso setor.	1234567	Nossa proposta de valor é definida pela mudança nas necessidades dos clientes.
Avaliamos as novas tecnologias pela maneira como impactam os nossos atuais negócios.	1234567	Avaliamos as novas tecnologias pela maneira como podem criar novo valor para os nossos clientes.
Estamos focados em executar e otimizar nosso atual modelo de negócios.	1234567	Nosso alvo é nos adaptarmos cedo para nos mantermos à frente da curva de mudança.

Agilidade organizacional

Nossos investimentos em TI são considerados operacionais.	1234567	Nossos investimentos em TI são considerados estratégicos.
É difícil alocar recursos fora das linhas de negócios em curso.	1234567	Somos capazes de investir em novos empreendimentos, mesmo que concorram com nossos negócios em curso.
Nossas principais métricas de desempenho se relacionam apenas com a sustentação dos negócios em curso.	1234567	Nossas métricas de negócios se adaptam para serem compatíveis com a estratégia e com a maturidade de uma linha de negócios.
Os gestores são responsáveis e são recompensados pelos resultados imediatos na realização de objetivos passados.	1234567	Os gestores são responsáveis e são recompensados com base nos objetivos de longo prazo e nas novas estratégias.
Temos dificuldade em desenvolver novos empreendimentos afastados dos negócios em curso.	1234567	Somos capazes de semear e de cultivar novas ideias que são incomuns para nossos negócios em curso.
O compartilhamento das melhores práticas em todo o âmbito da organização é lento e inconsistente.	1234567	Somos hábeis em aproveitar novas ideias bem-sucedidas e integrá-las em todo o âmbito da organização.
Nossa maior prioridade é maximizar o retorno para os acionistas.	1234567	Nossa maior prioridade é criar valor para os clientes.

Mais ferramentas para o planejamento estratégico

Você pode encontrar mais recursos para ajudá-lo na aplicação do guia da transformação digital visitando nossas seções Tools e Blogs, em: http://www.davidrogers.biz, onde você encontrará:

Versões impressas de:

- Autoavaliação: você está preparado para a transformação digital?
- Resenha de uma página de *The Digital Transformation Playbook*
- Diagramas de cada uma das nove ferramentas de planejamento estratégico

Instruções detalhadas sobre as ferramentas de mapeamento estratégico

- Desenhando e usando o Mapa do Modelo de Negócios de Plataforma
- Desenhando e usando o Trem de Valor Competitivo

Lá você também encontrará estudos de casos e dicas para liderar a transformação digital em sua própria organização.

▌Índice

aquisição:
    desafiante disruptivo, 295-296;
    fluida (sem atrito), 89.
Arte da guerra, A (Sun Tzu), 118
AT&T, 193, 208, 268
ativos:
    disrupção e, 266, 301;
    poucos, 91-92.
avalanche, disrupção, 292, 300-301
avaliação da força, 237-238, *238-239*
Avis, 295

Bachu, Deepa, 166-167
Baidu, *93*
bares, em universidades, 279
Barnes & Noble, 108, 112, 296, 299
Barneys New York, 55
Berger, Edgar, 215
Best Buy, 87, *112*
Bezos, Jeff, 194
Big data, 131-139
Bitcoin, 291
Blockbuster, *269*, 269-271, 274, 296
Bolsas. *Ver* mercados
Brandenburger, Adam, 104
Brenner, Jeffrey, 147
Britannica, 15-16, 221
British Airways, 148-149, 304

cadeia de fornecimento:
    dados dos parceiros, 141-142, 159-160;
    desintermediação da, 108-109, 112-113, *113*;
    no Trem de Valor, 111-112, *112*.
Cadillac, 145
Caesar's Entertainment, 154
Capital One, 172
características das startups, 17, 31, 168-169, 304
carros:

setor de fabricação, 106-107, 221, 251-252, 275;
setor de serviços, 79, 86-87, 202, 230, 290, 295.
casos de uso:
    amplitude da disrupção, 275-277;
    conceito, *228-229*, 230.
cassinos, 154
Caterpillar, 159
causalidade, 138, 172-173
causas sociais, 271-273
Cauz, Jorge, 16, 222
Chase, Robin, 202
Chesbrough, Henry, 244
Chesky, Brian, 74-76, 90
chicotes, mercado de, 221
China, 91, *93*
Choueiri, Alexandre, 141
Christensen, Clayton, 231, 257-259, 266-267, 274, 297
Cibersegurança, 160-162
Cirque du Soleil, 253
Cisco, 62, 133
Citibank, 59, 73
clientes de defesa, 45
clientes, como rede:
    Broadcast, em comparação com, *44*;
    caminhos para a compra em, 43-48, *44*;
    Crowdfunding (financiamento coletivo), 61-62;
    Crowdsourcing (colaboração coletiva), 61-62, 122-123, 140;
    definição de objetivos para, 64;
    definição do impacto dos, 68-69;
    desafios organizacionais de, 69-73;
    estratégia de acesso para, *51*, 51-53, 67;

dados de localização, 132-134, 140;
disrupção, 256-259, 267-269, *267*, 274;
Lei de Moore sobre,134;
mensagens, 277-279, 293-294;
pontos de contato, 46-47;
sistemas de pagamento, 110;
sistemas de reconhecimento de voz,.136;
valor agregado pela plataforma em, 97-98.
computação na nuvem:
    big data e, 136-137;
    no espectro das plataformas, 89;
    rede de clientes, acesso pela, 52.
comunicação:
    conexão com os clientes via mídias sociais, *51*, 58-60, 68, 226;
    disrupção do setor, 278-279, 293-294, 295-296;
    negócio interno, 59, 157.
conexão, redes de clientes:
    comportamento, 50;
    estratégia, *51*, 58-60, 68, 278-279.
confiança, 74-75, 90, 99
Confinity, 118
conflito de canais, 117
contribuições dos clientes, 60-61
Cook, Scott, 165, 185, 197
"coopetição", 103-105
Corning, 54
correlação, mito da, 138-139
Craigslist, *41*, 254, 262
Croll, Alistair, 182
crowdfunding (financiamento coletivo), 61-62
crowdsourcing (colaboração coletiva), 61-62, 122-123, 140

cultura da inovação, 177, 198, 205-206, 207-208, 303-304
"curva sorridente", 115
customização:
    como estratégia, *51*, 55-58, 68;
    comportamento, 49-50.
Custora, 146

dados do governo, 130-131, 142, 143, 190-191
dados não estruturados:
    administração, 134-136;
    origem e fontes de, 132-134.
dados públicos, 142
dados sobre localização, 132-134, 140
dados:
    analítica de, 137, 146, 157-158;
    auditoria, 154-155;
    cientistas, 157-158, 244;
    comportamentais, 55, 129, 133, 143–151;
    desafios organizacionais dos, 156-162, 304;
    execução da estratégia, 155-156;
    experimentação rápida, 182;
    fontes de, 132-134, 139-143;
    governo, 130-131, 142, 143, 190-191;
    guia da estratégia, *26*, 28-29;
    hackers, 160-162;
    importante exemplo de sucesso de, 121-123;
    interligando departamentos de, 130-131;
    Internet das Coisas, 133;
    localização, 132-134, 140;
    mudanças na estratégia, 18-19, 24-25, 22-23, 124, 123-124

intermediação, 108-110, 256
Internet das Coisas, 133-134
Intuit:
 cultura de inovação da, 177,
 198, 207-208;
 projeto Fasal, 165-168, 169,
 173, 177-178, 181, 183, 185.
iPhone:
 Android e, 104-105, 298;
 disrupção pelo, 274, 277-278;
 Google Maps e, 125;
 Nokia e, 258-259, *267*, 267-
 269, 274;
 plataforma operacional do,
 62, 88, 98, 118-119.
iPod, 119, 193, 214
iteração (reiteração), 179, *192*, 201,
 201
iTunes, 214-215, *215*

Jacobsen, Ivar, 230
JCPenney, 207
Jobs, Steve, 119, 193
Johnson, Mark, 260
Johnson, Ron, 207
jornada de compra, 43-48, *44*

Kagermann, Henning, 260
Kim, W. Chan, 253
Kimberly-Clark, 72, 148,
Kindle, 275
Klein, Ezra, 113
Kodak, 251, 300
Komori, Shigetaka, 300
KPIs. *Ver* indicadores-chave de
 desempenho

Lancôme, 56
Lanning, Michael, 231
Lei de Moore, 134
Levi Strauss, 117
Levie, Aaron, 246
liderança:

abertura na, 118-119;
competição, 103, 117-120;
falibilidade da, 205-206;
incentivos, 303;
inovação, 205, 207, 208, 211-
212;
interligação de departamentos, papel da, 72-73, 158-159;
mentalidade de guerra da,
103, 117-118;
proposta de valor, 243-244;
redes de clientes, 72-73;
repensando o foco da, 302;
valor dos dados, 158-159,
160-161, 244.
Life Church, 36-37
Linden, Greg, 206
LittleMissMatched, 252-253
livros:
 eletrônicos, 108, 275-276,
 296;
 varejistas, 108, 112, *112*, 275-
 276, 296, 299;
 editoras, 15-16, 222.
Lorenzo, Doreen, 118
Luxottica, 271-273, *272*, 274, 277
Lynton, Michael, 160

MacCallum, Alexandra, 244
Machine learning, 135-136
MacMillan, Ian, 185
Madrigal, Alexis, 206
Maersk Line, 59
mapas, 125
marca:
 clientes e, 42, 45, 58-59, 61,
 73, 140-141, 144-145;
 contação de histórias, 54;
 disrupção da rede de valor,
 265.
marketing:
 conceito de proposta de valor
 em, 179-180;

substitutos,
    concorrentes, 108, 111;
    ameaça à proposta de valor
    pelos, 236-237, *237*;
    disrupção por, 292-293.
Sun Tzu, 118

Target, 160
Tata Group, 211-212
TD Ameritrade, 297
tecnologia inteligente, 99, 133-134
tecnologia, nova. *Ver* transformação
    digital; Inovação
televisão aberta:
    competição assimétrica em,
    107;
    contribuições dos clientes
    para, 61;
    funil de marketing, 43-44, *44*;
    plataforma de mídia susten-
    tada por anúncios, *83*, 84, 89,
    93;
    repensando a competição em,
    76-77;
    Ver também Netflix.
televisão. *Ver* Tecnologia aberta
Tencent Holdings, *93*
teoria da disrupção de novo merca-
    do, 256-259, 266-267, 274
Tesco, 52, 209
Tesla, 106
testes A/B. *Ver* experimentação
    convergente
testes. *Ver* Experimentação rápida
Thiel, Peter, 118
Thomke, Stefan, 186
Thompson, Ben, 258
tomada de decisões:
    ferramentas, 32;
    na experimentação rápida,
    190-191, 198-199;
    preditivas, 122, 128-129, 150.
Toyota, 251

trabalho a ser feito, conceito, *228-
229*, 231
transformação digital:
    agilidade e prontidão para,
    303;
    conceitos-chave de, *26*, 302;
    cultura de inovação para,
    304;
    dar a partida na, 31-33;
    domínios do, 18-25, *20*, *24-
25*;
    guia, 25-30, *26*;
    integração da, 304-305;
    pontos cegos, 17-18;
    visão geral das ferramentas,
    31-33.
Trem de Valor:
    aplicação do, 115, *116*;
    disrupção, 292;
    elementos do,111-112, *112*;
    poder (influência) no, *112*,
    112-114,*113*;
    propósito do, 110;
    regras de poder no, 114-115.
Tripodi, Joseph, 69-70, 72
Tumblr, 48
TWC. *Ver* Weather Channel, The

Uber, 79, *82*, 86-87, 89

valor de mercado:
    comparação, *65*;
    conceitos, 228-232, *228-229*.
valor dos dados:
    como contexto, 150-151, 153;
    como *insights*, 144-146;
    como personalização, 148-
    150;
    como segmentação, 146-148;
    conceitos, *26*;
    disrupção, 266-267, 270-271;
    ferramenta geradora, 151-
    156, *152*;

LEIA TAMBÉM

A BÍBLIA DA CONSULTORIA
Alan Weiss, PhD
TRADUÇÃO *Afonso Celso da Cunha Serra*

A BÍBLIA DO VAREJO
Constant Berkhout
TRADUÇÃO *Afonso Celso da Cunha Serra*

ABM ACCOUNT-BASED MARKETING
Bev Burgess, Dave Munn
TRADUÇÃO *Afonso Celso da Cunha Serra*

BOX RECEITA PREVISÍVEL (LIVRO 2ª EDIÇÃO + WORKBOOK)
Aaron Ross, Marylou Tyler, Marcelo Amaral de Moraes
TRADUÇÃO *Marcelo Amaral de Moraes*

CONFLITO DE GERAÇÕES
Valerie M. Grubb
TRADUÇÃO *Afonso Celso da Cunha Serra*

CUSTOMER SUCCESS
Dan Steinman, Lincoln Murphy, Nick Mehta
TRADUÇÃO *Afonso Celso da Cunha Serra*

DIGITAL BRANDING
Daniel Rowles
TRADUÇÃO *Afonso Celso da Cunha Serra*

DOMINANDO AS TECNOLOGIAS DISRUPTIVAS
Paul Armstrong
TRADUÇÃO *Afonso Celso da Cunha Serra*

ECONOMIA CIRCULAR
Catherine Weetman
TRADUÇÃO *Afonso Celso da Cunha Serra*

INGRESOS PREDECIBLES
Aaron Ross & Marylou Tyler
TRADUÇÃO *Julieta Sueldo Boedo*

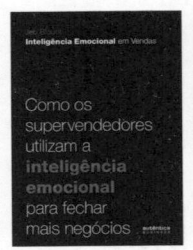

INTELIGÊNCIA EMOCIONAL EM VENDAS
Jeb Blount
TRADUÇÃO *Afonso Celso da Cunha Serra*

IOT – INTERNET DAS COISAS
Bruce Sinclair
TRADUÇÃO *Afonso Celso da Cunha Serra*

KAM – KEY ACCOUNT MANAGEMENT
Malcolm McDonald, Beth Rogers
TRADUÇÃO *Afonso Celso da Cunha Serra*

MARKETING EXPERIENCIAL
Shirra Smilansky
TRADUÇÃO *Maíra Meyer Bregalda*

MITOS DA GESTÃO
Stefan Stern, Cary Cooper
TRADUÇÃO *Afonso Celso da Cunha Serra*

MITOS DA LIDERANÇA
Jo Owen
TRADUÇÃO *Afonso Celso da Cunha Serra*

MITOS DO AMBIENTE DE TRABALHO
Adrian Furnham, Ian MacRae
TRADUÇÃO *Afonso Celso da Cunha Serra*

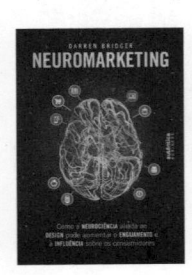

NEUROMARKETING
Darren Bridger
TRADUÇÃO *Afonso Celso da Cunha Serra*

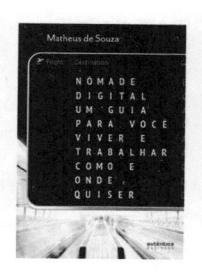

NÔMADE DIGITAL
Matheus de Souza

PETER DRUCKER: MELHORES PRÁTICAS
William A. Cohen, PhD
TRADUÇÃO *Afonso Celso da Cunha Serra, Celina Pedrina Siqueira Amaral*

POR QUE OS HOMENS SE DÃO MELHOR QUE AS MULHERES NO MERCADO DE TRABALHO
Gill Whitty-Collins
TRADUÇÃO *Maíra Meyer Bregalda*

RECEITA PREVISÍVEL 2ª EDIÇÃO
Aaron Ross & Marylou Tyler
TRADUÇÃO *Celina Pedrina Siqueira Amaral*

VIDEO MARKETING
Jon Mowat
TRADUÇÃO *Afonso Celso da Cunha Serra*

TRANSFORMAÇÃO DIGITAL
David L. Rogers
TRADUÇÃO *Afonso Celso da Cunha Serra*

WORKBOOK RECEITA PREVISÍVEL
Aaron Ross, Marcelo Amaral de Moraes

Este livro foi composto com tipografia Bembo e impresso
em papel Off-White 90 g/m² na Formato Artes Gráficas.